Monster zähmen
Ulrike Schneeberg

»Substanz«

Ulrike Schneeberg

Monster zähmen
Ein Übungs- und Unterhaltungsbuch für Geisteswissenschaftler*innen auf Jobsuche.

Besuchen Sie uns auch im Internet:
www.marta-press.de

1. Auflage Mai 2017
© 2017 Marta Press, Verlag Jana Reich, Hamburg, Germany
www.marta-press.de
Alle Rechte vorbehalten.
Kein Teil des Werkes darf in irgendeiner Form (durch Fotografie, Mikrofilm oder andere Verfahren) ohne schriftilche Genehmigung des Verlages reproduziert oder unter Verwendung elektronischer Systeme verarbeitet, vervielfältigt oder verbreitet werden.
© Umschlaggestaltung: Lennart Jaspers, Berlin
Printed in Germany.
ISBN 978-3-944442-66-2

Inhalt

Danksagung 11
Das kauft doch eh keiner 13
    Episode: Kaffeetrinken mit Katja Urbatsch 13
    Unterhaltung: Das Leben der anderen 15
    Spiel und Übung 19
    Und wieso dürfen das nur Geisteswissenschaftler*innen machen?
    (Bzw: Ich will das auch!) 23
Meet the crew 27
    Übung: Jobprofile sammeln 28
    25 Geisteswissenschaftler*innen und ihre Berufe 28
    Übung: Annahmen überprüfen 80
Orientierung 81
    Episode: Wer oder was bin ich denn jetzt eigentlich?
    Und was mache ich nur damit? 81
    Interviews: Auf der Suche nach der verlorenen Orientierung(slosigkeit). 84
    Übung: Meine Freundin, die Orientierungslosigkeit 90
    Übung: Richtungen finden 91
Entscheidungen 93
    Episode: Die Frage des Jahrhunderts 93
    Interviews: Warum habe ich noch mal Geisteswissenschaften studiert?. 97
    Übung: Drei Gründe 105
    Übung: Nutzen klären 105
    Interviews: Selbständigkeit – Fluch oder Segen?
    Oder doch lieber angestellt? 106
    Übung: Drei glückliche Selbständige 114

Bewerbungen 117
   Episode: Von der Bewerbung, die gar keine war 117
   Übung: Bewerbungsexzentriker 122
   Interviews: Langer Atem 122
   Übung: Bewerbungsmarathon 126
   Übung: Bewerbungszirkel 127

Geld 129
   Episode: Geldwert und Selbstwert 130
   Interviews: Luft, Liebe und Sicherheit 139
   Übung: Ein glücklicher Mensch ohne Geld 151
   Übung: Hartz IV-Simulation 152

Netzwerke 155
   Episode: Kleine Netzwerk-Chronologie 155
   Übung: Netzwerkmeditation 161
   Interviews: Netzwerke für Angestellte 162
   Interviews: Netzwerke für Selbständige 164
   Übung: Netzwerkanalyse 169
   Übung: Netzwerkaktivitäten 170
   Übung: Virtuelle Netzwerke 171

Weltverbesserer 173
   Episode: Die App, die die ganze Menschheit retten wird 173
   Interviews: Her mit dem Sinn! 181
   Übung: Die vier Sinndimensionen im Beruf 190
   Übung: 50 Wege zum Job mit Sinn 191

Do what you love 193
   Episode: Heiß auf Kaltakquise 193
   Interviews: Was Geisteswissenschaftler*innen an ihren Jobs mögen. 197
   Übung: Storytelling 207
   Übung: Liebestest 207
   Übung: What do you love? 208

Kinder, Kinder 211
   Episode: Willkommen im Lebensabschnitt der
   begrenzten Möglichkeiten 212
   Interviews: Den Schwierigkeiten ins Auge blicken 214
   Übung: Anerkennung 224
   Übung: Verbündete suchen 225
   Übung: Aufstand wagen 226

Unternehmergeist 229
   Episode: Social Entrepreneurship 229
   Interviews: Unternehmerische Tugenden 234
   Übung: Machen 236
   Übung: Vertrauen in die eigenen Stärken 238
   Übung: Wicked Problems 240
   Übung: Chancen erkennen 242

Schwierigkeiten 245
   Faszinierende Schwierigkeiten 245
   Äußere Schwierigkeiten 247
   Übung: Absagen sammeln 251
   Innere Schwierigkeiten 255
   Übung: Körpersprache 257

Motivation 263
   Episode: I would prefer not to 264
     Interviews: Leidensdruck als Motivationskraft 268
   Interviews: Vom Ziel einer guten Arbeit 272
   Übung: Wandertag 279
   Übung: Aus Zwängen ausbrechen 279
   Übung: Schönheit der Bedürfnisse 280
   Übung: Ziele finden 280

Epilog 283

Quellenverzeichnis 285

Danksagung

Dieses Buch ist ein Gemeinschaftswerk. Es waren die Offenheit und die Bereitschaft meiner 25 Interviewpartner*innen, mir von ihren beruflichen Hürden und Wünschen zu erzählen, die dieses Buch lebendig machen. Auch nach den Interviews blieben wir im Austausch über den genauen Inhalt und die Formulierungen ihrer Aussagen. Nur durch ihre Geschichten und ihre Erfahrungen konnte dieses Buch zu einer so wertvollen Quelle für Geisteswissenschaftler*innen auf Jobsuche werden.

Ihnen allen gilt mein herzlicher Dank.

Meine vielen sorgfältigen, kritischen und begeisterten Probeleser*innen und Unterstützer*innen haben ebenfalls einen erheblichen Anteil an diesem Gemeinschaftswerk. Auch ihnen gilt mein Dank. Besonders beeinflusst mit ihren Fragen, Gedanken und Rückmeldungen haben mich Romy Jaster, Andreas Schädle, Friederike Wenzel, Bianca Kindler, Sabine Hiller und Mo Becker. Danke!

Mein Dank gilt auch all denen, die eher unbeabsichtigt in die Episoden dieses Buches geraten sind, weil sie mir hilfreiche Lernerfahrungen und Erkenntnisse ermöglicht haben. Allen voran danke ich Jonathan Fischer, Sabine Stengel und Marco Borchers.

Last but not least danke ich Lennart Jaspers für seine entzückenden Monster in und auf diesem Buch und meiner Verlegerin Jana Reich, die dieses Buchprojekt von Anfang an unterstützt hat.

Berlin, 17. Februar 2017

# Das kauft doch eh keiner

Episode: Kaffeetrinken mit Katja Urbatsch

19. Februar 2016. Heute bin ich zu meinem letzten Geisteswissenschaftler*innen-Interview für dieses Buch verabredet: mit Katja Urbatsch, Gründerin und Geschäftsführerin von *arbeiterkind.de*. Sie wurde von *Ashoka* mit einem Fellowship als innovative und nachhaltig handelnde Sozialunternehmerin ausgezeichnet. Ashoka ist eine US-amerikanische Non-Profit-Organisation, die mit ihrem Fellowprogramm finanziell, beratend und ideell Sozialunternehmertum in mittlerweile 80 Ländern fördert. Von den 3.000 Fellows wirken 51 in Deutschland – und eine von ihnen ist Katja.

Katja hat unter anderem Amerikanistik studiert. Ihre gemeinnützige Organisation unterstützt und begleitet junge Menschen, die als Erste in ihrer Familie ein Studium aufnehmen. Inzwischen beschäftigt *arbeiterkind.de* fünfzehn hauptamtliche Mitarbeiter*innen und betreut deutschlandweit etwa sechstausend Ehrenamtliche.

Katja stellt uns beiden jeweils eine Tasse Tee auf den großen Konferenztisch in ihrem Büro in der Sophienstraße.

„Geisteswissenschaften und Berufseinstieg sind für uns bei *arbeiterkind.de* momentan auch zwei aktuelle Themen. Dazu entwickeln wir gerade ein Programm. Eine der großen Herausforderungen für mich ist es, die Studierenden überhaupt zu erreichen. Inhaltlich und emotional. Ich würde ihnen so gern meinen eigenen Erfahrungsschatz vermitteln. Damit sie schneller und mit weniger Hindernissen vorankommen. Damit sie dieselben Chancen haben wie Akademikerkinder. Aber weißt du, was ich gemerkt habe?"

„Was denn?"

„Ich finde es ganz schön schwierig, die richtigen Formate zu finden, um die Studierenden zu erreichen. Die sind so sehr mit ihrem eigenen Leben beschäftigt. Oder sie sind einfach noch nicht so weit, dass sie mit meinen Erkenntnissen etwas anfangen können…"

„Mmh, mit Erfahrungen ist das so eine Sache," sinniere ich laut vor mich hin. „Du kannst schlecht für jemand anders eine Erfahrung machen oder eine Erkenntnis gewinnen. Aber was du machen kannst, ist Anreize schaffen, die andere dazu motivieren, selbst Erfahrungen zu sammeln, die in eine bestimmte Richtung gehen."

Ich denke an Fitness-Apps, Community-Building, kleine Challenges. Man könnte einen Rahmen schaffen, in dem Studierende der Geisteswissenschaften sich treffen – virtuell und im echten Leben – und kleine Herausforderungen annehmen, mit denen sie ihren Geist trainieren, Mut üben und berufliche Orientierung finden. Zum Beispiel ein Zehn-Wochen-Programm mit zehn Herausforderungen, die den Übergang vom Studium ins Berufsleben leichter machen. Sofort poppen mir fünfzig Ideen für solche Herausforderungen ins Hirn.

Katja sieht mich nachdenklich an. „Sag mal, wie stellst du dir das mit deinem Buch eigentlich vor?"

Bis eben war ich voll auf Programmgestaltung für *arbeiterkind.de* geschaltet. An mein Buch habe ich gar nicht gedacht. Aber natürlich! Die Verbindung ist offensichtlich.

„Ja, du hast völlig Recht," gebe ich zu. „Für meine Erlebnisse interessiert sich vermutlich niemand. Und wie genial ich schreibe, weiß auch niemand. Deswegen war die Idee ja auch, lieber andere Leute zu Wort kommen zu lassen, die mit einem geisteswissenschaftlichen Studium ganz verschiedene berufliche Richtungen eingeschlagen haben. – Aber vielleicht interessiert das auch niemanden…"

„Also, wenn du ein Programm entwickelst, das Studierenden der Geisteswissenschaften dabei hilft, berufsfördernde Erfahrungen zu sammeln, dann könnte ich mir für die Zukunft eine Kooperation vorstellen. Dafür gibt es vielleicht sogar Fördergelder."

„Klingt gut", sage ich. „Das behalte ich auf jeden Fall im Hinterkopf."

Katja lächelt mich an. Die Netzwerkerin strahlt ihr aus jeder Pore, das habe ich noch nie so deutlich an einem Menschen gesehen. Auf dem Weg nach Hause arbeitet mein Hinterkopf auf Hochtouren. Das Ergebnis halten Sie gerade in den Händen.

Unterhaltung: Das Leben der anderen

Ganz am Anfang war dieses Buchprojekt als ein reines Unterhaltungsstück gedacht: In der Manier der so beliebten Ein-Jahres-Selbsterfahrungsexperimente wollte ich ein Jahr meiner Suche nach einem Job dokumentieren, der sinnvoll ist und trotzdem bezahlt wird. Am Ende sollte dabei natürlich ein Job rauskommen. Eigentlich verfolgte ich aber vor allem einen Zweck: Wenn ich mich schon durch dieses Tal der unzähligen und unfruchtbaren Bewerbungen quälen musste, wenn schon mein Selbstwertgefühl jeden Tag einen weiteren Punkt unter null sinken musste, kurz: wenn ich mich schon mit all diesen unangenehmen Erfahrungen rund um den Berufseinstieg auseinandersetzen musste, dann wollte ich zumindest einen konstanten Quell der Freude in meinem Leben schaffen. Nachdem ich jahrelang nur wissenschaftliche Texte geschrieben hatte, entdeckte ich meine verschüttgegangene Liebe zum dokumentarisch-literarischen Alltagsschreiben wieder.

Ich schrieb episodenhafte Texte über Begegnungen und Begebenheiten, die den Weg meiner beruflichen Erkundungen formten: Bewerbungen, Jobmessen, Startup-Szene, Social Entrepreneurship, Experimente, Kontakte. Das Schreiben machte mir nicht nur Spaß, sondern machte auch einige Erfahrungen erträglicher und manche – zumindest im Nachhinein – regelrecht erheiternd. Abgesehen von dieser persönlichen Privaterheiterung war mir aber klar, dass sich niemand ernsthaft dafür interessiert, wie ich es geschafft habe, selbst nach einem Jahr keinen sinnvollen, bezahlten Job zu finden.

Okay. Das ist wahrscheinlich der richtige Moment, um mich vorzustellen. Sie kennen jetzt meinen Namen und haben vermutlich auch schon die nicht allzu schwere Schlussfolgerung gezogen, dass ich nicht gerade ein Genie im Selbst-Marketing bin. Dass ich immer noch keinen Job habe, stimmt eigentlich gar nicht. Aber es hört sich lustiger an. Und außerdem wäre es doch langweilig, wenn ich jetzt schon verraten würde, was ich arbeite. Nur so viel vielleicht vorab: Es ist sinnvoll und bezahlt. Wenn Sie mehr erfahren wollen, bleibt Ihnen wohl nichts Anderes übrig, als das Buch zu lesen und herauszufinden, wo, verdammt noch mal, ich diese Information untergebracht habe…

Ach ja, ich wollte mich vorstellen. Ich bin 1984 geboren und in einer kleinen ostdeutschen Stadt aufgewachsen. Meine Mutter hat immer Vollzeit, wenn auch nicht immer als Landschaftsarchitektin, gearbeitet, ebenso wie ihr damaliger Lebenspartner. Mein Vater starb, als ich neun war. Bis ich kam, haben alle in meiner Familie was Vernünftiges studiert und auch genau das gearbeitet, worauf ihr Studium sie so praktischerweise vorbereitet hat: Maschinenbau (mein Vater), Landschaftsarchitektur (meine Mutter), Biologie und Chemie auf Lehramt (meine Großeltern), Mathematik und Chemie auf Lehramt (der Partner meiner Mutter). Zwar war meine Familie nicht bildungsfern, aber trotzdem konnte sich niemand so richtig vorstellen, wie man mit einem Sprach- und Literaturstudium einmal Geld verdienen könnte. Die klischeelastige Frage: Und was willst du damit mal machen? hat mich also verfolgt, seit ich achtzehn war. Sie war meine Steilvorlage, um zahlreiche Ausweich- und Fluchtmanöver zu entwickeln.

Sobald ich konnte, setzte ich mich ins Ausland ab. Zuerst habe ich in Paris in einem Kindergarten gearbeitet und richtig Französisch gelernt. Französisch fand ich vor allem gut, weil ich ein Faible für Simone de Beauvoir und Französischlehrerinnen hatte. Dann habe ich in Cambridge vier Jahre Altgriechisch (Homer im Original lesen! Was könnte beglückender sein?) und Französisch und noch ein paar andere Sprachen und Literaturen studiert. Zwischendurch war ich noch ein Jahr in Montreal. Finanziert habe ich das Ganze mit Stipendien, Sommerjobs und der Unterstützung meiner Mutter und meiner Großeltern, die vor allem am Anfang nicht gerade begeistert von meinen Auswanderungsfantasien waren. Ich bin sehr dankbar, dass sie mich trotzdem unterstützt haben. Nach fünf Jahren zog es mich wieder nach Deutschland. Berlin, um genau zu sein. Weil es mir so viel Spaß machte und ich es offenbar ziemlich gut konnte, studierte ich – wieder mit

Stipendium – weiter und machte einen Master in Allgemeiner und Vergleichender Literaturwissenschaft an der Freien Universität Berlin. Als krönenden Abschluss bekam ich mit meinem liebsten Mo unser erstes Kind. Da war ich fünfundzwanzig und fand, dass bisher alles ganz wunderbar gelaufen war.

Weil ich immer noch nicht genug von der Uni hatte und weil ich darauf spekulierte, ein Promotionsstipendium zu bekommen, fing ich an, sobald das liebe Kindchen aus dem Gröbsten raus war – also als es so ungefähr vier Wochen alt war – mir ein Promotionsprojekt zu überlegen. Und alles lief weiter nach Plan. Ich bekam mein Stipendium und ein zweites Kind, tauchte ein in die Welt der Kinderliteraturforschung und der Kinderkrankheiten. Zwischendurch sammelte ich hier und da ein paar Arbeitserfahrungen in Form von Praktika und kleinen Jobs an der Uni. Richtig Spaß machten mir, was die praktischen Arbeitserfahrungen anging, eigentlich nur die ehrenamtlichen Engagements, in denen es durchweg um Fragen der Bildungsgerechtigkeit ging. Die Frage, wie ich einmal Geld verdienen würde, fand ich so uninteressant, dass ich sie mir nicht stellte. Außerdem löste sie in mir auf einer tiefen Ebene den oben erwähnten pubertären Rebellionsdrang aus. Damit hatte sie keine Chance in die vernunftgesteuerten Sphären meines Bewusstseins vorzudringen.

Tja, und es kam, was kommen musste: Ich wurde fertig mit der Doktorarbeit. Inzwischen war ich gerade so noch dreißig und fühlte mich schon ein bisschen zu alt, um jetzt noch ins Arbeitsleben einzutreten. Die Disputation fand statt. Und jetzt, ein reichliches Jahr nach der Abgabe, steht die Veröffentlichung kurz bevor. Jetzt bin ich zweiunddreißig. Dass ich erst einmal herausfinden konnte, was ich eigentlich arbeiten will und mit wem, statt mich sofort in ein befristetes Angestelltenverhältnis zu stürzen – das habe ich vor allem meinen Liebsten zu verdanken, die mich in diesen Unternehmungen auf allen wichtigen Ebenen unterstützen. Auch wenn das für gewöhnlich in Karrierebiografien (zumindest von Männern) keine Erwähnung findet, ist es doch ausschlaggebend für die berufliche Entwicklung von Menschen (zumindest von Frauen) mit Kindern: Wie Familie, Freundschafts- und Liebesbeziehungen gelebt werden, hat eine direkte Auswirkung auf die beruflichen Entfaltungsmöglichkeiten.

Obwohl ich großes Glück mit all diesen Lebensaspekten habe, hatte ich nach dem Abschluss der Promotion ein ernstes Problem: Ich wollte unbedingt etwas Sinnvolles arbeiten und damit Geld verdienen. Weil beides in Kombination nicht zu haben war, begann ich erst einmal ohne Geld drauflos zu arbeiten. Das Schreiben habe ich nie als echte Arbeit begriffen. Zum einen, weil es mir einfach zu viel Spaß macht. Und das kann ja dann wohl keine Arbeit sein, oder? Zum anderen weiß jedes Kind, dass man mit Schreiben kein Geld verdienen kann, zumindest nicht genug, um davon leben zu können – es sei denn, man heißt Joanne K. Rowling, aber das Glück haben ja nicht alle. Und weil die Dinge nun mal so sind, wie sie sind, musste ich mir etwas einfallen lassen, wie ich aus diesem Buch, zu dem meine Texte sich formen sollten, etwas mache, das Sie auch kaufen wollen.

Meine erste Idee war: ich porträtiere 25 andere Geisteswissenschaftler*innen und befrage sie, wie sie es geschafft haben, Unternehmerin, Sales- und Projektmanager bei Philips, Verlagslektorin, Referent einer Stiftung, Tangolehrer, Inhaberin eines Buchladens oder Business Intelligence Consultant bei Daimler – um nur mal ein paar Beispiele aufzuzählen – zu werden. Das ist doch interessant, oder? Also, ich hätte sowas jedenfalls gut gebrauchen können, als ich in der Mitte meines Studiums steckte. Ob es mich zu dem Zeitpunkt interessiert hätte, ist freilich eine andere Frage, ich war schließlich schrecklich beschäftigt mit meinem eigenen Leben. Aber jetzt, wo ich tatsächlich – wer hätte gedacht, dass dieser Moment jemals kommen würde? Ich jedenfalls offensichtlich nicht… – darüber nachdenke, was ich einmal werden will, waren und sind diese Menschen für mich eine reiche Inspirationsquelle.

Wie ich sie gefunden habe? Teilweise über meinen Freundes- und Bekanntenkreis. Aber Freundinnen und Bekannte neigen dazu, ähnliche Verhaltensmuster (in meinem Fall: so lange wie möglich an der Uni bleiben und dann wild drauflos bewerben und das Beste hoffen), und Vorlieben (sicheres Angestelltenverhältnis in einem kulturnahen Bereich) zu haben, wie man selbst. Außerdem haben sie den Nachteil, dass sie meistens ungefähr genauso alt sind und ihre Sicht auf die Dinge ähnlich beschränkt ist wie die eigene. Dabei gibt es so viel mehr zu entdecken!

Das hätte ich nie herausgefunden, ohne wildfremde Menschen anzusprechen, die auch Geisteswissenschaftler*innen sind. Viele von ihnen nahmen sich die Zeit, meine Fragen zu beantworten.

Mit diesen Menschen zu sprechen, über ihre individuellen Herausforderungen und Wünsche, hat mir mehr geholfen als einen Berufsratgeber zu lesen, der mir verschiedene für Geisteswissenschaftler*innen typische Tätigkeitsfelder aufzeigt. Zum Beispiel hat es mir zu der Erkenntnis verholfen, dass es gar nicht so sehr darauf ankommt, was genau man beruflich macht – also wie großartig oder wie grauenvoll der Job in irgendeiner Fantasie ist – sondern wie und mit welcher Motivation jemand diesen Job macht. Ich möchte diese Erfahrungen und die Erfahrungen meiner 25 Crewmitglieder gern mit Ihnen teilen – so gut das in einem Buch eben geht.

Möglicherweise finden Sie aber selbst diese biografische Unterhaltung nicht verlockend genug, um dieses Buch zu lesen. Was interessieren Sie schon die Erfahrungen Ihnen völlig fremder Leute? Recht haben Sie! Eigene Erfahrungen müssen Sie sammeln! Zu diesem Zweck habe ich die erfolgreichen Strategien meiner Interviewartner*innen in Übungen für Ihren beruflichen Erfahrungsaufbau umgewandelt. Die Idee dafür verdanke ich auch dem Gespräch mit Katja Urbatsch, von der ich ganz unerwartet – nämlich am Kuchenbüffet der Sozialunternehmer-Konferenz von Ashoka – erfuhr, dass sie Amerikanistin ist.

Spiel und Übung

Was steckt also hinter dieser Idee?

Dahinter steckt die einfache Erkenntnis, dass wir nicht als Meister*innen geboren werden. Klar, bestimmte Eigenschaften und Talente sind uns allen in die Wiege gelegt worden. Doch vor allem bringen wir ganz viel *Potenzial* mit, verschiedenste Fähigkeiten auszubilden und zu perfektionieren. Und das unser Leben lang. Ist das nicht toll? Ob es sich dabei um das Aufbauen eines Legoturms oder eines Berufsnetzwerkes handelt, ist erst einmal unerheblich dafür, dass wir unser Potenzial dazu nur dann auch nutzen können, wenn wir diese Fähigkeiten bewusst üben.

Der einzige Unterschied ist, dass wir uns als Kind nicht gefragt haben, ob wir überhaupt einen Legoturm bauen können. Wir haben es einfach gemacht. Beim allerersten Mal wussten wir noch nicht, wie die Steine ineinander passen. Unsere Hände waren ungeschickt, sind abgerutscht. Die ersten Türme waren eindimensional, klein und wackelig. Aber irgendetwas daran hat uns dazu getrieben, es immer wieder aufs Neue zu versuchen. Wir hatten keine Angst davor, dass der Turm umfällt, oder dass jemand kommen und uns sagen könnte, wir hätten nicht das Zeug zum Legoturmbauen. Wir bauten mit Lego, um mit Lego zu bauen. Das Ausprobieren und Herausfinden – kurz: das Tun im Hier und Jetzt – waren Motivation genug. Irgendwann bauten wir dann Türme, die größer waren als wir selbst.

Vielleicht waren es in Ihrer Kindheit nicht Legosteine, sondern Seilhüpfen, das Erklettern von Bäumen, das Flechten von Puppenhaar oder Rollenspiele mit immer ausgefeilteren Regieanweisungen. Was es auch war, ich vermute, dass Sie diese Erinnerungen ähnlich wie ich mit Begriffen wie Hingabe, Leichtigkeit, Konzentration, Spiel, Freiheit, Präsenz und vielleicht sogar Glück verbinden. Jedenfalls nicht mit „Übung". Oder?

Dennoch ist es genau das, was wir als Kinder gemacht haben, wenn wir auf Bäume geklettert sind, Puppenhaar geflochten und mit anderen Kindern Rollen und Spielabläufe verhandelt haben. Wir haben geübt. Manchmal sind wir vom Baum gefallen, hat sich der Zopf wieder gelöst oder stritten wir uns mit unseren Spielkamerad*innen und standen am Ende allein da – nur, um am nächsten Tag oder schon in der nächsten Stunde, wieder auf den Baum zu klettern, einen neuen Zopf zu flechten, ein neues Spiel mit einer anderen Rollenverteilung vorzuschlagen oder mitzuspielen.

Was hat sich seitdem verändert? Warum fällt es uns so viel schwerer, im Hier und Jetzt zu sein? Eine Tätigkeit nur um ihrer selbst willen auszuüben? Uns an Erfolgen zu freuen und von Misserfolgen nicht davon abhalten zu lassen, es gleich noch einmal zu probieren?

Ich verkläre die spielerische Geisteshaltung von Kindern ganz bewusst. Mir ist natürlich klar, dass auch Kinder Angst vor Misserfolg und Fehlern haben können. Manche mehr und andere weniger. Aber niemand von uns wird mit dieser Angst geboren: Wir haben alle laufen und sprechen gelernt und sind auf dem Weg zur Beherrschung dieser Fähigkeiten unzählige Male hingefallen, haben unzählige semantische und grammatikalische „Fehler" gemacht. Hat es uns jemand verübelt? Im Gegenteil, unsere Eltern haben sich über unsere ersten Geh- und Sprechversuche unbändig gefreut. In diesem Zusammenhang von „Fehlern" zu sprechen, kommt mir ziemlich unpassend vor.

Was wäre, wenn wir auch in unserem Erwachsenendasein aufhörten, Fehler und Misserfolge zu verurteilen und zu bestrafen? Wenn wir stattdessen die Neugier und den Willen, Dinge auszuprobieren und beherrschen zu lernen, kultivierten? Und wenn wir uns dabei von unseren Interessen und Neigungen leiten ließen?

Wir sind keine Kinder mehr, das ist richtig. Unsere kognitiven Fähigkeiten sind komplexer geworden, wir denken in sehr viel größeren Zeitabschnitten, wir können die Konsequenzen unserer Handlungen besser einschätzen, wir wägen Vor- und Nachteile ab, und haben gesellschaftliche Normen und elterliche Erwartungen so sehr verinnerlicht, dass sie ein Teil von uns, unseren Wünschen und Träumen geworden sind. Auch im Hinblick auf unsere berufliche Tätigkeit.

Das ist weder gut noch schlecht. Es ist einfach so. In diesem komplexen Geflecht ist es leicht, das Gespür für das zu verlieren, was uns glücklich macht und was uns wirklich wichtig ist im Leben. Arbeit ist für die meisten Menschen ein ziemlich großer Teil ihres Lebens und deswegen lohnt sich die Frage ungemein, wie wir eine Arbeit finden, mit der wir glücklich sind. Leider ist der Wunsch, eine ebensolche Arbeit zu finden, für viele Menschen gerade in Umbruchphasen mit Stress, Angst und Ratlosigkeit behaftet. In Anbetracht von Konkurrenzdruck, befristeten Verträgen oder niedrigen Gehältern, die gerade in Jobs, die Geisteswissenschaftler*innen oft anstreben, vorherrschen, sind unangenehme Gefühle mehr als verständlich. Was können wir also tun?

Wir können jene Geisteshaltung aktivieren, mit der wir uns als Kinder so spielend leicht neue Fähigkeiten angeeignet haben und sie kombinieren mit dem langfristigen Planungshorizont, den wir als Erwachsene inzwischen haben. Das geht so: Wir suchen uns ein attraktives Ziel. Statt einen Baum zu erklimmen, könnte dieses Ziel jetzt lauten: Ich möchte herausfinden, welche beruflichen Tätigkeiten mir wirklich Spaß machen. Oder: Ich möchte Menschen finden, mit denen ich gerne zusammenarbeiten will oder deren Hilfe und Rat mich ermutigen. Oder: Ich möchte ein bestimmtes Einkommensniveau erreichen. Oder: Ich möchte herausfinden, wie ich mich in Bewerbungen und Vorstellungsgesprächen so zeigen kann, dass ich mich wohl dabei fühle.

Dieses Ziel brechen wir in viele, viele kleine Schritte herunter. Jeder Schritt ist eine Übung. Und bei jedem Schritt gilt aufs Neue: Wenn wir ihn gegangen sind, sieht die Welt ein kleinwenig anders aus. Dann erkennen wir vielleicht, dass wir den nächsten Schritt etwas anders als den vorherigen machen wollen. Vielleicht stolpern wir mal. Vielleicht verlieren wir zwischenzeitlich die Sicht auf unser Ziel. Mit Sicherheit lernen wir dabei das eine oder andere Monster in uns kennen. Vielleicht heißen Ihre Monster „Orientierungslosigkeit", „Entscheidungsunfähigkeit", oder „Erwartungsdruck". Vielleicht haben sie auch andere Namen. Auf den ersten Blick machen uns diese Monster Angst, sonst wären sie schließlich keine Monster. Aber häufig reicht es, das Licht anzumachen und die Augen aufzulassen, um im Monster einen möglichen Freund zu erkennen.

Die Monster gehören zum Spiel dazu. Der Trick: Solange wir unsere Handlungen als Spiel und Übung begreifen, sind Ungewissheit, Fehler und Verwirrung wesentlicher Bestandteil und helfen uns bei der Orientierung. Sie sind, bei genauer Betrachtung, richtig toll!

Mit diesem Buch möchte ich Ihnen nicht nur dabei helfen, das Potenzial, das in Ihnen steckt, zu entdecken und zu trainieren. Vor allem möchte ich Ihnen zeigen, dass das Üben an sich schon aufregend ist und Spaß macht. Es reicht nicht, dieses Buch zu lesen und weiterhin eine Bewerbung nach der nächsten zu schreiben. Wenn Sie ein*e Meister*in werden wollen im Finden eines erfüllenden Jobs, dann widmen Sie sich mit ganzem Herzen der Übung von Fähigkeiten, die Sie unbedingt erlernen wollen. Seien Sie neugierig, aufgeschlossen und feiern Sie Ihre Erfolge genauso wie Ihre Misserfolge. Und vor allem: Bleiben Sie dran. Wie das geht und was genau Sie alles üben können, erfahren Sie in den folgenden Kapiteln.

Und wieso dürfen das nur Geisteswissenschaftler*innen machen? (Bzw: Ich will das auch!)

Die kurze Antwort auf diese Frage lautet: Be my guest.

Die lange Antwort: Als Absolventin ausschließlich geisteswissenschaftlicher Fächer erscheint mir im Nachhinein die Praxisferne dieses Studiums als fatal – und ausgeprägter als in vielen anderen Studiengängen. Mittlerweile sind zwar an den meisten Hochschulen auch in geisteswissenschaftlichen Studiengängen berufsbildende Praktika Pflicht, trotzdem bilden Universitäten Geisteswissenschaftler*innen vor allem in einem aus: wissenschaftlichem Arbeiten. Das ist super für alle, die eine wissenschaftliche Laufbahn einschlagen, führt aber logischerweise auch dazu, dass dies für viele die einzige Laufbahn ist, die sie sich überhaupt vorstellen können, weil sie die einzige ist, die sie wirklich gut kennen. Der Wunsch, an der Uni zu bleiben, nährt sich neben der tatsächlichen Liebe für die Wissenschaft vielleicht zusätzlich aus den eigenen Vorurteilen oder tatsächlichen Erfahrungen, in der „echten Welt" als Geisteswissenschaftler*in nicht oder nur eingeschränkt als wertschöpfende Arbeitskraft wahrgenommen zu werden.

Zu diesen tatsächlichen Erfahrungen gehört möglicherweise die Feststellung, dass in Stellenausschreibungen selten explizit ein geisteswissenschaftliches Studium verlangt wird. (Im öffentlichen Sektor kommt dies noch hin und wieder vor, was natürlich zu einer unüberschaubaren Flut an Bewerbungen auf diese Stellen führt und mit den damit einhergehenden verschwindend geringen Chancen für jeden Einzelnen auf eine tatsächliche Einstellung.) Und genau deswegen denke ich, dass der Bedarf an spielerischer Erprobung des Selbst in der außeruniversitären Berufswelt unter Geisteswissenschaftler*innen besonders groß ist. Denn die Möglichkeiten unserer beruflichen Entwicklung multiplizieren sich natürlich mit der Menge der Erfahrungen und der Knotenpunkte unserer Netzwerke.

Das heißt nicht, dass Studierende anderer Fachrichtungen nicht auch davon profitieren, wenn sie sich bereits während des Studiums nicht nur Gedanken darüber machen, in welchem Bereich sie einmal arbeiten wollen, sondern auch häufige und vielseitige Realitätschecks machen und vor allem erkunden, was und wen es da draußen noch so alles gibt. Gerade die vom Arbeitsmarkt am heißesten begehrten Absolvent*innen (Medizin, Informatik, Ingenieurswissenschaften, sowie Soziale Arbeit und Pädagogik) sind vielleicht besonders identitätskrisengefährdet. Weil alle, sie selbst eingeschlossen, davon ausgehen, dass sie nach dem Studium direkt eine sich schon zu Beginn des Studiums abzeichnende Position in ihrem Bereich bekleiden werden, scheint der Weg klar. Zeit für Sinnsuche und berufsbewusstseinserweiternde Experimente bleibt selten. Dabei ist sie ausschlaggebend für die persönliche Erfüllung im Beruf.

In diesem Sinne richtet sich dieses Buch zwar primär an Geisteswissenschaftler*innen. Jedoch kann jedes Kapitel auch durch eine natur-, gesellschaftswissenschaftliche, künstlerische oder völlig fächerunabhängige Linse gelesen und bearbeitet werden. Gut möglich, dass das höhere Maß an eigener Kreativität und Gestaltung, das dadurch gefordert wird, sogar eine noch höhere Wirkung erzielt.

Wie Jürgen Kluge, zähle ich zu den Geisteswissenschaften „Philosophie, Philologie, Theologie, Geschichte und Sprach- und Kulturwissenschaften". (Kluge 2003) In Statistiken werden aber auch Psychologie und Pädagogik teilweise zu den Geisteswissenschaften gezählt. Manche zählen auch Politikwissenschaften und Soziologie dazu. Dann gibt es etliche neuere Studienfächer, wie Kommunikations- und Mediendesign, die durch den hohen Praxisanteil zumindest aus der Perspektive einer komplett theoretisch ausgebildeten Literaturwissenschaftlerin wie mir sich von den Geisteswissenschaften im engeren Sinne deutlich abheben. Es gibt also keine allgemein gültige Definition dafür, was denn nun eigentlich eine Geisteswissenschaft ist.

Da eine strenge Abgrenzung für dieses Buch nicht nötig ist, war für die Auswahl meiner Interviewpartnerinnen ein Studium, das als nicht rein geisteswissenschaftlich eingestuft werden kann, kein Ausschlusskriterium. Alle 25 Menschen, die ich interviewt habe, haben zumindest ein zweifellos geisteswissenschaftliches Fach studiert, einige wenige haben im Nebenfach oder als zweites Hauptfach Wirtschaft, Psychologie, Politik oder Soziologie studiert. Ein besonderer Fall sind vielleicht die drei

Frauen, die ihre geisteswissenschaftlichen Fächer auf Lehramt studiert haben. Besonders insofern, als dass Lehramtsstudierte in der Regel keine beruflichen Anschlussschwierigkeiten haben, nicht mal dann, wenn sie Germanistik und Romanistik studiert haben. Was machen sie also in diesem Buch? Nun, keine dieser drei Frauen ist Lehrerin geworden.

Aber sehen Sie selbst…

Lektüre

10 Years of Silence. Forscher*innen haben herausgefunden, dass selbst die Begabtesten und Talentiertesten mindestens zehn Jahre gezielter Übung brauchen, bevor sie etwas zustande bekommen, was ihnen öffentliche Aufmerksamkeit beschert. Das sind ungefähr 10.000 Stunden, um eine Expertin in einem bestimmten Gebiet zu werden. Dieser Artikel macht Mut, nicht nach den ersten 100 Stunden schon aufzugeben.

Lesen Sie dazu:

K. Anders Ericsson et al: "The Making of an Expert". In: The Harvard Business Review.

https://hbr.org/2007/07/the-making-of-an-expert

Meet the crew

Worum geht's?

Dieses Kapitel ist eine Vorstellungsrunde. Ich lade Sie ein, 25 Menschen kennenzulernen, die ein oder mehrere geisteswissenschaftliche Fächer studiert haben und mir von ihrer Arbeit und ihrem Weg dorthin erzählt haben. Hier geht es zunächst nur um ein paar wenige Fakten, die Ihnen die Orientierung erleichtern sollen: Name, Alter, Studienfächer, frühere Arbeitserfahrung, Berufs- und Organisationsbeschreibung, Zusatzqualifikationen, Geld, Arbeitsverhältnis und berufliche Wünsche. Wenn Sie eine bestimmte berufliche Tätigkeit oder eine Person besonders interessiert, finden Sie nach dem jeweiligen Steckbrief die Namen der Kapitel, in denen diese Person hier noch zu Wort kommt. Wenn Sie also die Spannung nicht aushalten, blättern Sie einfach schon mal zu den für Sie interessantesten Seiten vor. In jedem Kapitel finden Sie Übungen, mit deren Hilfe Sie herausfinden, was Sie mit Ihrem geisteswissenschaftlichen Studium alles arbeiten können und welche ersten Schritte Sie unternehmen können, um dahin zu kommen.

Was bringt's?

Sie verschaffen sich einen Überblick über die Menschen, die in diesem Buch immer wieder auftauchen.

Dabei erfahren Sie möglicherweise etwas von Jobs, von denen Sie gar nicht wussten, dass es sie gibt – geschweige denn, dass Geisteswissenschaftler*innen sie ausüben können. Sie lernen Menschen kennen, für die ihre Arbeit ein zentraler Aspekt ihres Lebens ist. Und Sie lernen Menschen kennen, die andere Schwerpunkte als Erwerbsarbeit für ihr Leben gewählt haben. Außerdem weiten Sie Ihren Blick für Möglichkeiten und schaffen sich damit eine Entscheidungsgrundlage für Ihre Zukunft. Dazu dann mehr im Folgekapitel.

Übung: Jobprofile sammeln

Diese Übung eignet sich für alle, die neugierig sind oder es werden wollen, die ihren Blick öffnen wollen für berufliche Vielfalt und Chancen – und für alle, die Spaß daran haben, innerhalb einer vorgegebenen Zeit eine Aufgabe zu lösen.

So geht's: Schreiben Sie 25 Berufe auf, die Ihnen einfallen, die Geisteswissenschaftler*innen ausüben können. Stichpunkte reichen. Und verderben Sie sich nicht selbst den Spaß, indem Sie vorblättern und abschreiben.

Erhöhter Schwierigkeitsgrad: Stellen Sie sich einen Timer auf 10 Minuten!

Variation: Wenn Sie besser in Gruppen denken können, tun Sie es!

25 Geisteswissenschaftler*innen und ihre Berufe

Alex Burkhard - Autor, Slam Poet & Moderator

Im Rahmen meiner sehr professionellen Marktanalyse auf Amazon entdecke ich Alex Burkhard, der auch über Geisteswissenschaftler*innen und Jobs geschrieben hat. Der Titel *...und was kann man damit später mal machen? – 26 Geschichten von A bis Z für Geisteswissenschaftler und alle anderen, die auch nichts Anständiges gelernt haben* ist ganz nach meinem Geschmack und ich kaufe das Buch. Um einen Eindruck der Fülle der geisteswissenschaftlichen Möglichkeiten zu bekommen, seien hier die ersten sechs Kapitelüberschriften zitiert: (1) Antworten (ver)suchen, (2) Bewerbungsgespräche führen, (3) Contenance bewahren, (4) Diskutieren, (5) Eindruck, (6) Freundschaften pflegen. Richtige Jobs – bis auf Taxifahren und Mafiajobs natürlich – finden sich in Alex' Geschichten nicht, aber das macht nichts. Dafür sind sie witzig und unterhaltsam und nehmen ein wenig Ernst und Druck aus der ganzen Thematik.

Mich interessiert vor allem, wer dieser Alex Burkhard ist. Seine Webseite (http://www.alexburkhard.de/) ist nicht nur sehr lustig, sie vermittelt auch den Eindruck, dass er tatsächlich vom Schreiben und vom Slammen lebt. Das kann natürlich täuschen. Schamlose Selbstüberhöhung im Netz scheint zwar der gängige Modus in der Business-Welt zu sein. Aber dieser Alex Burkhard macht auf mich nicht diesen Eindruck. Er sieht noch ziemlich jung aus und ziemlich sympathisch und angenehm unaufdringlich. Trotzdem kann ich nicht ganz glauben, dass so ein junger Mensch vom Schreiben und von Bühnenauftritten leben kann. Ich schreibe ihm eine Mail und frage ihn einfach. Er antwortet sogar und erklärt sich bereit zu einem Telefoninterview. Und so finde ich heraus, dass Alex seinen Lebensunterhalt mit Auftritten als Slam Poet und Autor, mit Auftragsarbeiten von öffentlichen Institutionen, und mit Workshops zu kreativem Schreiben verdient. Noch dazu ist er ziemlich zufrieden mit seinem Einkommen, das bisher jedes Jahr gewachsen ist.

> *Ich war schon während des Studiums sehr aktiv in der Poetry-Slam-Szene unterwegs und habe auch die letzten zwei, drei Studienjahre fast ausschließlich damit finanziert. Im Studium ist das noch ein bisschen leichter, weil es Beihilfen gibt und man nicht so hohe Versicherungen zahlen muss. Aber das ging schon ganz gut. Nach dem Abschluss dachte ich: Ok, ich mach das jetzt mal, bis die mir sagen, dass das nicht geht. Das läuft jetzt seit zwei Jahren super. Das hat sich wirklich einfach so ergeben, weil das was war, was ich konnte, was mir Spaß gemacht hat, womit ich auch Geld verdient habe. Und warum nicht es versuchen? Bevor ich mir irgendwo in einem Verlag einen Job suche, der keinen Spaß macht, ist es besser so. (Alex Burkhard)*

Alter: 27.
Abschluss: Magister in Skandinavistik, Neuerer Deutscher Literatur und Ethnologie.
Frühere Arbeitsstationen: Zeitungen austragen, HiWi am Institut, Datenredakteur in einer Sportdatenfirma.
Typische Tätigkeiten: Auftritte als Poetry Slammer, Schreibworkshops an Mittelschulen leiten, Texte für Auftritte, Bücher und Auftragsstücke (z.B. für Museumsausstellungen) schreiben, Büroarbeit (Emails und Anfragen, Rechnungen, Buchhaltung,

Planung), mit dem Hund spazieren gehen und dabei Ideen für neue Texte kriegen.
Geld:

> Ich habe keine Geldsorgen, das ist sehr gut für einen Mitt- bis Endzwanziger, der sich gerade selbständig gemacht hat.

Arbeitsverhältnis: Selbständig.
Arbeitszeit: Variiert.
Feenwünsche:

> 1. Eine schöne Wohnung in München und genug Geld, um davon vernünftig leben zu können – und dann einfach mein Ding machen. Das, was ich am besten kann, ist Schreiben. Dafür möchte ich das Geld und die Zeit haben und dann kommt ganz von selber was raus.
> 2. Mit drei Kollegen eine Sitcom schreiben – anerkannter Ruf inklusive.

Mehr von Alex in den Kapiteln: „Entscheidungen", „Schwierigkeiten" und „Motivation"

Angela Alliger – Sales- und Projektmanagerin bei Philips, Mutter

In meinem echten Leben kenne ich solche Menschen wie Angela Alliger nicht. Die wenigen Menschen, die ich kenne – also, richtig kenne – sind allesamt ziemlich introvertiert. Angela ist das genaue Gegenteil: Sie ist sehr extrovertiert und sie kennt sehr viele Menschen. Beides sind Eigenschaften, die sie zu einer sehr erfolgreichen Sales- und Projektmanagerin und Messeveranstalterin machen. Sie ist die ehemalige Chefin meiner ehemaligen Kommilitonin, die eine Zeit lang bei Philips als Büroassistentin ihr Studium finanziert hat. Mich interessiert, wie eine Geisteswissenschaftlerin auf einer führenden Position in einer Sales- und Marketing-Abteilung in einem internationalen Konzern gelandet ist.

Trotz eng getaktetem Zeitplan und der Herausforderung, Arbeit und Familie zu vereinbaren, hat Angela Lust, sich von mir interviewen zu lassen. Sie schlägt vor, dass wir uns in ihrem Lieblings-Sushi-Restaurant treffen. Es ist ein kalter, nasser Tag Anfang Januar. Und es ist Montag. Das Restaurant ist geschlossen. „Ach, wie schade!" ruft Angela aus. „Aber das macht nichts.

Drüben auf der anderen Seite gibt es einen Italiener, der ist zwar ein bisschen spießig eingerichtet, aber das Essen ist gar nicht so schlecht." Kaum haben wir das Lokal betreten, fängt Angela an, mit dem Kellner zu schäkern – in fließendem Italienisch. Sie reden über italienische und deutsche Autos und über Urlaub in Sizilien. Die Besitzer kennt Angela natürlich. Ich beobachte fasziniert, mit wie viel Freude und Leichtigkeit Angela mit dem Kellner redet – nachdem sie schon einen ganzen Arbeitstag hinter sich hat und ihrem Sohn bei der Vorbereitung auf ein Diktat am nächsten Tag geholfen hat. Angela lebt mit Mann und Sohn in Berlin.

Ich wollte Lehrerin werden, weil ich Wissen verpacken wollte für andere. Dann bin ich in dieses Studium reingeraten und war sehr schnell mit meinen Scheinen durch. Nach dem ersten Staatsexamen habe ich mir erst mal eine Auszeit genommen und bin nach Italien gegangen: Super schön! Hat auch sehr viel Geld gekostet. Als ich wiederkam, musste ich also schnell Kohle rankriegen. Eine Freundin von mir hat damals Promotions gemacht und so bin ich in der Messe- und Promotionwelt gelandet, als Hostess. Da habe ich unglaublich viel verdient in kurzer Zeit und hatte auch noch Megaspaß dabei. Da habe ich gemerkt, dass ich auch Wissen vermitteln kann, indem ich einem Unternehmen ein Gesicht gebe und das fand ich viel schöner als das in der Schule zu machen. Das hat mir so gut gefallen, dass ich das Studium für eineinhalb Jahre auf Eis gelegt habe. Damals arbeitete ich unter anderem für FIAT. Und FIAT sagte irgendwann zu mir: „Hör mal zu, Mäuschen, mach dein Studium fertig, wir stellen dich ein." Ich dachte: „Boah, wie geil, italienische Autos verkaufen!" Die haben mir dann eine Stelle geschaffen als Public Relations Manager für den Bereich Diplomatie, Wirtschaft und Politik im Hauptstadtbüro Berlin. Der Knaller! Da habe ich dann gleich die Megakohle bekommen und von da aus ergab sich meine jetzige Stelle bei Philips.

Alter: 39
Abschluss: Magister in Germanistik und Grundschulpädagogik, Erstes Staatsexamen
Frühere Arbeitsstationen: Nachhilfe während der Schulzeit, Praktikum in der Marketingabteilung bei Sat.1, Messeorganisation für FIAT, Alfa Romeo und Dacia.
Philips: Ist einer der weltgrößten Elektronikkonzerne und beschäf-

tigt weltweit rund 113.000 Mitarbeiter. Im Jahr 2015 erzielte der Konzern einen Umsatz von 24 Milliarden Euro.
Typische Tätigkeiten: Marketing und Vertrieb von Diktiersoftware innerhalb des Partnernetzwerkes, Unterstützung und Betreuung der Vertriebspartner, u.a. bei Endkundenbesuchen, Schnittstelle zur Entwicklungsabteilung, Wettbewerbsbeobachtung, Branding, Messeorganisation und -auftritte, CRM-Implementierung.
Geld:

> *Ich verdiene sehr gut. Ein großer Konzern wie Philips bezahlt sehr gut. Die Firma ist auch auf meine Forderungen eingegangen, immer wenn ich mehr Verantwortung bekommen habe. Ich habe mein Gehalt in sieben Jahren verdoppelt.*

Arbeitsverhältnis: Angestellt in Teilzeit.
Arbeitszeit: 36 Stunden.
Feenwünsche:

1. *Mein eigener Chef sein.*
2. *Redakteurin einer Modezeitschrift sein.*
3. *Leiterin einer ganz großen Charity-Geschichte: viele Leute zu schönen Events zusammenbringen und Kohle für einen guten Zweck sammeln.*

Mehr von Angela in den Kapiteln: „Netzwerke", „Weltverbesserer", „Do what you love", „Kinder, Kinder" und „Motivation"

Dr. Anne Mihan – Wissenschaftliche Mitarbeiterin, Abteilung Fachdidaktik Englisch im Institut für Anglistik und Amerikanistik, Humboldt-Universität zu Berlin, Mutter

Anne wollte ich eigentlich gar nicht interviewen, weil mein Fokus ursprünglich auf beruflichen Möglichkeiten außerhalb der Universität lag. Aber es ist ja nun mal so, dass sehr viele Geisteswissenschaftler*innen eine Laufbahn an der Universität anstreben. Es ist auch so, dass zumindest die Geisteswissenschaftler*innen in meinem Umfeld, die mit einem solchen Weg liebäugeln, von den strukturellen Bedingungen (zu Recht, wie ich finde) abgeschreckt sind. Insofern ist Anne sicher nicht repräsentativ, denn sie hat eine der raren Festanstellungen, die es auf dieser Hierarchiestufe gibt, keine beruflich bedingten Zukunftssorgen und sie ist mit ihrer Arbeit sehr zufrieden. Und genau deswegen wollte ich sie dann doch interviewen. Denn unzufriedene, unter Veröffentlichungs- und anderem Konkurrenzdruck leidende und prekär lebende Geisteswissenschaftler*innen kennen wir alle. Da ist es doch interessant, zu erfahren, dass und wie es auch anders geht.

> *Das hat ganz komplexe Gründe. Einer davon ist, dass es sich zufällig so ergeben hat. Jemand kannte jemand anderen, der sich erinnerte, dass ich in Frage kommen könnte für diese Stelle. Und so bin ich angefragt worden. Es handelte sich um eine Vertretungsposition, die ganz kurzfristig zu besetzen war und für die ich dann just bereit war. Ich hatte gerade mein Referendariat beendet und war auf der Suche nach einer neuen Stelle. Also der Zufall spielte da eine große Rolle. Beziehungen zufällig auch – obwohl ich das nie geglaubt hätte, dass ich über solche überhaupt verfüge. Zufällig gab's da doch eine. (Anne Mihan)*

Alter: 44
Abschluss: Staatsexamen Englisch/Deutsch Gymnasiallehramt, Promotion Nordamerikanische Literatur- und Kulturwissenschaft.
Frühere Arbeitsstationen: Jobs im medizinischen Bereich, Deutschlehrerin an einer britischen Schule, Graduate Teaching Assistant in den USA, freie Mitarbeiterin beim ARD Hauptstadt-Studio, als feste Freie DaZ und DaF an einem Berliner Institut unterrichtet, verschiedene Stellen an der Uni.
Humboldt-Universität zu Berlin: Zählt zu den 20 größten Hochschulen Deutschlands und wurde im Rahmen der Exzellenzinitiative von Bund und Ländern in die sogenannte dritte Förderlinie aufgenommen. Im Jahr 2014 hatte die Humboldt-Universität 3.315 Mitarbeiter*innen und im Wintersemester 2015/16 34.214 Studierende.
Typische Tätigkeiten: Universitäre Lehre mit sechs bis acht Semesterwochenstunden für zukünftige Lehrkräfte des Faches Englisch, Studienfachberatung, universitäre Selbstverwaltung und Organisation und Gremienarbeit, fremdsprachendidaktische Forschung, Drittmittelakquise.

Geld:

Meine Arbeitskraft ist gut bezahlt. Mein Gehalt finde ich ausreichend und gut. In meinem Fall sind das fast 3000 netto für eine volle Stelle, also offiziell 40 Stunden.

Arbeitsverhältnis: Angestellt und Vollzeit.
Arbeitszeit: 40-60 Stunden.
Feenwünsche:

Dass ich hier in so einer Position weitermachen könnte, aber mit einer besseren personellen Ausstattung: Ich würde mir Geld von dir wünschen für meine Abteilung und unser Institut.

Mehr von Anne in den Kapiteln „Entscheidungen", „Bewerbungen", „Netzwerke", „Kinder, Kinder" und „Motivation"

Annika Buchheister – Engagiert praktizierende Buddhistin, Lebenserwerb: Sekretärin und Buchhalterin

Im Februar 2015 besuche ich einen sechswöchigen Einführungskurs in den Buddhismus und die Meditation im Zentrum der Triratna-Gemeinschaft. Annika leitet den Kurs gemeinsam mit zwei weiteren Mitgliedern der Gemeinschaft. Ich bin sofort angefixt von ihrer Offenheit, Freude und Klarheit. Sie strahlt förmlich. War sie schon immer so? Oder ist das tatsächlich das Ergebnis täglicher Meditation und täglicher Praxis? Auf jeden Fall beeindruckt sie mich und wir kommen ins Gespräch. Annika arbeitet in zwei Teilzeitstellen mit insgesamt 23 Stunden pro Woche als Sekretärin. 2009 wurde bei Annika Krebs diagnostiziert. Danach war sie zwei Jahre schwer krank und arbeitslos. Ihre Entscheidung für dieses Arbeitsmodell war sehr bewusst: das entsprechend geringe Einkommen, den geringeren gesellschaftlichen Status – aber eben auch für die emotionalen und geistigen Kapazitäten, die ihr in der verbleibenden wachen Zeit für das bleiben, was ihr Lebensmittelpunkt geworden ist: das Studium der buddhistischen Lehre (bzw. des Dharma), die aktive Teilhabe an der buddhistischen Gemeinschaft und die zugrunde liegende tägliche buddhistische Praxis.

An einem warmen Sommertag auf einem Gartenfest erzähle ich ihr von meinem Buch. „Da kannst du mich auch interviewen!" lacht sie. „Ich habe Archäologie studiert, das zählt auch zu den Geisteswissenschaften." Sie glaubt offenbar nicht, dass mich ihr Angebot interessiert. Aber das tut es. Nicht, weil ich Sekretariatsarbeit so spannend finde, sondern weil ich wissen will, wie Annika sich gelöst hat von dem Bestreben, in der Arbeit die Erfüllung all der Dinge zu finden, die ich selbst darin finden will: Anerkennung, Selbstverwirklichung, Zufriedenheit, Inspiration, und nicht zuletzt die Aussicht auf finanzielle Sicherheit auch im Alter.

Das war eine Mischung aus Zufall, Glück und bestimmten Entscheidungen. Ich habe ja sechs Jahre auf dem Bau als Steinmetz gearbeitet, dann habe ich Archäologie studiert und habe damit ziemlich viel Zeit verbracht. Ich habe zum ersten Mal für eine Forschungseinrichtung gearbeitet – was ich damals immer noch Officemanagement nannte, weil ich Sekretärin so schnöde fand. Aber heute finde ich Sekretärin total gut! Ich habe jedenfalls immer sehr, sehr viel gearbeitet. Nach meiner Krebserkrankung und im Zuge meiner Heilung habe ich grundsätzlich entschieden: Ich möchte nie mehr in meinem Leben so viel arbeiten für Geld. Und ich möchte auch nicht, dass mich das anstrengt. Ich möchte meine Zeit Dingen widmen können, wo mein ganzes Herz liegt, und mich diesem Sog entziehen, den Karriere mit sich bringt. In meiner jetzigen Formation habe ich nicht genügend Widerstandskräfte, um dem wirklich etwas entgegen zu setzen. Deswegen muss ich Bedingungen schaffen, wo ich gut geschützt bin. Als es mir wieder besser ging, habe ich viel ehrenamtlich gemacht und dann hat eine Freundin mir angeboten, in ihrem Büro arbeiten zu können und dann habe ich da angefangen. (Annika Buchheister)

Alter: 48
Abschluss: Magister in Archäologie und Französisch. Steinmetz.
Frühere Arbeitsstationen: als Steinmetz auf dem Bau, viele Jahre Jobs in der Gastronomie, studentische Hilfskraft in der Unibibliothek, Kinder von Freunden mit großgezogen
Organisation: zwei verschiedene Büros: ein Grafikbüro im Kulturbereich und ein Coaching- und Beratungsunternehmen für Privatwirtschaft, NGOs, öffentliche wie zivilgesellschaftliche Institutionen

Typische Tätigkeiten: Sachen sortieren: Zahlen, Gedanken, Projekte, Stimmungen.
Geld:

> Tja, also Geld habe ich halt keins und ich verdiene sehr wenig. Aber es ermöglicht es mir, nicht prekär zu sein. Ich verdiene in dem einen Job 680 Euro und in dem anderen, einem Minijob, verdiene ich 430 Euro.

Arbeitsverhältnis: Angestellt in Teilzeit.
Arbeitszeit: 23 Stunden.
Feenwünsche:

1. Ich habe keine beruflichen Wünsche.
2. Genug Kraft und innere Reife zu haben, um wirksam Leid begegnen zu können.
3. Wenn du mir jetzt einen Haufen Geld hinlegen würdest... ich brauche jetzt so nicht mehr, aber ich könnte dann mehr verteilen.

Mehr von Annika in den Kapiteln „Bewerbungen", „Geld", „Netzwerke", „Weltverbesserer", „Do what you love", „Unternehmergeist" und „Motivation"

Bernd Kessinger – Fuhrparkmanager und Disponent in einem Fahrradlogistikunternehmen, Vater

Bernd und ich laufen uns öfter über den Weg, wenn wir unsere Kinder aus der Kita abholen. Ich weiß, dass er auf dem zweiten Bildungsweg sein Abitur nachgeholt hat und relativ spät noch ein Geschichtsstudium abgeschlossen hat. Danach hat er versucht, sich als Autor historischer Texte und Bücher seinen Lebensunterhalt zu sichern, was mit sehr viel Stress und Existenzkämpfen verbunden war. Eines Tages treffe ich ihn wieder vor der Kita.
„Wie geht's?" frage ich.
„Mir ging es schon lange nicht mehr so gut. Seit ein paar Wochen bekomme ich Hartz IV, das tut mir echt gut. Ich bin kurz vorm Burnout gewesen und habe trotzdem unterhalb der Armutsgrenze gelebt. Es ist so eine Wohltat, jeden Monat eine feste Summe auf dem Konto zu haben, von der ich weiß, dass ich damit hinkomme."

Bernds positive Sicht auf Hartz IV lässt mich aufhorchen. So kann man das also auch sehen. Eine ganze Weile später fällt mir dieses Gespräch wieder ein. Inzwischen arbeitet Bernd bei einem Startup für Elektro-Fahrradlogistik. Ein scheinbar krasser Wechsel zu seinem bisherigen Werdegang, aber wie ich in unserem Interview herausfinde, hatte Bernd immer schon eine Affinität und berufliche Erfahrung mit Fahrrädern aller Art.

Mit Hartz IV hat man ja einen Erstbewilligungszeitraum von sechs Monaten. Die ersten drei Monate wollte ich nutzen, um mich wieder zu sammeln. Die nächsten drei Monate wollte ich dann auf die Zukunftsplanung verwenden. Ich hatte mich ein halbes Jahr zuvor schon auf verschiedene Uni-Stellen und Museumsagenturen beworben. Damit wollte ich dann weitermachen in den letzten drei Monaten, obwohl ich eigentlich nicht sehr zuversichtlich war. Für Historiker mit meinem Profil gibt es auch nur sehr, sehr wenig. Wenn's irgendwas gibt, dann stürzen sich gleich ein paar hundert Leute drauf und ich bin ja jetzt mit meinen mittlerweile vierzig Jahren auch nicht mehr der Taufrischste, wo sich alle drum reißen als Wissenschaftlichen Mitarbeiter. In dieser Zeit bin ich dann diesem Rad von Velogista über den Weg gelaufen. Und dann habe ich dort angefangen. (Bernd Kessinger)

Alter: 40
Abschluss: Master Neuere Geschichte, Bachelor Geschichte und Angewandte Kulturwissenschaft
Frühere Arbeitsstationen: Umzüge, Tennisplatzrestaurateur, Fassadenbau, Gärtner, Nachtwache auf der Rehamesse, Pizzafahrer, Musiklehrer an einer Musikschule, Bücherstände für die Landeszentrale für politische Bildung betreut, Autor eines Buches über die Geschichte Neuköllns, Auftragsarbeiten als Autor und Historiker, Rikscha fahren.
Velogista: Transportiert mit elektrisch unterstützten Lastenfahrrädern Güter aller Art innerhalb des Berliner S-Bahnrings und bis zu 250 kg Gewicht. Velogista will den innerstädtischen Transportverkehr revolutionieren und damit die Umwelt entlasten.
Typische Tätigkeiten: Gewerbliche Lastentransporte managen. Ein Beispieltag als Fahrer: halb acht das Lastenrad nehmen, nach Moabit fahren, ganz viele Obstkisten einladen, Kisten an Büros ausliefern, die ein Obstkisten-Abo haben, Leergut einsammeln

und alles wieder zurückbringen. Als Logistiker: Reparaturen im Fuhrpark, Ersatzteile auf aktuellem Stand halten, Disposition (gelieferte Waren entgegennehmen), Tourenplanung, Kommissionierungen, Lagerhaltung, viele Besprechungen.
Geld:

> *Die Fahrer haben anfangs Mindestlohn bekommen, also 8,50. Inzwischen sind alle bei irgendwas zwischen 11 und 12 Euro brutto.*

Arbeitsverhältnis: Angestellt in Teilzeit.
Arbeitszeit: 25-30 Stunden.
Feenwünsche:

> 1. *Festes Arbeitsverhältnis, unbefristeter Vertrag, Teilzeit 20 bis 25 Stunden die Woche, kalkulierbarer Lohn und bei alldem mein eigener Chef sein können.*
> 2. *Musikmachen und Sportmachen.*
> 3. *Zeit haben für ehrenamtliche Arbeit mit unterprivilegierten Kindern – was mit Musik, Lesen, Fahrrädern.*
> 4. *Ab und an mal, wenn ich Lust habe, ein Aufsatz- oder Buchprojekt machen.*

Mehr über Bernd in den Kapiteln „Bewerbungen", „Geld", „Do what you love", „Kinder, Kinder", „Unternehmergeist", „Schwierigkeiten" und „Motivation"

Dr. Christian Augustin – Head of Sales & Business Development, Gründer und Geschäftsführer bei indurad International, Vater

Für dieses Buch will ich unbedingt noch einen Gründer/Geschäftsführer oder eine Gründerin/Geschäftsführerin eines Startups interviewen *und* eine Person, die leidenschaftlich im Vertrieb tätig ist. Nachdem meine Bemühungen auf verschiedenen Netzwerkveranstaltungen und über persönliche Kontakte fruchtlos bleiben, stelle ich mein Gesuch ohne große Hoffnung bei verschiedenen Facebook-Gruppen ein – und erhalte einen Hinweis auf Christian Augustin, der ein sehr technisches Startup mitgegründet hat und nicht nur explizit um Geisteswissenschaftler*innen als Mitarbeiter*innen wirbt, sondern auch selbst ein waschechter Geisteswissenschaftler ist.

Da ich auch schon andere CEOs von Startups angeschrieben habe und ich weiß, wie zeitlich überlastet die in der Regel sind, erwarte ich auch diesmal keine Antwort. Aber Christian antwortet. Wir versuchen einige Male ein Telefoninterview zu arrangieren, was nicht so richtig klappt, weil immer wieder Termine dazwischenkommen. Schließlich bietet mir Christian an, meine Fragen per Mail zu beantworten, was er, wie er schreibt, im Auto macht – ich hoffe, nicht am Steuer. Und so klappt es am Ende sogar, eine Person zu interviewen, die beides ist: Gründer/Geschäftsführer und Head of Sales. Wie hat er das gemacht?

Ganz ehrlich: ich bin da so reingerutscht. Ich hatte während meines Studiums schon immer viel gearbeitet. Zunächst für eine Firma, die Kleber und Zahnbürsten aus China importiert hat. Das hat mir immer viel Spaß gemacht. Mit meinem Bruder habe ich dann in Düsseldorf eine Firma gegründet. Wir haben ebenfalls Waren aus China importiert und verkauft und haben verschiedene Firmen im Bereich FMCG (Fast Moving Consumer Goods) beraten. So haben wir etwa Rich Prosecco bei dem Markteinstieg in NRW unterstützt usw. Dann habe ich für einen Pharmamaschinenhersteller während meiner Promotion gearbeitet - und schließlich hat sich ein Freund von mir selbständig gemacht mit dieser verrückten indurad-Idee. Und da habe ich dann mitgemacht. (Christian Augustin)

Alter: 37.
Abschluss: Magister Philosophie und Geschichte, Promotion Germanistik
Frühere Arbeitsstationen: Eine Firma, die Kleber und Zahnbürsten aus China importiert hat. Eine Firma selbst gegründet, die ebenfalls Waren aus China importiert und verkauft hat. Beratung im Bereich FMCG. Pharmamaschinenhersteller.
indurad: Entwickelt individuelle High-Tech-Lösungen für Kund*innen in der Bergbauindustrie.
Typische Tätigkeiten: Meistens Kundentermine oder Rücksprachen mit Kollegen in Aachen oder dem Vertriebsteam. 220 Tage im Jahr unterwegs, die Kunden sind Minenbetreiber, meist im Ausland (Brasilien, Chile, Kanada, Australien, Indien, China…)
Geld:

Ausreichend. Ich brauche nicht viel.

Arbeitsverhältnis: Geschäftsführer, Vollzeit.
Feenwünsche:

> *Ich würde mich gerne beamen können - direkt zu meinen Kunden und wieder weg. Abends im eigenen Bett ist schon super.*

Mehr von Christian in den Kapiteln „Entscheidungen", „Weltverbesserer" und „Do what you love"

Hannah Wiesehöfer - Gründerin und Inhaberin des Buchladens Die Buchkönigin

Vor fünf Jahren eröffneten Hannah und Nina, zwei sympathische und dynamische junge Frauen, einen Buchladen bei uns unten im Haus. Es war der erste Buchladen in dem sich rasant gentrifizierenden Kiez. Mo und ich hatten gerade einen Blog angefangen mit dem selbstironischen Titel *Ey Alter – Oder wie wir unseren Kiez gentrifizieren*. Für den Blog wollten wir die Eigentümer*innen neu eröffneter Lokale und Geschäfte porträtieren. Nach unserem ersten Interview merkten wir, wie aufwändig sowas ist, und hörten sofort auf mit dem Projekt. Zum Glück waren es Hannah und Nina, die wir damals in unserem Wohnzimmer bei Rotwein als Erste und Einzige interviewten. Denn daraus entstand eine nette Bekanntschaft, über die ich heute noch sehr froh bin.

Schon vor fünf Jahren fand ich es mutig und inspirierend, einfach so einen Buchladen aufzumachen. Ist das nicht ein hoffnungsloses Unterfangen? Wer kauft denn heute noch Bücher? Und dann auch noch in einem Buchladen? Aber die *Buchkönigin* gibt es nach fünf Jahren immer noch und es geht ihr und ihren zwei Eigentümerinnen sehr gut. Nina als ausgebildete Buchhändlerin ist formal natürlich bestens ausgestattet für diesen Beruf. Wie ist das bei Hannah? Wie entstehen aus praxisfernen Fächern wie Literaturwissenschaften und Theaterwissenschaften die Expertise und das Knowhow, die für die Führung einer Buchhandlung nötig sind?

> *Das hat sich so ergeben. Ich war mir nicht sicher, ob ich auf dem Weg, den ich bis dahin eingeschlagen hatte, wirklich erfolgreich sein würde, und ob mir das gefallen würde und ob ich die Motivation dafür haben würde, mich daran weiter festzubeißen. Und dann hatte ich eben schon eine*

Weile diese Idee, genau hier, in Neukölln, einen Buchladen aufzumachen, weil es damals, vor fünf Jahren, gar keinen gab. Das lief dann eine Weile parallel, bis die Buchhandelsidee überhand genommen hat. Nina habe ich über eine Anzeige in der Zitty kennengelernt, die ich geschaltet hatte, und mir war schnell klar, dass ich in Nina eine gute Partnerin gefunden hatte. Dann war das das Hauptding, wo dann auch klar war, das wird jetzt nicht mehr gestoppt, das geht jetzt weiter. (Hannah Wiesehöfer)

Alter: 37
Abschluss: Magister Literaturwissenschaften, Theaterwissenschaften, Spanisch
Frühere Arbeitsstationen: Praktika beim Radio und Fernsehen, Engagement in der globalisierungskritischen Bewegung, Praktika bei Umweltorganisationen, bei der Heinrich-Böll-Stiftung, bei einer NGO namens Urgewalt, lange im Antiquariat gearbeitet
Die Buchkönigin: Ist eine kleine, persönliche Buchhandlung im Berliner Reuterkiez. Hannah Wiesehöfer und Nina Wehner sind die Gesellschafterinnen dieser GbR.
Typische Tätigkeiten: Laden aufmachen, Bestellungen bearbeiten, verkaufen, beraten, Bestand pflegen, neue Bücher bestellen, Buchhaltung, Rechnungen bezahlen, sich über Neuerscheinungen auf dem Laufenden halten, zweimal im Jahr einen großen Einkauf machen.
Geld:

Man muss mit wenig Geld auskommen können. Aber die Arbeit finde ich so lohnenswert auf anderen Ebenen, wie z.B. den Kontakt zu den Kunden, die inhaltlichen Aufgaben und die vielen Gestaltungsfreiheiten, dass ich dafür gern in Kauf nehme, weniger Geld zu haben.

Arbeitsverhältnis: Geschäftsführerin und Inhaberin, 33 bis 35 Stunden pro Woche.
Feenwünsche:

1. *40% mehr Kundschaft*
2. *40% mehr Menschen, die zu unseren Veranstaltungen kommen*
3. *40% Gewinnsteigerung*

Mehr von Hannah in den Kapiteln „Entscheidungen", „Unternehmergeist", „Schwierigkeiten" und „Motivation"

Inga Pylypchuk – Freiberufliche Journalistin

Inga hat ein Jahr nach mir mit dem Masterstudium in AVL an der Freien Universität begonnen, nachdem sie in der Ukraine, wo sie aufgewachsen ist, einen ersten Studienabschluss in Germanistik gemacht hatte. Ich weiß noch, wie beeindruckt ich war von ihrem Entschluss, in einer Fremdsprache als Journalistin zu arbeiten. Aber genau das ist es, was Inga jetzt seit vier Jahren tut – und seit einem Jahr freiberuflich, und froh. Mit Freiberuflichkeit sind viele ganz und gar nicht froh: prekäre Arbeitsbedingungen, niedriger Lohn, keine staatlich geregelte Sozialversicherung – das klingt alles nicht besonders glücksfördernd. Aber Inga wirkt immer, wenn ich sie sehe, fröhlich, zufrieden und zuversichtlich.

> *Weil das ein toller Job ist! Dieser Beruf hat sich auch ein bisschen entwickelt. Was ich jetzt unter Journalismus verstehe, ist anders als das, was ich mit 16 unter Journalismus verstanden habe. Da ist zwar immer noch der Wunsch, Dinge, die geschehen, in Worte zu fassen. Ich hatte als Kind schon das Gefühl, das tun zu können und es hat mir immer Spaß gemacht. Und so war einfach der Impuls dazu da. Nachdem ich studiert hatte und den Journalismus näher kennenlernte, kamen weitere Dinge dazu. Zum Beispiel finde ich es sehr lohnenswert, wenn man sich auskennt mit etwas, dieses Wissen auch weiter zu geben und zu versuchen, anderen einen Zugang dazu zu ermöglichen. Ich glaube, es ist ein guter und wichtiger Beruf. Es hat auf jeden Fall mit dem Gefühl zu tun, dass ich etwas Nützliches und Sinnvolles mache.*

Alter: 30
Abschluss: Master Allgemeine und Vergleichende Literaturwissenschaft, Axel-Springer-Akademie
Frühere Arbeitsstationen: Österreichische Außenhandelsstelle in Kiew als Presseassistentin
Auftraggeber: Die Welt, Focus, Deutsche Welle, n-ost (Netzwerk für Osteuropa-Berichterstattung)
Typische Tätigkeiten: Recherchieren, Material sammeln, Angebote an Redaktionen schreiben, Schwerpunkt: Ukraine, Russland, Osteuropa generell. Termine wie Pressekonferenzen, Veranstaltungen und Interviews.

Geld:

> Es gibt Texte, für die man 100 Euro bekommt, und es gibt solche, die mehr als 1000 Euro bringen. Im Moment bin ich zufrieden mit dem Geld. Ich verdiene zwischen 1000 und 2000 Euro Netto im Monat. Das reicht mir.

Arbeitsverhältnis: Selbständig.
Arbeitszeit: zwischen 20 und 50 Stunden pro Woche.
Feenwünsche:

> 1. Fünf weitere Redaktionen, die mit mir zusammenarbeiten.
> 2. Nachhaltige finanzielle Strukturen, um Qualitätsjournalismus langfristig zu sichern
> 3. Weltweit: Journalismus ohne Zensur

Mehr von Inga in den Kapiteln „Entscheidungen" und „Motivation"

Inken Marei Kolthoff – Projektleiterin WECHANGE-Osteuropa

Im Februar 2015 lerne ich Inken bei der Sozialunternehmer-Konferenz von Ashoka kennen. Wie ich hat sie sich als Volunteer gemeldet und nun sitzen wir auf den noch leeren Stuhlreihen im großen Saal des Allianz Forums am Pariser Platz und hören uns an, was unsere Aufgaben für den Tag sein werden. Inken sitzt schräg hinter mir und wir kommen ins Gespräch. Sie ist auch gerade mit dem Studium fertig und weiß noch nicht so recht, wie es weitergehen soll. Vielleicht findet sie hier zwischen so vielen inspirierenden Menschen ein paar Anknüpfungspunkte oder nützliche Kontakte. Obwohl ich mir zu dem Zeitpunkt ganz und gar nicht wie ein nützlicher Kontakt vorkomme, lädt sie mich zu ihren Xing-Kontakten ein. Dann hören wir viele Monate gar nichts voneinander, bis ich auf die Idee komme, meine LinkedIn- und Xing-Kontakte nach potenziellen Interviewkandidat*innen zu durchsuchen. Und voilà: Inken, die inzwischen Projektleiterin bei netzwerk n für WECHANGE-Osteuropa ist. Hört sich gut an. Aber was ist das?

> Ich wollte mit meiner Arbeit nichts unterstützen, was ich persönlich falsch finde. Die allgemeine Entwicklung im Journalismus, die natürlich auch

viel mit fehlender Finanzierungsbereitschaft durch die Leser zu tun hat, finde ich bedenklich. Auch Marketing für immer mehr sinnentleerten Konsum wollte ich als wachstumskritischer Mensch nicht unterstützen. Das sind nur zwei Beispiele von vielen Möglichkeiten, mit denen ich mich konkret auseinandergesetzt habe. Letztlich war es entscheidend, dass ich mich mit meinen Werten und Überzeugungen für meine Arbeit nicht verkaufen muss, sondern zu einer Welt beitragen kann, in der ich gerne leben möchte. Ich habe immer wieder mit dieser Entscheidung gerungen, weil es in diesem Zusammenhang schon einen großen Luxus bedeutet, sich so etwas wie ein Gewissen zu leisten. Aber immer wenn ich dachte: „Komm, mach halt einfach irgendetwas", wusste ich, dass mir das nicht entspricht und es mir schaden würde. Es wäre so ein Zombie-Dasein, bei dem ich innerlich quasi tot sein müsste, um normal funktionieren zu können. Also habe ich nach einer Alternative gesucht und sie gefunden. (Inken Marei Kolthoff)

Alter: 31
Abschluss: Magister Neuere Deutsche Literatur, Italienisch, Neuere und Neueste Geschichte
Frühere Arbeitsstationen: Praktika in Bundestag und Journalismus, Grundstücksmaklerin, Sprachassistentin des DAAD in St. Petersburg.
WECHANGE: ist eine Vernetzungsplattform für Initiativen aus dem Umwelt-, Sozial-, Kultur- und degrowth-Bereich, die in Deutschland von netzwerk n und dem Netzwerk Wachstumswende ins Leben gerufen wurde. Inzwischen nutzen sie auch erste Projekte aus Ländern wie Russland, der Ukraine, Albanien, Moldau und Serbien. Mit WECHANGE können zivilgesellschaftliche Initiativen besser zusammenarbeiten und Synergien schaffen, auch wenn sie geographisch weit voneinander entfernt sind. Mit ihrer Arbeit unterstützt die WECHANGE e.G. den ökosozialen Wandel.
Typische Tätigkeiten: Einerseits Bürotätigkeiten wie Öffentlichkeitsarbeit, Kommunikation mit Partnerorganisationen, Veranstaltungsmanagement, Fundraising und Finanzadministration, andererseits auch Teambesprechungen, viele Reisen nach Osteuropa und Kontakt mit Initiativen vor Ort durch Seminare, Workshops und Netzwerken.

Geld:

Geht so. Man braucht einfach einen langen Atem und auch die Bereitschaft, eine Zeitlang etwas zu entbehren. Wenn das Projekt dann erfolgreich läuft, dann ist es ok. Aber die Startphase... die ist finanziell nicht ganz so einfach.

Arbeitsverhältnis: Zum Zeitpunkt unseres Interviews war Inken freiberuflich für WECHANGE tätig. Inzwischen ist sie für den Projektzeitraum befristet angestellt, mit Aussicht auf Verlängerung.
Arbeitszeit: Variabel.
Feenwünsche:

Dieses Projekt weiterführen, skalieren und darauf aufbauend eigene Projekte anstoßen und umsetzen.

Mehr von Inken in den Kapiteln „Entscheidungen" und „Schwierigkeiten"

Joel Du Bois – Kultur- und Design-Semiotiker für Marken

Joel und ich haben früher in der Redaktion eines studentischen Fremdsprachenmagazins in Cambridge zusammengearbeitet. Joel ist ziemlich klein, ich glaube, sogar noch kleiner als ich, und er hat eine tiefe, sonore Stimme, die sich perfekt für einen Geschichtenerzähler eignen würde. Aber Joel ist kein Geschichtenerzähler, sondern eher sowas wie ein Geschichtenversteher und -erklärer. *Cultural and Design Semiotician for Brands* klingt natürlich viel cooler und ist etwas, wofür Konzerne, wie ich in unserem Interview erfahre, bereit sind, viel Geld zu zahlen. Aber warum eigentlich? Was haben die davon? Und hat Joel sich das ausgedacht? *Cultural and Design Semiotics for Brands* klingt zumindest in meinen Ohren nicht wie ein etabliertes Berufsbild. Und kann man von sowas wirklich leben?

Ich arbeite, was ich arbeite zum Teil aus purem Zufall, und zum Teil, weil ich mich mit allem, was ich in meinem bisherigen Leben gemacht habe, akribisch darauf vorbereitet habe – allerdings ohne es zu wissen. Mein Job ist einerseits aus meinem akademischen Hintergrund heraus entstanden. Semiotik als eine Technik ist mir in der Literaturtheorie begegnet. Ich hätte nie gedacht, dass ich sie in irgendeiner Weise jemals nutzen würde, schon gar nicht für meinen Broterwerb. Nur indem ich Geisteswissenschaften studiert habe, konnte ich diese Entdeckung machen. Andererseits hat sicher auch mein kulturell gemischtes Elternhaus meine Berufsfindung beeinflusst. Mein Vater ist Belgier und meine Mutter ist Chinesisch-Malaysisch. Ich selbst bin in Großbritannien geboren. Ich habe immer versucht, herauszufinden, warum diese drei Welten so unterschiedlich sind. Vieles, was die Leute in ihrer unmittelbaren Umgebung als selbstverständlich erachten, musste ich hinterfragen, allein durch die Vergleiche mit einer anderen Umgebung, in der andere Regeln herrschen. Neben der familiären und der universitären gibt es auch noch eine berufliche Seite. Nach meinem Masterabschluss fing ich einen Job im Marketing an. Ich weiß immer noch nicht genau, warum, auf jeden Fall war es eine Chance.

Alter: 35
Abschluss: M. Phil. Französisch und Germanistik
Frühere Arbeitsstationen: als Webjournalist bei MTV Networks Asia; als Copywriter und Grafikdesigner in dem Luxusreisebüro; als Researcher in der Marketingagentur SCB Partners und in der Semiotikagentur Sign Salad.
Markensemiotik: In der Semiotik geht es darum, zu verstehen, warum die Dinge bedeuten, was sie bedeuten. Joel nutzt diese Methodik in der kommerziellen Welt: der Welt der Marken, der Markenkommunikation, der Werbung und der Verpackungen. Er hilft den Markenproduzent*innen zu verstehen, was genau sie tun, wenn sie mit Konsument*innen kommunizieren und wie sie genau das kommunizieren können, was sie kommunizieren wollen. Dabei schaut er sich den kulturellen Kontext an, in den die Produkte eingebettet sind, denn Bedeutung existiert nie isoliert. Beim Design-Element in seiner Jobbezeichnung geht es darum, genau zu analysieren, wie etwas zusammengesetzt ist oder aussieht: von den Farben auf einer Verpackung, der benutzten Schriftart bis hin zu den Lichtverhältnissen auf dem Bild mit den Kartoffelchips. Diese beiden Perspektiven – das Kulturelle und das Design – versucht Joel in seiner Beratung zu kombinieren.
Typische Tätigkeiten: Forschungs- und Analysearbeit, aus der Joels Empfehlungen für die strategische Positionierung der Kund*innen hervorgeht, administrative Arbeit.

Geld:

> Mein Tagessatz liegt bei 1200 US$. Also: nicht übel. Aber vergiss nicht, dass ich nicht jeden Tag einen Auftrag habe. Außerdem muss ich natürlich alles damit bezahlen: Steuern, Versicherungen, Lebenshaltungskosten, usw. Trotzdem ist das ein lukratives Feld.

Arbeitsverhältnis: Selbständig.
Arbeitszeit: 30 bis 80 Stunden, für gewöhnlich verteilt auf alle sieben Tage der Woche. Vor Deadlines arbeitet Joel auch gern Nächte durch – weil er es so mag.
Feenwünsche:

> 1. Ein stetiger Auftragsstrom.
> 2. Mehr Leute, die wissen, was Markensemiotik ist.

Mehr Leute, die gut darin sind, um mit ihnen zusammenzuarbeiten.
Mehr von Joel in den Kapiteln: „Entscheidungen", „Netzwerke", „Weltverbesserer" und „Motivation"

Johannes Terwitte - Imker, Wandernder Prozessbegleitungsgeselle, Mitglied der Gemeinschaft Klein Jasedow, Vater

Johannes kenne ich schon seit vielen Jahren über mehrere Ecken und bin ihm in diesen Jahren immer wieder begegnet. Als ich mich im Februar 2015 auf mein Bewerbungsgespräch bei Teach First vorbereite, frage ich ihn, ob er Lust hat, mir von seinen Erfahrungen als Fellow erster Stunde zu erzählen. Hat er und kommt zu uns zum Abendessen. Und dann wird es gar kein Bewerbungsvorbereitungsgespräch – zumindest nicht so, wie ich mir das vorgestellt hatte. Es geht vielmehr um grundlegende Lebens- und Sinnfragen und konkret um den bevorstehenden Umzug von Johannes, seiner Frau Anne und seinen zwei Töchtern nach Klein Jasedow, wo sie Teil einer Gemeinschaft werden wollen. Mit diesem Umzug einher gehen freilich auch Entscheidungen über die Gestaltung von und das nötige Maß an Erwerbsarbeit. Denn am Rand Vorpommerns, das ist klar, ist die Anzahl der für Johannes interessanten Arbeitgeber minimal.

Man könnte auch sagen: nicht existent.

Zu meinem Erstaunen macht ihm das überhaupt keine Angst. Das nötige Kleingeld zum Leben wird sich schon finden. Viel brauchen sie ja nicht, denn sie verzichten gerne auf Auto, Flugreisen und private Altersvorsorge. Und das Leben auf dem Land in einer großen Gemeinschaft, in der vieles geteilt wird, schafft noch weitere Freiräume, um den Dingen nachzugehen, die Johannes und seinen Familienmitgliedern besonders wichtig sind. Für Johannes gehören dazu die Entwicklung und der Aufbau einer demokratischen Schule, Imkern und Honig verkaufen, viel Zeit mit seinen Töchtern verbringen, die Gemeinschaft mitgestalten, und immer wieder probieren, wie ein echter Beitrag für eine bessere Welt aussehen könnte. Geld zum Leben verdient er mit verschiedenen Tätigkeiten: als Open-Space-Moderator und Prozessbegleiter von großen Gruppen, als Büroassistent eines gefragten Sachbuchautors, und als Übersetzer. Für Moderationsaufträge reist er für wenige Tage alle paar Monate in eine Großstadt. Alles andere lässt sich wunderbar in Klein Jasedow erledigen.

Ich hatte mir schon eine geradlinige Karriere überlegt. In meiner Jugendzeit und dann in der Studienzeit hatte ich ein Narrativ entwickelt von dem, was ich glaubte, was ich tun sollte in der Welt. Meine letzten zwei Schuljahre habe ich in einem United World College verbracht, einer internationalen Schule, wo Vielfalt und Community Service großgeschrieben waren. Danach ging ich für ein Jahr nach St. Petersburg, um zu sehen, wie's den wirklich armen Menschen geht und um die zu unterstützen. Da wusste ich schon sehr genau, dass ich die Welt verändern will. Und das war dann auch meine Storyline bei den Bewerbungsgesprächen, um nach Oxford zu kommen: Jetzt habe ich gesehen, wie die Welt funktioniert und um sie zu verändern, muss ich sie erst mal verstehen. Politik, Philosophie und Wirtschaft schienen mir dafür die richtigen Fächer. Nach den drei Jahren dort stieß ich dann auf dieses Teach First Programm. Da dachte ich, super, so geht meine Erzählung weiter: Nachdem ich gesehen und verstanden habe, wie die Welt funktioniert, werde ich das System am Beispiel einer Institution von innen kennenlernen. Aber da fiel das Narrativ dann in sich zusammen. Ich passte einfach nicht rein in das vorherrschende Wertesystem der Schule, wo Lehrer sagen, es sei im besten Interesse der Schüler, sich zu fügen. Darauf habe ich ganz schön allergisch reagiert. Seitdem bin ich auf der Suche danach, was mich eigentlich wirklich ausmacht. Inzwischen bin ich sehr skeptisch gegenüber all diesen großen Entwürfen, auch Karriereentwürfen.

Alter: 31
Abschluss: Bachelor in Philosophy, Politics & Economics, Master in Public Policy
Frühere Arbeitsstationen: Fellow und später Manager Fellowqualifizierung und Alumni Teach First Deutschland, CRM Consultant für Quinoa und Sandstone GbR, Praktikum im Bundeskanzleramt.
Zukunftswerk Klein Jasedow: „Das Zukunftswerk Klein Jasedow bildet einen Organismus, in dem Menschen aller Generationen in sozialen Unternehmen und kulturellen Projekten gemeinschaftlich zusammenwirken. Vertrauen, Zuneigung, Vielfalt und Verbundenheit mit der Natur formen (r)evolutionäre Lebens- und Wirtschaftsweisen für ein zukunftsfähiges Gesellschaftsmodell." (Stiftung Zukunftswerk 2016)
Typische Tätigkeiten: Büroarbeit für den Autor Frédéric Laloux (E-Mails beantworten und sortieren, Einladungen zu Vorträgen u.ä. managen, und Übersetzungsprojekte verwalten), Prozessbegleitung (u.a. Moderation von Veranstaltungen im Open-Space-Format), ein Buch übersetzt, Imkern und Honig verkaufen, sich in die Gemeinschaft einbringen (zum Beispiel durch Bauarbeiten, Landwirtschaft, Gartenarbeit, Kochen, Singen).
Geld:

> *Als vierköpfige Familie brauchen wir nicht mehr als 1500 Euro im Monat. Wenn du dich für ein Leben des einigermaßen bewussten Verzichts entscheidest, kannst du ein Einkommen auf der Armutsgrenze haben und in bestimmten ländlichen Räumen, wenn du mit Menschen zusammenlebst, kann das absolut reichen. Da muss ich einen Tag oder zwei in Berlin oder Hamburg verkaufen und habe das Einkommen, das ich brauche.*

Arbeitsverhältnis: Selbständig.
Arbeitszeit: Lohnarbeit nicht mehr als 20 Stunden die Woche.
Feenwünsche:

> *1. Kontakt mit den besten drei Leuten, die Organisationen auf dem*

> Weg begleiten, sich zu entwickeln auf die Art und Weise, wie sie sich entwickeln wollen – und dass diese drei Leute nichts sehnlicher wollen, als ihr Wissen mit mir zu teilen.
>
> 2. Dahinter steht der Wunsch, Organisationen und Einzelnen, die sich verändern wollen, richtig, richtig kompetent helfen zu können und darin sehr gut zu werden.

Mehr von Johannes in den Kapiteln: „Orientierung", „Entscheidungen", „Geld", „Weltverbesserer", „Kinder, Kinder", „Schwierigkeiten" und „Motivation"

Dr. Karin Windt – Gründerin und Geschäftsführerin von Webgewandt: Online-Medienberatung für Social Media Marketing und Suchmaschinenoptimierung

Ich lerne Karin bei einer Veranstaltung kennen, auf der sie ihr Publikum über Datenspuren und Datensicherheit im Netz aufklärt. Sie spricht über Crawling, Cookies und Codes und findet genau das richtige Maß an der Vermittlung von technischem Knowhow und Menschlichkeit. Zu diesem Zeitpunkt spiele ich mit dem Gedanken, ein Institut für kritischen Medienkonsum für Kinder und Jugendliche zu gründen. Auf der Suche nach Orten, wo Ähnliches angeboten wird (Marktforschung!), stoße ich auf diesen Vortrag von Karin Windt im FrauenComputerZentrumBerlin. Noch während ich zuhöre, muss ich mir eingestehen, dass das, was mich eigentlich zu dem Vortrag zieht, nicht der Inhalt ist, sondern die Vortragende und ihr akademischer Hintergrund.

Während Social Media Marketing für Geisteswissenschaftler*innen gar nicht so abwegig ist, erscheint mir Suchmaschinenoptimierung doch ein ungewöhnlich technischer Berufsschwerpunkt für eine promovierte Literaturwissenschaftlerin zu sein. Ich frage Karin, wie sie dazu gekommen ist und wie sie ihre Selbständigkeit erlebt.

> Als promovierte Literaturwissenschaftlerin hatte ich eine Perspektive von brotloser Kunst vor meinem inneren Auge. Gleichzeitig hatte ich freiberuflich und neben dem Studium schon lange in Bereichen wie EDV und Online-/Webgestaltung zu tun. Da habe ich festgestellt, dass das ein Bereich ist, in dem man erstens ständig weiterlernen kann und neue Dinge erfährt, die

spannend und innovativ sind. Zweitens kann man da auch als Geisteswissenschaftlerin Geld verdienen. Es war also eine Mischung aus Interesse und Kalkül. Ich wollte etwas Interessantes machen, aber eben auch Geld damit verdienen. Ich wollte niemals so ein armer Hungerleider sein als Geisteswissenschaftlerin, die sich einer idealistischen Sache verschrieben hat, aber sich die Brötchen kaum leisten kann. Darauf hatte ich keine Lust.

Alter: 48
Abschluss: Germanistik und Textilgestaltung, 1. Staatsexamen, Promotion Neuere Deutsche Literaturwissenschaften
Frühere Arbeitsstationen: EDV-Kurse für Frauen während des Studiums, Projektleiterin einer IT-Firma in Karlsruhe
Webgewandt: Steht für Nachhaltigkeit im Internet, für professionelle Konzeption und Realisierung von Internetprojekten mit den Schwerpunkten Social Media Consulting, Suchmaschinenoptimierung (SEO) und Suchmaschinenmarketing (SEM).
Typische Tätigkeiten: Leute beraten und schulen, wie sie als Selbständige oder Mitarbeiter*innen einer Firma Social-Media-Tools in ihre Unternehmenskommunikation einbinden können, wie z.B. Facebook-Ads funktionieren, oder wie sie ihre Webseite so optimieren können, dass sie bei Suchmaschinen weiter oben erscheinen (Search Engine Optimization = SEO).
Geld:

> *Finanziell ist es lohnenswert. Ich habe ein gutes Auskommen und bin zufrieden.*

Arbeitsverhältnis: Selbständig.
Arbeitszeit: 40-50 Stunden.
Feenwünsche:

1. *Consulting-Expertise für NGOs und andere Helferinitiativen einsetzen bei gleicher Bezahlung.*
2. *Gut finanzierbare, qualitätsvolle Weiterbildungen für Einzelunternehmerinnen im Bereich Online-Medienberatung.*
3. *Gesundheit bis ins hohe Alter, um die eigene Rente erwirtschaften zu können.*

Mehr von Karin in den Kapiteln: „Orientierung", „Entscheidungen", „Netzwerke" und „Motivation"

Katharina Kunze – Gründerin und Tutorin von Oxbridge Bewerbung

Mich mit einer eigenen Geschäftsidee selbständig machen, diese Vorstellung finde ich attraktiv. An Ideen mangelt es mir nicht. An wirtschaftlichem Denken schon eher. Meine Ideen sind allesamt kreativ, originell, weltverbessernd – nur auf die Frage, wie ich damit einen Umsatz generieren kann, weiß ich meistens keine gute Antwort. Eines Tages hat Mo einen Geistesblitz: „Werde doch Bewerbungscoach für Eliteunis! Dafür bringst du doch genau die richtigen Voraussetzungen mit! Und es gibt sicher haufenweise Eltern, die dafür sehr viel Geld ausgeben würden." Privilegierten dabei helfen, noch privilegierter zu werden… das finde ich spontan nicht besonders verlockend, auch wenn das Geschäftsmodell überzeugender ist als alles, was ich selbst bis dahin fabriziert habe. Irgendwann komme ich auf die Idee, dass ich ja auch dafür sorgen könnte, dass junge Menschen unabhängig von ihren finanziellen Ressourcen Zugang zu den Informationen bekommen, die für eine erfolgreiche Bewerbung in Cambridge oder Oxford wichtig sind. Wie genau das gehen soll, weiß ich zwar noch nicht, aber ich gucke vorsichtshalber schon mal, ob schon andere vor mir – also, vor Mo – auf dieselbe Idee gekommen sind.

Katharina Kunze war schneller. Sie hatte diese Idee schon vor Jahren und hat sich dann Anfang 2015 damit selbständig gemacht, alles auf diese Karte gesetzt – mit Erfolg. Bereits nach neun Monaten konnte sie davon ihren Lebensunterhalt bestreiten. Sie ist für mich ein Beispiel dafür, wie sehr es sich lohnt, die eigenen Stärken, Fähigkeiten und Vorlieben zu kennen und ernst zu nehmen – und dann die Entschlusskraft aufzubringen, daraus etwas zu machen.

> *In meiner Zeit bei den verschiedenen Unternehmen, bei denen ich angestellt war, habe ich immer überlegt, wo ich mich als nächstes bewerben wollte. Ich habe viel gesucht, aber nichts gefunden, was mir ein Aha-Erlebnis beschert hätte. Ich hatte zwar ein paar nette Bewerbungsgespräche, aber ich wollte das alles einfach nicht. Diese Idee mit Oxbridge-Bewerbung hatte ich schon lange. Und dann war einfach die Zeit gekommen, das auszuprobieren und herauszufinden, ob ich das nicht eigentlich viel lieber machen möchte… Ich dachte: Wenn's scheitert, dann bewerbe ich mich halt wieder. Die erste beste Entscheidung meines*

Lebens war es, nach Oxford zu gehen. Und wie sich herausstellte, war die Gründung von Oxbridge-Bewerbung die zweite beste Entscheidung meines Lebens. Es macht mir so viel Spaß und gibt mir so viel Freiheit. Mein Sozialleben hat sich auch verändert, weil ich jetzt mit viel mehr Leuten zu tun habe, die sich auch selbständig gemacht haben. Ich find's interessanter. Ich bin jetzt total happy.

Alter: 28
Abschluss: Bachelor in Philosophy, Politics and Economics, Doppelmaster an der Bucerius Law School
Frühere Arbeitsstationen: Unternehmensberatung Oliver Wyman, The Economist, My Müsli
Oxbridge Bewerbung: Berät junge Menschen, die sich an internationalen Universitäten, v.a. Großbritannien und USA, bewerben wollen. Alle Fächer und alle Universitäten werden abgedeckt mit dafür geeigneten Tutor*innen, die sowohl die jeweilige Universität als auch das Studienfach aus eigener Erfahrung kennen.
Typische Tätigkeiten: Beratung: Hilfe bei der Auswahl der Universitäten, bei der Zusammenstellung der optimalen Bewerbungsunterlagen und bei der Vorbereitung auf die Interviews. Dazu kommen die Instandhaltung und Aktualisierung der Webseite, das Marketing und administrative Aufgaben wie Buchhaltung und Steuer.
Geld:

> *Ich kann mich sehr gut finanzieren. Es ist ein zyklisches Geschäft. Jetzt gerade muss ich eher schauen, aber es ist trotzdem so, dass ich gut über die Runden komme. Da lege ich jetzt gerade einfach nichts zurück, das mach ich dann später im Jahr.*

Arbeitsverhältnis: Selbständig.
Arbeitszeit: Vollzeit.
Feenwünsche:

1. *Dass alle steuerlichen Sachen – bing – erledigt sind.*
2. *Den perfekten Geistesblitz, wie die Webseite zu sein hat, wie die Preise und Pakete genau zu sein haben.*

Mehr von Katharina in den Kapiteln „Entscheidungen", „Do what you love", „Schwierigkeiten" und „Motivation"

Katja Urbatsch – Gründerin und Geschäftsführerin von arbeiterkind.de

Eigentlich besteht meine Aufgabe als Volunteer auf der Sozialunternehmerkonferenz von Ashoka darin, als zuvorkommende Hostess dafür zu sorgen, dass die Büffet-Tische in den Konferenzräumen immer ausreichend mit Speis und Trank ausgestattet sind. Zum Glück muss ich keine Uniform tragen und deswegen fällt es auch niemandem auf, dass ich so tue, als sei ich selbst ein Konferenzgast, der sich selbstverständlich am Kuchenbüffet verlustiert. Zu mir gesellt sich Katja Urbatsch. Ich erkenne sie aus dem dicken Heft, in dem alle Ashoka-Fellows vorgestellt werden, mache irgendeine sinnfreie Bemerkung über den Kuchen und irgendwie gelingt es mir, nahtlos zu meinem Promotionsthema überzuleiten. Katja macht es mir leicht, sie spricht mir ihre Bewunderung aus, dass ich meine Doktorarbeit abgeschlossen habe – ein Projekt, das bei ihr schon länger ansteht, zufälligerweise auch in Amerikanistik, und ja, klar, Eva Bösenberg, meine Doktormutter, kennt sie, die hat doch ein Buch über Geld und Gender im amerikanischen Roman geschrieben, über Geld will auch Katja schreiben, und ist die Bösenberg nicht sogar auch ein Arbeiterkind?

Ich komme gar nicht so richtig dazu, mich in meiner Ehrfurcht vor dieser Prominenten zu baden, weil sie einfach so freundlich und nahbar ist. Und so überrascht es mich auch nicht, dass Katja, obwohl wir nur wenige Minuten geredet haben, meine Kontaktanfrage auf LinkedIn ein paar Tage später akzeptiert. Was mich dann allerdings doch überrascht, ist, dass sie sich viele Monate später, als ich sie frage, ob sie Lust auf ein Interview für dieses Buch hat, nicht nur an mich erinnert, sondern mich in ihr Büro in der Sophienstraße einlädt.

2008 habe ich arbeiterkind.de gegründet. Also vor acht Jahren. Ich wollte ja eigentlich gar keine Organisation gründen. Ich hatte nach dem Studium eine Stelle als wissenschaftliche Mitarbeiterin an der Uni Gießen. Ich hatte lange schon diese Idee mit arbeiterkind.de, weil ich gerne meine Erfahrungen weitergeben und anderen Mut machen wollte, als erste in der Familie zu studieren. Ich wollte ihnen die Hilfestellung geben, die ich selbst viel zu spät bekommen habe. Ursprünglich sollte das nur eine Homepage werden. So kam es auch zu dem Namen arbeiterkind.de, bei dem wir bis heute geblieben sind. Die Domain habe ich erst mal reserviert, aber lange nichts damit gemacht, wie das eben so ist. Erst mal wollte ich den Studienabschluss machen. Am Graduiertenzentrum ist mir dieses Thema wieder aufgefallen, weil dort überwiegend Leute aus Familien sind, in denen es schon viele Promovierte gibt. -- Wir haben mit der Homepage angefangen. Dann haben wir eine Pressemitteilung rausgegeben und die ist eingeschlagen. Am nächsten Tag war ich schon live im Deutschlandfunk, auf Campus und Karriere, und im Interview und das war sehr surreal. Innerhalb kürzester Zeit waren wir in sämtlichen Medien mit arbeiterkind.de: Süddeutsche, Taz, Zeit. Das war wirklich Wahnsinn. Aus ganz Deutschland haben sich Menschen gemeldet, die ihre Geschichte mit uns teilen wollten und uns ermutigt haben. Auf einmal war es eine bundesweite Initiative. Wir haben heute 6000 Ehrenamtliche in 75 lokalen arbeiterkind.de-Gruppen. Wir haben auch ein Online-Netzwerk, da sind sogar 10.000 Leute drin, die sich potenziell zur Verfügung stellen. Schüler und Studierende tauschen sich über das Netzwerk aus. Das ist riesengroß geworden. Hätte ich nie gedacht. War auch nie geplant. Irgendwann wurde es dann so viel, dass ich angefangen habe, das hauptamtlich zu machen."

Alter: 36
Abschluss: Magister in Nordamerikanistik, BWL und Publizistik.
Frühere Arbeitsstationen: Halbe Stelle im Bereich Öffentlichkeitsarbeit am Graduiertenzentrum in Gießen.
arbeiterkind.de: ist eine gemeinnützige Organisation, die jungen Menschen, die als Erste in ihrer Familie studieren, Orientierungs- und Beratungshilfe rund um die Uni anbietet. Katja hat die Organisation 2008 gegründet und ist bereits ein Jahr später Ashoka-Fellow geworden. Heute hat *arbeiterkind.de* fünfzehn hauptamtliche Mitarbeiter*innen.
Typische Tätigkeiten: Termine mit Mitarbeiter*innen, Pressetermine, Termine mit Kooperationspartner*innen, Veranstaltungsplanung, jede Menge E-Mails jeden Tag, Projektmanagement, Personalverantwortung, Netzwerken, Fundraising, Organisationsstrategie planen, die Organisation auf Veranstaltungen und in den Medien repräsentieren.

Geld:

Netto bekomme ich momentan etwa 2300,- im Monat. Ob das so bleibt, weiß ich nicht. Das hängt mit den Projektfördermitteln zusammen. Nächstes Jahr wird es auch schon wieder eng. Das kann sein, dass es dann auch wieder Phasen gibt, wo ich auf einen Teil meines Gehalts verzichte, um jemand anders noch halten zu können.

Arbeitsverhältnis: Geschäftsführerin.
Arbeitszeit: 40 Stunden.
Feenwünsche:

1. *Dass unser Ziel schon näher gerückt ist: dass es nicht mehr vom Bildungsstand der Eltern abhängt, welche Chancen man hat.*
2. *Dass wir in Deutschland darüber nachdenken, wie wir die Bildungsarbeit strukturieren und finanziell ausstatten, so dass Organisationen und Initiativen wie arbeiterkind.de langfristig, großflächig und nachhaltig wirken können.*
3. *Irgendwann würde ich vielleicht auch gerne als Dozentin an einer Fachhochschule unterrichten.*

Mehr von Katja in den Kapiteln „Weltverbesserer" und „Unternehmergeist"

Dr. Marc Halder – Referent bei der Studienstiftung des deutschen Volkes, Wissenschaftliches Programm

Referentin bei einer Stiftung sein oder in einer anderen staatlichen Institution, das war eine meiner ersten konkreten Jobideen, als ich auf das Ende meiner Promotion zusteuerte. Also knüpfte ich Kontakte. Meine erste Anlaufstelle war das Bundesministerium für Bildung und Forschung. Ich traf mich mit einem Angestellten aus dem höheren Dienst, ein sehr netter Typ, Jurist, der mir weitere Kontakte vermittelte und mir aus seinem Arbeitsalltag erzählte: von den bürokratischen Strukturen, von den vielfältigen Weiterbildungs- und Aufstiegsmöglichkeiten, den möglichen Auslandseinsätzen, dem sehr guten, sicheren Gehalt, der Möglichkeit, mit dem nötigen Durchhaltevermögen, taktischem Geschick und etwas Glück wichtige Gesetzgebungen verändern und beeinflussen und Gutes bewirken zu können. Obwohl er so nett war und vieles an seinem Job mir eigentlich gefiel, hatte ich ein flaues Gefühl im Magen. Ich wusste nicht genau, woran das lag. Vielleicht war es nur meine Winterdepression. Deswegen traf ich noch eine weitere Angestellte im BMBF. Wieder war da dieses flaue Gefühl. Ich deutete das als untrügliches Zeichen, dass eine Laufbahn im öffentlichen Dienst sich nicht mit mir verträgt. Ich finde das sehr bedauerlich, denn man kann in diesem Sektor natürlich ziemlich viel bewegen, engagierten Menschen begegnen und an Herausforderungen wachsen. Und hat dazu noch ein geregeltes Einkommen und eine Sozialversicherung. Als Geisteswissenschaftler*in hat man es vielleicht etwas schwerer als Jurist*innen oder auch Naturwissenschaftler*innen, aber möglich ist es. Eine Affinität für Verwaltung und Wissenschaftsmanagement und idealerweise eine Zusatzqualifikation auf diesem Gebiet scheinen dafür sehr hilfreich zu sein. Und ausgezeichnete Studienergebnisse sowie, je nach angestrebter Position, keine Angst vorm Assessment-Center.

Marc Halder lernte ich als Referent bei der Studienstiftung kennen. Auf mehreren Veranstaltungen, die ich besuchte, hatte er die Organisationsleitung inne. Er hielt die Fäden zusammen, war immer ansprechbar und immer präsent. Ich wollte von ihm wissen, wie er an diesen Job gekommen ist – und ob er ihm Spaß macht.

> *Das ist ja immer ein Weg, den man zurücklegt. Der Weg hat mich jetzt hierher geführt. Das ist natürlich nicht vollkommene Beliebigkeit. Ich wollte auch in die Richtung, habe mich gezielt dahin entwickelt, aber natürlich hätte es auch bei einer anderen Institution etwas werden können. Das ist am Ende immer auch Zufall und Glück, wo man dann eine Chance bekommt. Ich hatte von Bekannten gehört, die bei der Studienstiftung gearbeitet hatten bzw. noch arbeiten, dass es wirklich ein interessantes und sehr vielfältiges Arbeiten ist. Deswegen habe ich mich gezielt beworben aus meinem vorherigen Job heraus, mit dem ich nicht hundertprozentig zufrieden war. Es war eine bewusste Entscheidung, ins Wissenschaftsmanagement zu gehen, aber eben auch ein bisschen Glück. Wenn man sich überlegt, dass sich auf eine solche Stelle 300, 400 Leute bewerben, dann ist ja nicht ausgemacht, dass man derjenige ist, der die dann auch bekommt."*

Alter: 37

Abschluss: Magister in Geschichte und Politik, Promotion in Geschichte, Zusatzqualifikation Wissenschaftsmanagement (DUV Speyer)
Frühere Arbeitsstationen: Universität Regensburg, Wissenschaftsrat
Typische Tätigkeiten: Beteiligung an den Auswahlprozessen (Leitung von Auswahlseminaren), Beteiligung am ideellen Förderprogramm (dazu gehören Veranstaltungsorganisation und -management und teamspezifische Aufgaben wie Programmplanung und die Entwicklung neuer Veranstaltungsformate).
Geld:

> *Es ist wie im öffentlichen Dienst, sag ich mal, ganz üblich bezahlt.*

Arbeitsverhältnis: Angestellt in Vollzeit.
Arbeitszeit: 40 Stunden.
Feenwünsche:

> 1. *Ein bis zwei Tage von zu Hause aus arbeiten können.*
> 2. *Einen Tag reduzieren, idealerweise bei gleichem Geld.*

Mehr von Marc in den Kapiteln „Bewerbungen" und „Schwierigkeiten"

Maren Drewes – Beraterin, Trainerin, Moderatorin: Kritisches Denken für Organisationen

Nachdem mein kurz entflammtes Interesse für den öffentlichen Dienst und damit verwandte Positionen sehr schnell erloschen ist, kommt meine Neugier auf das weite Feld der Kommunikationsberatung wieder verstärkt zum Vorschein. Es muss doch möglich sein, so ein paar Kommunikationsberater*innen in Berlin aufzuspüren. Wer weiß? Vielleicht kann ich sogar bei einer mal reinschnuppern, hospitieren, kleine Aufträge übernehmen? Keine Ahnung, wie die Leute das gemacht haben, als es noch keine Suchmaschinen gab… Was für ein Glück, dass ich genau zur richtigen Zeit auf die Welt gekommen bin. Innerhalb kürzester Zeit lande ich auf der Website von Maren, und will sie kennenlernen. Ihr Webauftritt macht mich neugierig: Auf dem

Foto der Startseite sehe ich sie auf dem Tempelhofer Feld sitzen, in Jeansjacke und den Blick in die Ferne gerichtet. Sie sieht jung aus. Und wieder frage ich mich, wie bei Alex Burkhard, woher dieser junge Mensch den Mut genommen hat, sich selbständig zu machen. Wie behauptet sie sich neben den etablierten Playern? Wie gut kann sie von ihrer Tätigkeit leben? Und wie ist sie überhaupt dazu gekommen?

> *Wenn man Philosophie studiert und nicht in der akademischen Welt weitermachen will, stellt sich ja irgendwann die Frage: Was mache ich jetzt? Da ich schon Arbeitserfahrung im Kommunikationsbereich hatte, habe ich mich weiter in diese Richtung bewegt. Ich habe zunächst ein Praktikum in der Kommunikationsabteilung eines Sozialunternehmens gemacht. Die arbeiteten gerade an ihrem Vision Statement und konnten sich über ganz zentrale Begriffe, die darin vorkommen sollten, nicht einig werden. Das ganze Team hat sich darüber ziemlich zerstritten. Ich dachte, die Grundlagen des kritischen Denkens könnten so viel verändern! Als ich anbot, ihnen mit diesem Ansatz zu helfen, wollten sie das aber nicht. Und dann dachte ich: Gut, wenn ihr das nicht wollt... dann mache ich es eben trotzdem! Ich habe mich also mit dieser Idee selbständig gemacht und gemerkt, dass das genau die richtige Mischung ist aus: hier kann ich einen echten Beitrag zu einer besseren Organisationskultur und zu einer gelungenen Kommunikation leisten, und: das kann ich gut und hier kann ich immerzu Neues lernen und mich weiterentwickeln. Im Herzen bin ich weiterhin Philosophin und kann das in meinem Beruf auch ausleben.*

Alter: 29
Abschluss: Magister Philosophie und Kunstgeschichte
Frühere Arbeitsstationen: Praktikum in der Kommunikationsabteilung bei einer NGO, Serious Marketing, Deutsche Kinder- und Jugendstiftung
Zusatzqualifikationen: Fortbildung Projektmanagement
Kritisches Denken für Organisationen: Kritisches Denken ist ein Ansatz, bei dem es um Begriffsarbeit geht, sowie um die Arbeit mit Annahmen und Argumenten. Diese Arbeit ist eine wertvolle Grundlage für die Kommunikationsstrategie und die Organisationsentwicklung. Die Beratung ist sehr partizipativ.
Typische Tätigkeiten: Workshops leiten, Veranstaltungen mode-

rieren, vor- und nachbereiten, Akquise, Netzwerken, klar sein, Wissen vermitteln, Kommunikationsstrategien entwickeln.
Geld:

> *Mittlerweile läuft's super. Das war aber die ersten zwei Jahre natürlich nicht so. Ich konnte mich die ersten zwei Jahre damit nicht voll finanzieren. Ich habe damit zwar Geld verdient, aber nicht genug. Dieses Jahr ist das erste, das ich vollständig mit meinen Beratungsangeboten finanzieren kann.*

Arbeitsverhältnis: Selbständig.
Arbeitszeit: 40-60 Stunden.
Feenwünsche:

1. *Im Ausland arbeiten für ein paar Jahre oder Monate.*
2. *Wenn die Sachen so stehen bleiben könnten – also, zack! alles bleibt, wie es jetzt ist – time freeze – zwei, drei Jahre eine Kinderpause machen – und dann wieder einsteigen.*

Mehr von Maren in den Kapiteln „Entscheidungen", „Netzwerke", „Do what you love", „Unternehmergeist", „Schwierigkeiten" und „Motivation"

Dr. Marta Neüff – Koordinatorin Marshall McLuhan Salon der Botschaft von Kanada

Irgendwann erzählte mir Marta, dass sie in der Botschaft von Kanada arbeitet. Bis dahin hatte ich die wenigsten anderen Doktorand*innen in meinem PhD-Kolloquium gefragt, ob sie neben der Promotion auch arbeiten – und was. Es ging einfach immer nur um Akademisches. Dann lud ich einmal zu einem semi-akademischen Treffen bei mir zu Hause ein und hatte so einen ähnlichen Effekt, wie damals in der zwölften Klasse, als meine Lateinlehrerin mich und ein paar andere zu sich nach Hause einlud: Ganz plötzlich wurde mir klar, dass meine Lehrerin ja auch noch ein Leben außerhalb der Schule hatte, in dem sie nicht Lehrerin war.

Als Marta mir mit leuchtenden Augen von ihrem Job erzählte, fiel es mir sehr leicht, auch in der kanadischen Botschaft arbeiten zu wollen. Die Weiten der kanadischen Wälder und eine kräftige

Brise Diplomatenluft wehten durch meinen Kopf. In Wirklichkeit ist Martas Arbeit und Arbeitsort sehr viel mehr down to earth. Von Wäldern ist am Leipziger Platz nicht viel zu spüren und der Arbeitsalltag besteht nicht nur aus diplomatischen Empfängen. Aber darauf kommt es Marta nicht an. Was ihr an der Arbeit in der Botschaft gefällt, ist ihre Aufgabe zur Völkerverständigung beizutragen, der pädagogische Auftrag, die Veranstaltungsorganisation und ihre tollen Kolleginnen.

> *In meinem Fall hat meine Arbeit tatsächlich viel zu tun mit dem, was ich vorher gelernt habe. Ich habe Nordamerika-Studien an der Humboldt-Universität studiert und Politikwissenschaften auf Magister an der Universität Warschau. Die Arbeit von Botschaften ist mir nicht fremd. Ich habe auch im Studium Praktika bei einer anderen Botschaft gemacht. Das ist ein Bereich, der mich immer interessiert hat. Ich wollte auch gern einen Job haben, wo ich das Wissen aus dem Studium einsetzen konnte. Danach habe ich ganz gezielt gesucht. Und ich hatte sehr viel Glück, dass es diese Ausschreibung gab.*

Alter: 30
Abschluss: Magister Nordamerikastudien und Politikwissenschaften, Promotion Nordamerikastudien
Frühere Arbeitsstationen: Philips (Speech Consulting), University of Illinois at Chicago
Zusatzqualifikationen: Keine.
Typische Tätigkeiten: Öffentlichkeitsarbeit, insbesondere in den Bereichen Bildung und Kultur, den Marshall McLuhan Salon betreuen (Informations- und Medienzentrum bestehend aus einer multimedialen Bibliothek und Archiv, Führungen für Lehrer- und Schülergruppen), Kanada in Deutschland präsentieren und im deutschen Bildungssystem beliebter machen. Arbeitsmaterialbeschaffung und Experten für Projekte und Veranstaltungen gewinnen, Abteilungsmeetings.
Geld:

> *Was ich verdiene, kann jeder nachgucken, das ist öffentlich. Meine Kategorie ist angepasst an den kanadischen öffentlichen Dienst und heißt LI5. Das Monatsgehalt beträgt 3100 Euro brutto, wobei ich eine 40%-Stelle habe.*

Arbeitsverhältnis: Angestellt in Teilzeit.
Arbeitszeit: 16 Stunden.
Feenwünsche:

1. *Disputation gut abschließen.*
2. *Als freie Dozentin an der Universität unterrichten, im Bereich Kanadastudien, mit den Schwerpunkten Integration und Migration und dem Vergleich politischer Systeme.*
3. *Langfristige Strukturförderung für den Polnischen Sozialrat, wo ich seit fünf Jahren im Vorstand bin.*

Mehr von Marta in den Kapiteln „Entscheidungen", „Bewerbungen", „Weltverbesserer", „Do what you love", „Schwierigkeiten" und „Motivation"

Dr. Max Seeger – Business Intelligence Consultant bei alpha Quest, z.Z. bei der Daimler TSS, Vater

Max ist mein erster Interviewkandidat. Alles beginnt damit, dass ich ihn beim Spazierengehen mit seiner Freundin treffe, die ich kenne, und ihrem Mops, den ich noch nicht kenne. Wir tauschen ein paar Neuigkeiten aus und ich erfahre, dass Max als promovierter Philosoph in einer IT-Beratung in Ulm arbeitet, deren Geschäftsmodell hauptsächlich darauf beruht, dass sie ihre Berater über langfristige Kooperationen an andere Unternehmen ausleiht. Wie er da gelandet ist? Nach sehr, sehr vielen Bewerbungen und ohne richtigen Plan. Und übrigens auch ohne spezielle IT-Kenntnisse. Offenbar geht das.

Viele Wochen später komme ich auf die Idee, Max danach auszufragen, wie genau das geht. Und noch etliche weitere Wochen und verschiedene IT- und erkältungstechnische Hürden später sitzen wir uns dann endlich virtuell gegenüber und es fühlt sich trotz hin und wieder ruckelndem Bildschirm fast wie ein persönliches Treffen an. Ich bin begeistert von Max' Offenheit über die verschiedenen Schwierigkeiten und Herausforderungen, mit denen er sich mit seiner Arbeit konfrontiert sah und sieht. Und über seine freundliche Entspanntheit bei all diesen Themen.

Meine jetzige Arbeit ist völlig zufällig zustande gekommen. Ich habe irgendwann gemerkt, dass das an der Uni nichts für mich ist, hatte aber keinen Plan B. Also fing ich an, mich für alles Mögliche zu bewerben. Ich ließ mich von zwei Dingen leiten: Ich bewarb mich erstens auf Jobs, die ich sinnvoll fand – zum Beispiel im Bereich Wissenschaftsmanagement – und die ich zweitens interessant fand und mir vorstellen konnte. Es ging ziemlich weit, was ich mir alles vorstellen konnte. Bei regulären Ausschreibungen hatte ich überhaupt kein Glück. Ich habe ungefähr neunzig Bewerbungen geschrieben und nur sehr wenige Rückmeldungen bekommen. Meine Stelle hier ist letztlich über einen privaten Kontakt zustande gekommen: Auf einer Party habe ich einen anderen Philosophen kennengelernt, der auch promoviert hat, und für dieselbe Firma arbeitet, in der ich jetzt auch bin.

Alter: 37
Abschluss: Bachelor Philosophie und Biologie, Master Philosophie, Promotion Philosophie
Frühere Arbeitsstationen: als „Erntemaschine" auf verschiedenen Bio-Höfen, studentische Hilfskraft und wissenschaftlicher Mitarbeiter an der Uni
Zusatzqualifikationen: keine
alpha Quest: eine Business-Intelligence-Beratung, die viel nach dem Prinzip der Arbeitnehmerüberlassung arbeitet, d.h. die Mitarbeiter*innen werden für längere Zeiträume an größere Unternehmen, wie z.B. die Daimler TSS, „ausgeliehen".
Business Intelligence: Große Unternehmen haben Millionen von Daten – über den Konzern, das Produkt, die Kunden, Finanzen. Diese Daten werden in Datenbanken verwaltet und nach verschiedenen Fragen und Kriterien von den Business Intelligence Consultants ausgewertet.
Typische Tätigkeiten: Aus unterschiedlichen Quellen Daten einsammeln, Formate anpassen, Daten aufbereiten und speichern. Die Daten so auswerten, dass interessante Informationen dabei herauskommen, die den Entscheidern im Unternehmen helfen, faktenbasierte Entscheidungen zu treffen. Es geht erst mal nur um die technische Bereitstellung z.B. für jemanden, der wissen will, wie viele Autos von der Sorte xyz im letzten Quartal verkauft wurden und wie die Zahlen im Quartal des Vorjahres dazu im Vergleich stehen.

Geld:

Das Geld ist ganz gut für den Einstieg und steigt in den ersten Jahren auch noch recht deutlich an. Ich weiß jetzt nicht, wie das ist im Vergleich zu anderen Jobs, aber ich bin damit ganz zufrieden.

Arbeitsverhältnis: Angestellt in Vollzeit.
Arbeitszeit: 40 Stunden.
Feenwünsche:

1. *Ein Erfinder sein, der verrückte Dinge baut.*
2. *Ein Job in Berlin und bei gleichem Gehalt auf 75 % Arbeitszeit reduzieren.*

Mehr von Max in den Kapiteln „Orientierung", „Entscheidungen", „Bewerbungen", „Netzwerke", „Weltverbesserer", „Unternehmergeist", „Schwierigkeiten" und „Motivation"

Oliver Hesselmann – Quereinsteiger ins Lehramt Deutsch und Spanisch

Das erste Mal begegnet mir Oliver 2013 als Berater zur Fremdsprachendidaktik der Quinoa-Schule, für die ich das Schulprogramm aufschreibe. Zu dem Zeitpunkt arbeitet er als Programmleiter von Teach First Deutschland und ich habe schon von verschiedenen Bekannten, die als Fellows bei Teach First gearbeitet haben, gehört, dass sie sehr viel ihrer pädagogischen Entwicklung Olivers Feedback und Inspiration zu verdanken haben. Während unseres Treffens spricht Oliver nicht nur darüber, wie und warum Sprachen vor allem einen praktischen Lebensbezug haben müssen, um nachhaltiges Lernen überhaupt möglich zu machen – sondern er zeigt es – und zwar an mir. Im Handumdrehen bin ich in einem Rollenspiel die Schülerin, die mit ihren quasi nicht vorhandenen Spanischkenntnissen (dafür muss ich mich kein bisschen verstellen) einem gleichaltrigen Spanier auf Skype ihre eigene Familie vorstellt. Obwohl das jetzt schon drei Jahre her ist, kann ich mich noch sehr genau daran erinnern. Und an Olivers sehr ausgeprägte Hands-on-Mentalität.

Dann erfahre ich irgendwann, dass er bei Teach First ausgestiegen ist, um einen Quereinstieg ins Berliner Lehramt zu realisieren. Das finde ich nicht nur deshalb toll, weil ich sicher bin, dass Oliver einen großartigen Lehrer abgibt, sondern auch, weil es mich interessiert, wie ein klassischer Geisteswissenschaftler diese Karrierewende schafft. Weil dieser ganze Prozess des Referendariats, umso mehr im Quereinstieg, so ein undurchdringlicher Verwaltungsakt zu sein scheint, überrascht es mich, als Oliver sagt, dass letztendlich persönliche Beziehungen ihm den Weg ermöglicht haben.

> *Die erste und wichtigste Antwort, warum ich als Lehrer arbeite: Weil ich glaube, dass es wichtig ist. Die zweite Antwort: Weil es Spaß macht. Vielleicht wäre noch eine dritte Antwort möglich: Zufall. Ich habe schon während des Studiums nebenberuflich Deutsch als Fremdsprache unterrichtet. Das hat mir viel mehr Spaß gemacht als das Studium selber. Auch nach meinem Examen habe ich fünfzehn Jahre lang internationale Gruppen in Deutsch unterrichtet und das sehr genossen. Dann wurde es mir eng und langweilig, ich wollte was Neues entdecken, und bin zu Teach First gekommen. Ich bin zufällig da gelandet, ich habe mich überhaupt nicht umgesehen. Ich habe jemanden kennengelernt, der dort gearbeitet hat und der mich gefragt hat, ob ich da mitmachen möchte. Ähnlich lief es dann bei meinem nächsten Wechsel in die Schule. Ich habe den Schulleiter kennengelernt, der mich gefragt hat, ob ich nicht mitmachen möchte. Dann bin ich einen recht schwierigen Weg gegangen durch diese ganzen Bewerbungsverfahren. Das ist gerade als Quereinsteiger nicht so einfach.*

Alter: 47
Abschluss: Magister Germanistik und Romanistik
Frühere Arbeitsstationen: Lehrerausbilder für DaF-Lehrer, Autor für den Klett-Verlag, Videoprojekte für das Goethe-Institut, Konzeption und Aufbau einer Schule in China, Programmaufbau und Programmleitung bei Teach First Deutschland, sowie Vorbereitung der Fellows auf ihren Einsatz.
Zusatzqualifikationen: DaF (Deutsch als Fremdsprache).
Typische Tätigkeiten: Ab 7 Uhr 30 letzte Vorbereitungen für den Tag, Absprachen im Lehrerzimmer, Arbeitsblätter kopieren, Unterricht, Flurgespräche, Besprechungen, Konferenzen, Aufsichten, meist ohne längere Verschnaufpause durch den Tag bis 15 oder 16 Uhr, dann kurzer Energieeinbruch auf dem Sofa und

oft wartet auf dem Schreibtisch das Korrekturgebirge, E-Mails, Stundenplanung und so weiter. Und 19 Uhr, würde ich sagen, ist meistens Schluss. Aber: 12 Wochen Ferien im Jahr gleichen einiges aus.
Geld:

Ich finde den Lehrerjob gut bezahlt. Da kann man gut von leben.

Arbeitsverhältnis: Referendar in Vollzeit.
Arbeitszeit: 45-50 Stunden.
Feenwünsche:

Ich hätte gern den Auftrag, eine Schule neu zu erfinden, und die entsprechenden finanziellen Mittel dafür. Das wäre eine Schule, in der die reale Welt als Lernraum zur Verfügung steht, in der man mit einer kleineren Gruppe von Schülern in der Welt unterwegs ist und an unterschiedlichen Orten lernt. Das würde ich mit Theater kombinieren. Das erste ermöglicht Schülern die Begegnung mit dem, was ist, und das zweite mit dem, was sein könnte.

Mehr von Oliver in den Kapiteln „Orientierung", „Bewerbungen", „Netzwerke", „Weltverbesserer", „Do what you love", „Unternehmergeist" und „Motivation"

Dr. Patrick Baumgärtel - Inhaber der Literaturagentur Schoneburg, Literatur- und PR-Agent, Autorenberater und Schreibcoach

Im Juni 2015 kommt mir der Geistesblitz zu diesem Buch. In dem üblichen Anfangsfeuereifer schreibe ich die ersten drei Seiten runter: Es sind drei flotte Seiten, die Spaß machen zu lesen und mit denen ich sehr zufrieden bin. Sie tauchen übrigens in diesem Buch überhaupt nicht mehr auf. Aber nun ja. Um die Kraft des Anfangs zu nutzen, schicke ich mein Minimanuskript an drei Literaturagenturen mit der Vermutung, da schneller ein Feedback zu bekommen als von Verlagen. Die Strategie geht auf. Innerhalb weniger Stunden antwortet mir Patrick Baumgärtel. Er findet mein Angebot interessant und was hielte ich davon, ihn nächste Woche in seinem Büro zu treffen?

Wir vereinbaren, dass ich die nächsten dreißig Seiten schreibe und sie ihm mitsamt Exposé zukommen lasse. Gesagt, getan. Nach ein paar Wochen kommt dann seine Mitteilung, dass er sich nun leider gegen mein Angebot entschieden hat – die Zielgruppe sei ihm doch zu klein. Wir bleiben trotzdem in Kontakt. Und als ich Patrick Monate später um ein Interview bitte, sagt er bereitwillig zu.

> *Ich habe mich immer schon für Bücher, Verlage und Lektorat interessiert. Aber irgendwie waren meine Karriereaussichten trotzdem nicht sehr rosig, nicht sehr vielversprechend – auf der einen Seite. Auf der anderen Seite finde ich die Idee, mein eigener Chef zu sein, sehr gut. Das ist etwas, das mir sehr entspricht. So habe ich dann diese Agentur gegründet. Mir fiel damals auf, dass viele Agenturen im Internet einfach überhaupt nicht präsent waren. Das hat sich mittlerweile auch ein bisschen geändert. Aber dementsprechend habe ich mich sehr auf diesen Bereich konzentriert und z.B. viel Suchmaschinenoptimierung gemacht. Das hat sich ausgezahlt. Auch davon abgesehen habe ich überlegt, was ich anders machen könnte als andere Agenturen. Wir sind eine Full-Service-Agentur: neben der Lektoratsarbeit machen wir auch PR. In dieser Kombination bieten das nur sehr wenige Agenturen an.*

Alter: 39
Abschluss: Magister Germanistik, Neuere Deutsche Literatur, Philosophie und Anglistik; Promotion Germanistik und Neuere Deutsche Literatur.
Frühere Arbeitsstationen: Dozent an der SRH Hochschule Heidelberg, Praktika und Volontariate im Verlagsbereich
Zusatzqualifikationen: keine
Typische Tätigkeiten: Manuskripte von Autor*innen prüfen, lektorieren, und an Verlage vermitteln, bei der Abwicklung von Publikationen helfen, Verträge aufsetzen und prüfen, Autoren und Lektoren treffen, Buchprojekte einschätzen, ablehnen und anpreisen, Buchideen entwickeln, Lesungen vermitteln, lektorieren, telefonieren, ein jährlich stattfindendes Krimifestival organisieren, Buch-PR für die Autor*innen der Agentur.
Geld:

> *Wenn ich mit einem Stundenlohn von 8,50 € rechne und 60 Stunden arbeite, komme ich insgesamt auf einen Lohn, von dem ich gut leben*

kann. Es entwickelt sich alles sehr gut und ich bin optimistisch, dass sich der Stundenlohn noch verbessert. Ein gewisser Grundoptimismus gehört immer dazu, es geht schließlich immer auf und ab.

Arbeitsverhältnis: Selbständig
Arbeitszeit: 50-60 Stunden: Pro Tag mind. 9 Stunden, am Wochenende etwa 5.
Feenwünsche:

1. *Ich wünsche mir Bestsellerautoren, die gute Bücher schreiben, die sehr umgänglich in der Betreuung sind, und mit denen sich viel Geld verdienen lässt.*
2. *Ich wäre gern Mick Jagger. Keith Richard wäre vielleicht auch in Ordnung.*

Mehr von Patrick im Kapitel „Entscheidungen"

Rafael Busch - Inhaber und Geschäftsführer des Tangostudios tangotanzenmachtschön, Tangolehrer und Tänzer, Vater

2008 stehen Rafael Busch und Susanne Opitz kurz davor, ihr eigenes Tangostudio zu eröffnen. Noch bieten sie ihre Kurse in einem anderen Studio an, wo sie sich tageweise einmieten. Mein Partner Mo und ich sind sehr angetan von ihrem Unterrichtsstil, der präzise und gleichzeitig humorvoll ist. Wir sind dabei in den ersten Stunden von tangotanzenmachtschön. Ich finde nicht nur das Tangotanzen schön, und dass Tangotanzen schön macht, sondern ich bin auch fasziniert von diesem Paar, das sich ganz schön viel traut. Als Liebespaar und Eltern einer zu dem Zeitpunkt noch sehr kleinen Tochter haben sie den Mut, ihre Beziehung als professionelles Tanzlehrerpaar auf eine unternehmerische Beziehung zwischen Geschäftspartnern zu erweitern. Das sind sehr viele Beziehungsebenen, die da gleichzeitig funktionieren müssen. Zum Glück ist Tango das perfekte Vehikel, um in Beziehung und Kommunikation zu treten. Dass das Tangostudio heute eine fest etablierte Größe in Berlin ist, und Susannes und Rafaels vielschichtige Beziehungen nach wie vor lebendig sind, werte ich als ein Indiz dafür, wie gut Susanne und Rafael den Tango verstehen und beherrschen.

Aber was zum Teufel macht ein Tangolehrer hier in diesem geisteswissenschaftlichen Kreis? Was ich an Rafaels Geschichte besonders spannend finde, ist sein langjähriges Zögern, ob er das Tangotanzen, das er doch eigentlich als lukratives Hobby begonnen und viele Jahre betrieben hat, wirklich hauptberuflich machen sollte. Oder ob er nicht lieber einen „richtigen" Beruf ergreifen sollte, einen, für den sein Studium nicht umsonst war. Zum Glück hat er sich für den Tango entschieden.

Es war eine Mischung aus Selbsterkenntnis und Glück. Als ich 18 war, bin ich mit einem Freund für drei Monate nach Paris gegangen, um dort Ballettunterricht in der Ecole du Marais zu nehmen, bei dem sehr bekannten Yves Cassati. Ich hatte bis dahin nichts mit Tanzen zu tun gehabt, aber ich bin einfach mitgegangen. Und es hat mich umgehauen, wie hart dieses Training ist. Das fand ich reizvoll. Als ich dann wieder in Freiburg war, wollte ich unbedingt weiter Tanzunterricht nehmen. Bei einer Statistengruppe am Stadttheater, dem Revueballett, bin ich fündig geworden. Dort haben wir professionellen Ballettunterricht bekommen und die Hintergrundtänze bei Opern und Operetten gestaltet. Das war die perfekte Mischung, weil ich ja auch so gern auf der Bühne stand. Da habe ich also Germanistik studiert und am Abend stand ich auf der Bühne. Meine damalige Freundin wohnte in einem Wohnwagen und hat den linken Hausbesetzern Paartänze beigebracht. Das fand ich sehr cool und so habe ich auch den Tango kennengelernt. Bald haben wir mit Tangokursen einen relativ festen Betrag erwirtschaftet. Damals dachte ich noch nicht, dass das einmal mein Beruf werden würde. Überhaupt nicht. Aber ich merkte schon, da schwingt mein Herz mit. Und da, wo das Herz schwingt, da will man mehr. Da bin ich dem einfach gefolgt.

Alter: 47
Abschluss: Magister Germanistik, Literaturwissenschaften, Sozialwissenschaften
Frühere Arbeitsstationen: Freiberuflicher Tänzer und Tanzlehrer, Abteilungsleiter bei SNT, einem Callcenter von E-Plus.
Zusatzqualifikationen: Unzählige Stunden Tanzunterricht von herausragenden Tangotänzer*innen.
Typische Tätigkeiten: Unterrichten in Abendkursen, Wochenend-

kursen und Workshops, auch auf Tangoreisen. Dazu gehört auch die Veranstaltungsorganisation. Showtanzen – aus Freude daran, aber auch als wirksames Marketinginstrument. Buchhaltung, Steuern. Leitung des Teams.
Geld:

> *Nach Abzug der Steuern verdiene ich etwa 30.000 im Jahr. Damit bin ich total zufrieden. Ich habe diese Arbeit nie wegen des Geldes gewählt, auch wenn es mir wichtig war, ohne Existenzängste zu leben. Diesen Punkt haben wir vor allem mit der Schule im Verbund mit all unseren Tätigkeiten erreicht. Etwa 95% unserer Einkünfte kommen durch das Unterrichten. Wenn ich uns nicht mit Leuten in Wirtschaftsberufen oder mit Beamten vergleiche, würde ich sogar sagen, wir sind erfolgreich. Wir sind nicht reich, aber wohlhabend z.B. in dem Sinne, dass wir gerade in einer Baugruppe eine Wohnung bauen und kaufen. Das ist schon ein bürgerlicher Rahmen, den ich für uns als Familie gut finde. Trotzdem bleibt meine Grundeinstellung, mit wenig zufrieden zu sein. Das war auch immer der Preis, den ich bereit war zu zahlen für meine künstlerische Tätigkeit.*

Arbeitsverhältnis: Selbständig.
Arbeitszeit: 30-80 Stunden.
Feenwünsche:

> 1. *Mehr Anerkennung und mehr Einladungen für Bühnenauftritte.*
> 2. *Dass die Liebe die Höhen und Tiefen in der Partnerschaft und Liebesbeziehung mit Susanne Opitz überlebt.*

Mehr von Rafael in den Kapiteln „Entscheidungen", „Netzwerke", „Do what you love", „Kinder, Kinder", „Unternehmergeist", „Schwierigkeiten" und „Motivation"

Dr. Rafael Ugarte Chacón - Koordinator des Graduiertenkollegs „Integrating Ethics and Epistemology of Scientific Research", Leibniz Universität Hannover und Universität Bielefeld

Ich lerne Rafael auf einem Doktorandenforum der Studienstiftung kennen. Wir mögen uns auf Anhieb und erkennen unsere jeweilige Neigung für abseitige Themen. Rafael promoviert über Gehörlosentheater und vertieft dafür seine Kenntnisse der

Gebärdensprache. Mit dieser Qualifikation, so stelle ich mir das vor, wird er sicher keine Schwierigkeiten haben, nach der Abgabe seiner Dissertation einen sinnvollen und bezahlten Job zu finden. Eine Laufbahn in Forschung und Lehre hat er zu diesem Zeitpunkt zwar noch nicht ganz ausgeschlossen, aber es zieht ihn auch in neue Gefilde.

Wieder zurück in Berlin verlieren wir uns zunächst aus den Augen, bis ich ihn zu einer Probedisputation bei mir zu Hause einlade. Rafael ist dabei. Genau wie ich hat er ein Faible für Kinderbücher, Monster und Disneyfilme – und stellt begeistert kritische Fragen zur Diskussion. Aber anders als ich hat er den Absprung von der Uni schon geschafft – oder besser gesagt, den beruflichen Wiedereinstieg in die Uni.

Ich wollte mich zwar weiterentwickeln in den Bereichen, in denen ich schon Erfahrung hatte: in der Kunst und in der Wissenschaft. Aber in keinem der beiden Sektoren wollte ich tatsächlich arbeiten, weder als Wissenschaftler noch als Künstler. Mein Sicherheitsbedürfnis war größer. Ich hatte keine Lust, jedes halbe Jahr aufs Neue irgendwelche Anträge zu schreiben und zu hoffen, dass da ein bisschen Kohle bei rumkommt. Sowohl in der Kunst als auch in der Forschung gehört auch viel Verausgabung dazu. Man muss viel Persönliches investieren und sehr viel arbeiten. Mir war Selbstverwirklichung in dieser Hinsicht nicht so wichtig, wie ein gutes Gehalt zu haben. Da ich mich im universitären Bereich immer wohlgefühlt habe und ich gleichzeitig einen Hang zum Organisatorischen habe, bin ich dann ins Kultur- und Wissenschaftsmanagement gegangen. Mein Einstieg war ein Praktikum an der Dahlem Research School, das ich nach etwa 100 Bewerbungen im Bereich Wissenschaftsmanagement bekommen habe.

Alter: 33
Abschluss: Magister Allgemeine und Vergleichende Literaturwissenschaft und Theaterwissenschaft, Promotion Theaterwissenschaft
Frühere Arbeitsstationen: Studentische Hilfskraft, Organisation von Tagungen, Herausgabe eines Buches, Verwaltung im Kulturbereich, Regieassistenz und Dramaturgie, Praktikum im Wissenschaftsmanagement der FU Berlin an der Dahlem Research School
Zusatzqualifikationen: Gebärdensprache.

Typische Tätigkeiten: Organisation, Vor- und Nachbereitung von Veranstaltungen, wie Kolloquien und Workshops, Auswahlverfahren für neue Kollegiat*innen, Verwaltungsaufgaben wie Abrechnungen und Berichte, die Betreuung der Webseite, Budgetmanagement, den Überblick behalten, was an den zwei Standorten des Kollegs passiert, Ansprechpartner für die Kollegiat*innen sein, sie bei ihren Anliegen beraten und unterstützen: Das kann die Doktorarbeit oder die Weiterqualifikation betreffen, aber auch Hilfe bei der Wohnungssuche oder bei behördlichen Vorgängen.
Geld:

Das Praktikum war finanziell nicht wirklich lohnenswert, auch wenn ich da mehr Geld zur Verfügung hatte als vorher. Mit meiner jetzigen Stelle hat sich mein Gehalt deutlich verbessert und es ist auf jeden Fall lohnenswert.

Arbeitsverhältnis: Angestellt in Vollzeit
Arbeitszeit: 40 Stunden.
Feenwünsche:

Ich möchte gern der Berliner Beauftragte für Inklusion im Kulturbereich sein, hervorragend bezahlt und ernannt auf Lebenszeit. Ich würde Sonderausstellungen initiieren, wo Besucher*innen mit Behinderung nicht automatisch benachteiligt sind. Ich möchte, dass die Leute umdenken, und den Spaß und die Entdeckerfreude erkennen, die damit verbunden sind, und ihre Sensibilität schulen. Im Moment bekommen die Leute immer gleich Schweißausbrüche, wenn ein Gehörloser mal eine Museumskarte kaufen möchte...

Mehr über Rafael in den Kapiteln „Entscheidungen", „Bewerbungen", „Netzwerke" und „Unternehmergeist"

Robert Parzer - Historiker, Erforscher von Biografien von Euthanasieopfern der Nazis, Vater

Es ist die Zeit, wo ich allen Leuten von meiner großartigen Buchidee erzähle. An einem Nachmittag sitze ich im Eltern-Café der Grundschule und erzähle zwei anderen Müttern davon, wie

Philosophen und Literaturwissenschaftlerinnen in der IT Geld verdienen.

„Es geht aber auch anders," sagt Feli. „Mein Mann ist freiberuflicher Historiker."

„Ehrlich? Das geht?" frage ich etwas ungläubig.

„Ja, das geht. Das ist nicht immer ganz einfach, aber er macht genau das, was er im Studium gelernt hat."

Ein paar Wochen später treffe ich Feli mit unseren Kindern auf einem Spielplatz. Ich erzähle ihr, dass ich berufliche Selbständigkeit sehr attraktiv finde. Feli scheint etwas erstaunt zu sein.

„Freiberuflichkeit kann aber auch echt die Hölle sein..."

Ihre Ausführungen über Steuerabzüge, die Voraussetzungen, die ein Arbeitszimmer haben muss, um es von der Steuer absetzen zu können, die 17.500 Euro-Grenze, die, einmal überschritten, eine Umsatzsteuer von 19 Prozent verlangt, die finanzielle Unsicherheit... Bisher waren meine Interviewpartner*innen mit ihrer Freiberuflichkeit überwiegend zufrieden. Doch Felis Schilderungen klingen selbst in meinen blauäugigen Ohren abschreckend. Aber, wie Ronja Räubertochter schon sagt: „Her mit den Gefahren!"

Ganz so mutig wie Ronja bin ich (noch) nicht, deswegen treffe ich im ersten Schritt Robert bei mir zu Hause am Küchentisch, um mir ein Bild davon zu machen, wie furchteinflößend diese Freiberuflichkeit wirklich ist und wie er überhaupt dazu gekommen ist, als freiberuflicher Historiker zu arbeiten.

Der Weg dahin war ziemlich verworren und begann nach dem Abi, bzw. der Matura – ich komme aus Österreich. Ich bin für ein Jahr nach Polen gegangen und habe dort in einer KZ-Gedenkstätte gearbeitet. Danach wollte ich nicht nach Österreich zurück und bin zufälligerweise nach Berlin bekommen und habe zufälligerweise Geschichte studiert. Na ja, ganz so zufällig war es nicht. Die anderen Fächer, die mich interessiert haben, hatten einfach alle so einen wahnsinnig hohen NC. Während des Studiums habe ich an einem Projekt von der Topographie des Terrors teilgenommen, da ging es um Recherchen zu Biographien von Opfern, von Berliner Juden, die ins Ghetto nach Polen deportiert worden sind. Über dieses Projekt habe ich jemanden kennengelernt, der jetzt am Institut für Zeitgeschichte arbeitet, der wiederum jemanden kannte, der einen großen Teil meiner heutigen Arbeit finanziert. Im Studium habe ich mich mit Führungen an den Gedenkstätten komplett selbst finanziert und habe mich dann auch wissenschaftlich extrem auf die Geschichte des Nationalsozialismus spezialisiert. Nach dem Studium war das dann inhaltlich gar kein Bruch. Ich mache genau das, was ich vorher gemacht habe, nur dass ich keine Scheine mehr machen muss.

Alter: 35
Abschluss: Magister Geschichte und Polonistik
Frühere Arbeitsstationen: Freiwilligendienst in der KZ-Gedenkstätte nach dem Abi, Führungen.
Zusatzqualifikationen: Polnisch – Voraussetzung für viele Aufträge.
Typische Tätigkeiten: Projektarbeit (drei bis fünf Projekte gleichzeitig) mit unterschiedlichen Arbeitsvolumina, Archivrecherche, Management eines Internet-Info-Portals zu NS-Euthanasie und Zwangssterilisation (http://www.gedenkort-t4.eu/de), Vernetzung von Initiativen und Angehörigen, Biographische Recherchen für Angehörige von Euthanasie-Opfern, Vorträge auf Konferenzen und Tagungen.
Geld:

Das Geld kommt von Trägern der Behindertenhilfe, durch Anträge auf Projektgelder und Stipendien. Für Konferenzen gibt es teilweise auch Geld, z.B. von politischen Stiftungen. Letztes Jahr bin ich zum ersten Mal über die 17.500 Euro-Grenze gekommen. D.h. ich muss jetzt 19% Umsatzsteuer abführen.

Arbeitsverhältnis: Selbständig.
Arbeitszeit: 40-50 Stunden.
Feenwünsche:

1. *Ich möchte eine extrem gut bezahlte Stelle mit allen Freiheiten und genau das weitermachen, was ich jetzt mache.*
2. *Über die Geschichte Hawaiis forschen.*

Mehr von Robert in den Kapiteln „Entscheidungen", „Bewerbungen" und „Kinder, Kinder"

Stephanie von Liebenstein – Freiberufliche Lektorin, Gründerin der Gesellschaft gegen Gewichtsdiskriminierung, Autorin, Mutter

Normalerweise gehört die Ex-Freundin des eigenen Partners wohl nicht in den Freundeskreis. Bei uns ist das zum Glück anders, und so konnte ich echte Einblicke in die Zielstrebigkeit und das Engagement dieser bemerkenswerten Frau bekommen. Was mich an Stephanie beeindruckt, sind zwei Dinge.

Das erste ist die Klarheit ihres Berufswunsches – Lektorin – die sie schon mit zwölf hatte und ab diesem Zeitpunkt konsequent verfolgte. Damit gibt sie ein mustergültiges Beispiel für strategische Karriereplanung. Die Strategie geht auf: etliche Praktika bei renommierten Verlagen öffnen ihr die Tür ins wissenschaftliche Lektorat, wo sie viele Jahre erfolgreich arbeitet.

Das zweite, das ich wirklich beeindruckend finde, ist, dass sie 2007, inspiriert vom fat acceptance movement in den USA, wo sie ein Verlagspraktikum macht, in Deutschland die Gesellschaft gegen Gewichtsdiskriminierung gründet. Der Begriff „Gewichtsdiskriminierung" ist zu dem Zeitpunkt in Deutschland nicht bekannt. Stephanie sorgt mit ihrer Arbeit dafür, dass sich das ändert. Das überwältigende Medienecho stellt sich dabei ganz von allein ein. Offenbar legt Stephanie den Finger auf einen wunden Punkt. Als dicke Frau wagt sie es, offensiv auf die strukturelle Benachteiligung dicker Menschen aufmerksam zu machen. Zurzeit schreibt sie ein Sachbuch über Gewichtsdiskriminierung.

> *Ursprünglich wollte ich Schriftstellerin werden. Leider habe ich nie besonders viel geschrieben. Ich war immer schon sehr selbstkritisch und deswegen nicht besonders produktiv. Meine Mutter tat dann ihr übriges: Ich hätte schon viel früher anfangen müssen, und Thomas Mann hätte das aber anders gemacht. Jedenfalls hatte ich einen sehr überzogenen Anspruch an mich selbst, den ich nicht umsetzen konnte. Trotzdem wollte ich aber immer mit der Literaturwelt zu tun haben. Ich habe immer unheimlich viel gelesen. Dann hatte ich sehr bald die Idee, Belletristiklektorin zu werden. Ich wollte auf keinen Fall studieren und danach etwas ganz Anderes arbeiten. Von den vielen Praktika in richtig tollen Verlagen war ich sehr angetan. Es fiel mir immer leicht, abends*

noch mal schnell einen Roman zu lesen. Für Luchterhand habe ich auch viele Jahre Gutachten geschrieben, von denen die immer sehr begeistert waren. Dafür habe ich ein echtes Talent. Ich kann Literatur gut einschätzen und genau den Finger drauflegen, wo das Problem mit dem Buch ist. Aber natürlich habe ich dann keinen Job als Belletristiklektorin gefunden – so etwas findet sich nicht mal eben so. Nach dem Studium habe ich dann aber direkt einen Job als Wissenschaftslektorin in einem ziemlich renommierten Verlag gefunden. Das konnte ich nicht ausschlagen. Ich konnte ja nicht sagen, nee, ich will aber lieber Belletristiklektorin werden. Außerdem dachte ich: Dann hast du einen Fuß in der Tür und kannst immer noch nach zwei, drei Jahren Belletristiklektorin werden. Aber das stellte sich als Irrtum heraus... wenn man einmal Wissenschaftslektorin geworden ist, dann ist man das offensichtlich für immer...

Alter: 39
Abschluss: Magister Germanistik, Anglistik und Philosophie
Frühere Arbeitsstationen: Dozentin für englische Literaturgeschichte an einer Universität in China, Education Assistant beim Imperial War Museum Duxford UK, Literary Scouting Trainee in einer Scouting Agentur in New York, Lektoratspraktika beim Luchterhand Literaturverlag und Berlin Verlag, angestellte Lektorin im Frommann-Holzboog Verlag, in der Wissenschaftlichen Buchgesellschaft und im Akademie Verlag.
Zusatzqualifikationen: Sprachzertifikate, Fortbildungen in Betriebswirtschaft und Öffentlichkeitsarbeit, Kamera- und Medientrainings für den von ihr gegründeten Verein Gesellschaft gegen Gewichtsdiskriminierung
Gesellschaft gegen Gewichtsdiskriminierung: Die Idee dahinter kommt vom fat acceptance movement aus den USA. Dahinter steht der Gedanke, dass dicke Menschen eine der letzten Gruppen sind, über die man offen diskriminierend reden kann, wo alles andere schon im Sinne der political correctness zensiert ist. Der Verein fand schnell großen Anklang in den Medien: Stephanie war oft in Fernsehshows, Radio- und Zeitungsinterviews präsent. Mit ihrer Öffentlichkeitsarbeit prägte sie den Begriff der Gewichtsdiskriminierung in Deutschland. Vor allem die exzellente Rechtsberatung des Vereins trug dazu bei, dass es dem Verein gelang, die Verbeamtungsgesetzgebung zu kippen. Seitdem ist ein BMI über 30

nicht länger ein rechtswirksamer Grund für die Nichtverbeamtung.
Typische Tätigkeiten: Als Lektorin: Betreuung von Buchprogrammen, dort Akquise (von Fachautor*innen) und Programmgestaltung (Konzeption neuer Buchreihen und neuer Bücher), Trendforschung, Netzwerkbetreuung, Manuskriptarbeit, Korrektorat, Werbe- und Pressearbeit. Als Vereinsvorsitzende: Verfassen von wissenschaftlichen und journalistischen Artikeln zum Thema, Öffentlichkeitsarbeit, Auftritte in den Medien, Vorbereitung von Konferenzen, Pflege der Webseite.
Geld:

> *Akquiselektorat und Programmgestaltung und -pflege sind im Verlag relativ hoch angesiedelt. Das schlägt sich vor allem im zeitlichen Arbeitsumfang nieder: Unter 70 Wochenstunden kommt man da nicht hin. Teilzeitjobs gibt es in dem Bereich meines Wissens nicht. Der Stundenlohn dafür ist unterirdisch. Finanziell lohnt sich das überhaupt nicht. Aber wenn man eine Leidenschaft dafür hat und auch dem Druck standhalten kann, ist das eine tolle Sache.*

Arbeitsverhältnis: selbständig
Arbeitszeit: schwankt nach Auftragslage.
Feenwünsche:

1. *Ich hätte gern einen Doktortitel. Wenn man geisteswissenschaftlich wirklich etwas gestalten will, ist das auf jeden Fall hilfreich.*
2. *Ich wäre gern eine wahnsinnig erfolgreiche Autorin, die Essays und Kolumnen schreibt, z.B. über den Begriff der Natürlichkeit oder die sogenannten Zivilisationskrankheiten, über Hipster oder Veganismus, oder über Bildlichkeit in den Medien.*

Mehr von Stephanie in den Kapiteln „Entscheidungen", „Geld", „Kinder, Kinder" und „Schwierigkeiten"

Dr. Torsten Breden – Gründer, Gesellschafter und Managing Partner von Radius1 – Transformationsberatung, Vater

Torsten ist einer von denen, die ich über unerwartete Ecken kennenlerne. Für meine Sammlung interessanter Berufe für Geisteswissenschaftler*innen darf Unternehmensberatung natürlich nicht fehlen. Torsten hat viele Jahre in der klassischen Unternehmensberatung gearbeitet und sich dann mit seinem eigenen Unternehmen selbständig gemacht. Inzwischen sagt er explizit, dass sein Angebot sich deutlich von dem klassischer Berater*innen abhebt. Er und sein Mitgründer Christoph Zohlen legen Wert auf eine ganzheitliche Beratung, in der die Individuen in ihrem Organisationskontext gesehen werden, aber mit ihren individuellen Ängsten und Herausforderungen immer im Vordergrund stehen. Der Fokus auf die Menschlichkeit hat letztlich das Ziel, die Unternehmenskultur zu ändern: Weg von der Ellenbogenmentalität, in der die erste Sorge stets dem eigenen Vorteil dient, hin zu einer Wir-Mentalität, die in das Wohl des gesamten Unternehmens ebenso wie in das Wohl der Welt eingebettet ist. Zu ihren Kunden gehören multinationale Konzerne wie die Allianz, Unilever und SAP.

Wir treffen uns vor dem Büro unter den Linden, beide auf unseren Fahrrädern. Im Fahrstuhl geht es dann nach oben und wir betreten ein spartanisch und trotzdem geschmackvoll eingerichtetes Büro. Es ist alles da, was zum Arbeiten gebraucht wird: Tische, Stühle, Computer, eine Küchenzeile mit gutem Kaffeeautomaten – und zwei Meditationskissen. Torsten lädt mich zum Meditieren ein, nur zehn Minuten, um erst mal runter zu kommen, und natürlich nur, wenn ich darauf Lust habe. Mir gefällt dieser ungewöhnliche Anfang für ein Interview.

> *Während des Studiums und danach habe ich für eine große und eine mittelständische Unternehmensberatung gearbeitet. Mein letzter Arbeitgeber ist 2008 Pleite gegangen. Da stand ich dann erst mal da und wusste nicht, was ich machen sollte. Ich hatte verschiedene Einstellungsverfahren laufen und von vier Unternehmen Zusagen bekommen, aber keine wurde umgesetzt. Es wurde 2008 einfach niemand eingestellt. Das war extrem frustrierend. Irgendwann dachte ich dann: Gut, das Spielchen musst du jetzt nicht weiter mitspielen. Akzeptier einfach, dass die Situation ist, wie sie ist. Ich war arbeitslos und es gefiel mir nicht, Arbeitslosengeld in Anspruch zu nehmen und nichts tun zu können. Das entspricht mir nicht. Deswegen bin ich dann losgezogen und habe eine kleine Beratung gegründet. Meine ersten beiden Kunden habe ich im Zug kennengelernt. So war der Grundstein gelegt. Ein Jahr später habe ich*

dann mit Christoph Radius1 gegründet. Irgendwann haben mich dann die Firmen angerufen, um mich einzustellen. Und da habe ich gesagt: Nee, jetzt will ich aber nicht mehr.

Alter: 37
Abschluss: Magister Philosophie, Kunstgeschichte, Psychologie, Promotion Philosophie
Frühere Arbeitsstationen: Management Consultant bei Deloitte und bei boardeleven, Vorstandsassistent der Volkswagenstiftung.
Radius: Ein Beratungsunternehmen für Individuen und Unternehmen, das sich auf die Begleitung von Transformationsprozessen spezialisiert hat. Radius1 entwickelt mit seinen Kund*innen neue soziale Techniken, wie wir miteinander arbeiten, um Veränderungen positiv zu gestalten und Menschen zu stärken, und ihnen die Angst zu nehmen vor diesen Prozessen.
Typische Tätigkeiten: Beratung, Selbstreflexion, neue Werkzeuge entwickeln, Zeit in sich selbst investieren, Teambuilding, Akquise, Programmentwicklung, Arbeit mit den Vorständen und den Bereichsvorständen.
Geld:

Im letzten Jahr habe ich 80.000 Euro Verlust gemacht. Das passiert nämlich auch als Unternehmer. Wir haben uns im letzten Jahr sehr stark auf uns selbst konzentriert und keine großen Aufträge angenommen. Aber in großen Projekten verdienen wir dann auch sehr viel.

Arbeitsverhältnis: Geschäftsführer.
Arbeitszeit: Variiert, bis zu 80 Stunden.
Feenwünsche:

1. *Ich wünsche mir, dass wir die Art und Weise, wie wir an zukünftige Herausforderungen rangehen, hinterfragen. Dass wir mehr aus einer Ich-Kultur rauskommen, mehr in eine Wir-Kultur hinein. Die menschliche Gemeinschaft ist das größte Potenzial, das wir als Menschheit besitzen. Nur damit können wir wirklich innovative Lösungen und Ansätze entwickeln.*
2. *Ich möchte, dass sich diese Ideen schneller und konstruktiver verbreiten.*
3. *Ich wünsche mir, dass wir dort positiv unseren Beitrag leisten können.*

Mehr von Torsten in den Kapiteln „Entscheidungen", „Netzwerke", „Kinder, Kinder", „Unternehmergeist" und „Motivation"

Übung: Annahmen überprüfen

Diese Übung eignet sich für alle, die glauben, ziemlich genau zu wissen, was sie beruflich machen wollen und warum. Zu dieser Übung habe ich mich von Maren Drewes inspirieren lassen. Eine der Grundlagen des kritischen Denkens ist die Überprüfung der eigenen Annahmen. Allzu oft gehen wir nämlich davon aus, dass unsere eigenen Annahmen die Realität sind. Und allzu oft ist dies nicht der Fall.

So geht's:

Schritt 1: Aus den 50 Jobprofilen, die Sie aus der vorherigen Übung (S. 28) und den vorangegangenen Seiten gesammelt haben, suchen Sie sich drei aus, die Ihnen besonders attraktiv erscheinen, über die Sie bisher allerdings wenig Wissen haben.

Schritt 2: Nehmen Sie sich für jeden dieser drei Berufe ein Blatt Papier und schreiben Sie die Berufsbezeichnung in die Mitte.

Schritt 3: Sammeln Sie alle Assoziationen, die Sie dazu jeweils haben: typische Tätigkeiten, geschätztes Einkommen, Vor- und Nachteile.

Schritt 4: Identifizieren Sie für jedes dieser Profile eine real existierende Person, die in diesem Feld arbeitet und von der Sie mehr darüber erfahren können.

Schritt 5: Nehmen Sie Kontakt auf: Email, Anruf, Einladung zum Kaffee. Lassen Sie sich etwas einfallen.

Schritt 6: Überprüfen Sie Ihre Annahmen.

Orientierung

Worum geht's?

Wer bin ich? Was will ich? Das sind die großen Fragen des Lebens, die Menschen in Übergangsphasen besonders akut umtreiben – und auf die sie meistens keine fertigen Antworten haben. Orientierungslosigkeit ist ein beängstigender Zustand. Wir versuchen – oft erfolgreich – ihn zu überspielen, und verstellen uns damit den Blick auf viele Möglichkeiten – unter anderem, die Möglichkeit, ein gutes Ziel zu finden.

Was bringt's?

Sie finden heraus, ob Sie orientierungslos sind, und wenn ja, wie schlimm das wirklich ist.

Episode: Wer oder was bin ich denn jetzt eigentlich? Und was mache ich nur damit?

Juni 2015. Ich wusste immer genau, wer ich bin und was ich will. Ich hatte immer ein klares Ziel vor Augen und fand es einfach, den Weg dahin in kleine, umsetzbare Schritte zu zerlegen – und die dann auch zu gehen. Die letzten vier Monate waren irgendwie anders. Seit ich im Januar meine Doktorarbeit eingereicht habe, fühle ich mich nicht mehr wie eine echte Doktorandin – obwohl ich immer noch meine Disputation vorbereite, die im Juli – endlich! – stattfinden soll und ich also noch gar nicht richtig promoviert bin. Da wo früher mein Selbstbild als Doktorandin war, ist jetzt – nichts. Dass ich mich jetzt irgendwie anders fühle, liegt einerseits daran, dass mein Stipendium ausgelaufen ist und ich kein Geld mehr bekomme für das, was ich tue. Andererseits liegt das daran, dass ich keine Ahnung habe, mit welcher beruflichen Identität ich in Zukunft durch die Welt laufen werde.

Aber das würde ich niemals zugeben. Nicht einmal mir selbst gegenüber und im Geheimen. Ich, Ulrike Schneeberg, weiß nämlich immer ganz genau, was ich will.

Fellow bei Teach First Deutschland werden! – Die Interviews und Rollenspiele in der letzten Bewerbungsrunde im März haben mir viel Spaß gemacht. Aber offenbar gab es für die einzige freie Stelle in Berlin eine geeignetere Kandidatin als mich.

Übersetzerin in der Botschaft von Kanada werden! – Okay, das hat nicht so viel mit der Revolutionierung des Schulsystems zu tun und Übersetzen fand ich immer schon ein bisschen frustrierend, aber zumindest kann ich das richtig gut. Trotzdem habe ich die Stelle nicht bekommen.

Als Quereinsteigerin ins Referendariat für das Berliner Lehramt! Aber was ich studiert habe, sind keine richtigen Fächer für Berliner Schulen. Ganz offensichtlich bringt es den Schülern viel, viel mehr, wenn auf dem Zeugnis ihrer Lehrerin steht, dass sie Anglistik studiert hat, als wenn ihre Lehrerin drei Jahre in Cambridge studiert und ihre Doktorarbeit auf Englisch und im Fach Amerikanistik geschrieben hat. Und weil ich leider nicht Anglistik studiert habe und die Promotion sowieso für überhaupt nichts taugt, wird auch aus diesem Plan nichts. Es sei denn, ich würde jetzt noch mal ganz von vorne anfangen zu studieren. Und zwar was Richtiges.

Bei einer bildungspolitischen Stiftung arbeiten! – Nach etlichen erfolglosen Bewerbungen stelle ich fest: Das wollen alle. Und es ist ziemlich aussichtslos, gegen alle zu konkurrieren, ganz besonders, wenn man, wie ich, über keine relevanten Netzwerke verfügt. Das gilt selbst dann, wenn es sich nur um ein sechsmonatiges Volontariat handelt. Alle stürzen sich drauf wie die Aasgeier.

An der Uni bleiben verlockt mich kein bisschen. Dafür ist ohnehin der Zug abgefahren.

Was dann? Zum ersten Mal in meinem Leben habe ich keine Ahnung, wie es weitergehen soll. Schlimmer noch: Ich habe das Gefühl, meine Identität löst sich in Luft auf und ich strudele hinein in eine ausgewachsene Depression. Am schlimmsten ist aber, dass ich mir nichts davon eingestehe.

Ich laufe herum mit einer großen Abscheu gegen all dieses Anbiedern, sich Verkaufen-Müssen, Bewerben, dieses Zeigen-wie-großartig-ich-bin. Dieses Abhängigsein von Zufall und Glück – und das auch noch ohne reizvollen Ausgang. Wie wahrscheinlich ist es denn, dass, selbst wenn meine Unterlagen auf dem Tisch einer mir wohlgesonnenen Personalerin landen, ich mich in genau dieser Organisation mit genau diesen Kolleg*innen wohlfühlen werde? Ich kenne die doch gar nicht! Höchstwahrscheinlich werden die mich nicht mögen, oder ich werde sie nicht mögen, oder das Arbeitsklima wird schrecklich sein – oder alle drei Dinge auf einmal. Nein, nein, dieses Bewerbungenschreiben, das ist nichts für mich.

Zum Glück habe ich dann und wann eine Idee, die das Leben etwas erträglicher macht. So wie jetzt: Warum bringe ich nicht einfach meine Abscheu vor Selbstdarstellung und meine Abscheu vor der Jobsuche zusammen und schreibe einen Selbsterfahrungsbericht über meine Jobsuche als Geisteswissenschaftlerin? Grandios. Dann *bin* ich gleich wieder was: nämlich Autorin. Ich finde meine Idee überaus genial, denn sie zwingt mich dazu, interessante Erfahrungen zu sammeln und über meinen Schatten zu springen: Rausziehen in die große, aufregende Welt! Echte Menschen kennenlernen! Ich kann es kaum erwarten und bin mir sicher, dass mein Buch weggehen wird wie warme Semmeln. Erfolgsgeschichten und Best-Practice-Beispiele sind doch mit Sicherheit größere Verkaufsmagnete als Bücher über Verwirrungen und Versagensängste. Wer will schon ein Buch über erfolglose Bewerbungen und die Tiefen geisteswissenschaftlicher Nöte lesen?

…offenbar mehr Menschen, als ich denke. Tabea Mußgnugs *Nächstes Semester wird alles anders… zwischen Uni und Leben* (Fischer 2015) erschien auf der Spiegel-Bestsellerliste und handelt von deprimierenden Arbeitsbedingungen, frustrierender Jobsuche und fortwährender Unzufriedenheit. Aber vielleicht, denke ich, ganz vielleicht gibt es ja auch Leute, die sich über Geschichten freuen, in denen erfolglose Bewerbungen und geisteswissenschaftliche Nöte überwunden werden, in denen stattdessen die Freude an Entdeckungen und der Mut zum Fehlermachen überwiegen. Ich gebe zu, es ist ein Risiko. Aber ich beschließe, es drauf ankommen zu lassen. Mit diesem Beschluss im Kopf mache ich mich ans Werk.

Orientierungslos? Ich? Niemals.

Interviews: Auf der Suche nach der verlorenen Orientierung(slosigkeit)

Es ist einfach wunderbar: Ich habe wieder ein Ziel! Es lässt sich in kleine Schritte herunterbrechen, die ich nach und nach umsetzen kann. Ich suche und finde 25 Menschen, die sich von mir interviewen lassen möchten. Parallel dazu sammle ich Arbeitserfahrung in einer sozialen Initiative (*Die Ideenretter*) und in einem frühen Startup (*My Impact*). Schließlich brauche ich diese Erfahrung, um über etwas schreiben zu können. Andererseits ist es auch allzu leicht und verlockend, in diesen Arbeitsstationen meine neue Bestimmung zu sehen. Sowohl bei den *Ideenrettern* als auch bei *My Impact* stürze ich mich mit Feuereifer auf meine Aufgaben und ignoriere lange Zeit, dass weder die eine noch die andere Station mir eine finanzielle Perspektive bieten. Ich rede mir ein, dass das nichts macht. Schließlich ist mein eigentliches Ziel ja, ein Buch zu schreiben. Und so irre ich weiterhin zielstrebig durch die Berufswelt.

Erst Monate später mache ich eine Entdeckung. Es ist völlig in Ordnung, orientierungslos zu sein. Es ist völlig in Ordnung, nicht zu wissen, wer ich bin oder was ich will. Es ist nicht nur in Ordnung, es ist auch normal. Und nicht so schlimm. Es gibt Menschen, wie meine Freundin Sheena, die mit aufrichtiger Freude von sich sagen:

> *I have no idea what I'm doing with my life! (Sheena Shah)*

Sheena strahlt mich an, während sie das sagt. Aber ich hege den Verdacht, dass Sheena bereits mit diesem Strahlen im Gesicht zur Welt gekommen ist. Deswegen zählt das nicht, finde ich. Diese angeborene Begabung zum Glück, das ist ja kein Verdienst. Menschen, die in dieser Hinsicht weniger Begabung abbekommen haben, geben mit Sicherheit nicht so bereitwillig zu, dass sie keine Ahnung haben. Dann gehe ich zu einer Lesung von einem mir bis dahin unbekannten Autor. Thomas Klugkist widmet sich nach vielen Jahren in Leitungspositionen im Radio und in Verlagshäusern nun dem Bücherschreiben über Thomas Mann und die Liebe. Ein Mann um die fünfzig, ein gestandener Manager in verschiedenen Unternehmen: Der weiß doch sicher, wo's langgeht. Das denke ich, bis ich diesen Satz von ihm höre:

> *Natürlich bin ich orientierungslos! (Thomas Klugkist)*

Auch Thomas Klugkist scheint dieses Bekenntnis nicht besonders schwer zu fallen. Im Gegenteil. Fast habe ich den Eindruck, er sei stolz darauf. Merkwürdig. Gibt es möglicherweise doch noch mehr Menschen, als die von Natur aus glücksbegabten, die mit Orientierungslosigkeit gute Erfahrungen machen? In meinen Interviews höre ich besonders aufmerksam, wie Menschen von dieser Erfahrung erzählen. Zu diesem Zeitpunkt weiß ich bereits, dass Orientierungslosigkeit in Übergangsphasen – wie z.B. der zwischen Uni und Job – ein weit verbreitetes Phänomen ist. Ich gehe aber auch noch davon aus, dass es eben nur eine Phase ist, deren Überwindung das Ziel ist. Die meisten meiner Interviewpartner*innen sitzen beruflich fest im Sattel und sind also am Ziel angekommen. Trotzdem erinnern sie sich sehr gut an die Zeit davor.

> *Ich fand es sehr schrecklich, mich so viel und auch ziemlich wahllos zu bewerben und nichts zu kriegen. Eigentlich hatte ich gar nicht so einen großen Druck, denn durch meine Stelle an der Uni war ich arbeitslosenversichert und bin mit dem Arbeitslosengeld gut hingekommen. Aber ich wusste nicht, wie es danach weitergeht. Ich hatte keinen Plan B und war ziemlich verloren. Das war wirklich nicht angenehm. Erstaunlicherweise – denn ich hatte gedacht, ich könnte Spaß haben. Ah, endlich Diss fertig! Endlich frei und bis ich dann anfange zu arbeiten, werde ich die Zeit genießen. Aber die Zeit war nicht so richtig geil. (Max Seeger – Business Intelligence Consultant)*

Max spricht in der Vergangenheitsform. Klar, denn jetzt hat er ja einen Job, einen gut bezahlten, unbefristeten Job, in dem er viel Neues lernt und Erfolgserlebnisse hat, auch wenn die Anfangszeit in seiner Firma für ihn auch von Schwierigkeiten gekennzeichnet war. Etwas später in unserem Gespräch finde ich heraus, dass Max sich immer noch auf der Suche befindet, nach einem Job, mit dem er sich auch inhaltlich mehr identifizieren kann. Karin hingegen scheint angekommen zu sein: Sie weiß, wer sie ist und was sie kann. Aber auch sie erinnert sich sehr deutlich, wie schwierig der Weg dorthin war.

> *Was bin ich eigentlich als promovierte Literaturwissenschaftlerin mit dem ersten Staatsexamen im Lehramt? Was kann ich damit machen? Das war für mich sehr schwierig herauszufinden. Ich hatte zwar jahrelang am Lehrstuhl und ja auch nebenberuflich immer gearbeitet. Trotzdem hatte ich das Gefühl: Ich kann nix in der freien Wirtschaft. Ich kenne mich da nicht aus. Das stimmte natürlich gar nicht. Der Keim dessen, was ich heute bin, nämlich selbständige Unternehmerin, der war damals schon angelegt. Nur wusste ich das noch nicht. Ich habe sehr lange gesucht, um das richtige Modell zu finden. Es hat Jahre gedauert, mein berufliches Selbstbewusstsein zu entwickeln. Das ist mir sozusagen erst retrospektiv gelungen. (Karin Windt – Social-Media-Marketing- & SEO-Beraterin)*

Rückblickend fällt es vielen leichter, unangenehmen Lebensphasen eine gewisse Berechtigung einzuräumen. Es fällt auch leichter, diese Lebensphase überhaupt als unangenehm oder schwierig zu benennen, wenn sie erst einmal überwunden ist. Ich zumindest sehne mich nach dem Gefühl, eine berufliche Identität zu haben und endlich irgendwo anzukommen. Das ist auch gar nicht schwer: Sowohl bei den *Ideenrettern* als auch bei *My Impact* gebe ich mich bereitwillig meiner neuen Berufsbezeichnung hin. Ich verzehre mich förmlich danach. Marketing-Leiterin. Fundraiserin. Projektmanagerin. Mir egal, Hauptsache, ich bin endlich wieder jemand. Dass das möglicherweise keine besonders gesunde Einstellung ist, wird mir klar, als ich mit Oliver Hesselmann spreche, der mit Leib und Seele Lehrer ist, der seine Schüler*innen liebt und seine Kolleg*innen schätzt, der für die Sache der Bildung brennt, kurz: der seinen Platz in der Welt gefunden zu haben scheint.

> *Ich bin jetzt 47 Jahre alt. Ich arbeite, seit ich 27 bin, also seit 20 Jahren, und ich könnte auch jetzt nicht wirklich sagen, was ich will. Ich war immer auf der Suche. Das hatte viele schöne Effekte, denn ich habe dadurch sehr viel kennengelernt. Aber ich hatte nie das Gefühl, ich bin*

> *jetzt angekommen und weiß jetzt genau, was ich will, und von nun an geht's einfach geradeaus. Es war immer ein Tasten und Ausprobieren und Verändern. Das sehe ich als eine große Schwierigkeit, mit der ich immer zu tun hatte. (Oliver Hesselmann - Lehrer)*

Anders als ich es in diesem Moment tue, beschreibt Oliver sich als einen Suchenden. Obwohl er sehr gerne als Lehrer arbeitet und seinen Aufgaben gewachsen ist, hat er nicht das Gefühl, „angekommen" zu sein. Was trotz der Schwierigkeit, die das für ihn bedeutet, heraus klingt, sind die Entdeckungen und die Veränderungen, die das Tasten und Ausprobieren ihm gebracht haben. Das macht mich nachdenklich. Liegt am Ende womöglich noch etwas Gutes in der Konfrontation mit der eigenen Orientierungslosigkeit? Johannes Terwitte nehme ich als Befürworter dieses Ansatzes wahr.

> *Ich habe gekündigt und wusste nicht, was kommen würde. Klar, ich hatte ein paar Ideen. Aber ich wusste nicht, was kommen würde. Und das ist immer noch so: Ich weiß nicht, was kommen wird. (Johannes Terwitte – Prozessbegleiter u.v.a.)*

Johannes strahlt eine große Ruhe und Selbstsicherheit aus, während er das sagt. Ganz bewusst bewahrt er sich diese Haltung. Zu Beginn unseres Gesprächs tut er sich sichtlich schwer damit, dem, was er tut, einen Stempel aufzudrücken. Er nennt sich einen stolzen „Visitenkarten-Nichtbesitzer", denn wenn er eine Visitenkarte hätte, müsste er sich ja festlegen, was er ist. So hingegen fühlt er sich frei, seinen Interessen nachzugehen, ohne sie in eine bestimmte Form gießen zu müssen.

Ich ziehe ein erstes vorsichtiges Fazit aus diesen Gesprächen. Es gibt im Grunde zwei Möglichkeiten, mit Orientierungslosigkeit umzugehen:

1. Sie können sie ablehnen. Das merken Sie daran, dass Ihnen der Gedanke an Ihre Orientierungslosigkeit in irgendeiner Weise unangenehm ist. Er macht Ihnen Angst, bereitet Ihnen Unbehagen, oder löst Vermeidungs- und Abwehrhaltungen ein. Das läuft im Extremfall darauf hinaus, dass Sie so tun, als wären Sie gar nicht orientierungslos. Das ist eine

herrliche Vermeidungsstrategie, mit der Sie auf gekonnte Weise Ihrer Angst aus dem Weg gehen können. Ich kann Ihnen diese Option aus eigener Erfahrung wärmstens empfehlen.
2. Sie können Ihre Orientierungslosigkeit annehmen. Das scheint mir die weitaus schwierigere Option. Aber wie wir gesehen haben, gibt es Menschen, die können und die machen das. Und die scheinen damit gar nicht so schlecht zu fahren.

Ob Sie sich nun für Option 1 oder 2 entscheiden, spielt keine große Rolle. Was aber durchaus eine Rolle spielt, ist, wie bewusst Sie sich für eine der zwei Optionen entscheiden. Es sei denn, Sie sind wirklich nicht orientierungslos. Das glaube ich zwar nicht, aber wenn *Sie* es glauben, dann überspringen Sie die nächsten Seiten einfach. Aber überlegen Sie vorher noch, was Sie alles verpassen könnten.

Sie könnten zum Beispiel eine tolle Analogie verpassen. Ich habe nämlich überlegt, dass Orientierungslosigkeit viele Gemeinsamkeiten mit Langeweile hat. Beide Zustände sind von einer Suche nach etwas geprägt, das noch unbekannt ist. Das ist es, was die Suche so schwer macht. Gleichzeitig ist es auch genau das, was die Vielzahl der möglichen Entdeckungen in ungeahnte Höhen treibt. Mein Sohn hatte das schon erkannt, als er sechs war:

Die besten Ideen kriege ich immer, wenn ich Langeweile habe. (Linus Schneeberg)

Seine Einsicht ändert leider nichts daran, dass er trotzdem immer erst einmal ausführlich jammert und klagt, wenn er Langeweile hat. Es ist ja auch ein unangenehmer Zustand. Und auch darin ähnelt die Langeweile der Orientierungslosigkeit. Und was unangenehm ist, versuchen wir zu vermeiden, klar. Hier hat Linus einen entscheidenden Vorteil uns Erwachsenen gegenüber – auch wenn er das natürlich nie im Leben so sehen würde: Seine Möglichkeiten der Ablenkung von diesem Zustand sind sehr begrenzt. Einen Fernseher gibt es nicht bei uns. Computerspiele darf er noch nicht spielen. Um nach eigenem Gutdünken mit Freunden abzuhängen, ist er noch zu klein. Seine kleine Schwester ist auch nicht immer uneingeschränkt einsetzbar zur Vertreibung der Langeweile. Was bleibt ihm anderes übrig, als zu jammern und zu klagen? Das läuft meistens nach diesem Muster ab:

„Mama, mir ist soooo langweilig."

„Spiel doch was mit Lego."

„Nö. Hab ich schon. Ist langweilig."

„Lies doch ein Buch."

„Nö! Ist voll langweilig."

„Spiel doch mit Clara."

„Nö! Clara ist doof. Clara will immer nur malen."

„Na, dann mal du doch auch was."

„Nö! Ich weiß ja nicht, was ich malen soll... Mir ist soooo langweilig! – Ah! Ich hab eine Idee! Ich baue mir jetzt eine kleine Welt. Dazu brauch ich Bretter und Perlen und Wasser..."

Die Frage, woran wir erkennen, wann wir das Unbekannte gefunden haben, erübrigt sich in diesem Beispiel: Es ist ein Aha-Erlebnis. Von einem Moment zum nächsten ist die Aufmerksamkeit gebannt, das eigene Handeln hat wieder ein Ziel und einen Zweck. Lässt sich das so einfach auf Orientierungslosigkeit übertragen? Ein innerer Dialog dazu zwischen unserem Ich und unserem Über-Ich könnte folgendermaßen aussehen:

„Verdammt, ich habe keine Ahnung, wo es lang geht."

„Versuchs doch mal mit Bewerbungen schreiben."

„Aber ich weiß doch gar nicht, wofür ich mich bewerben will!"

„Du hattest doch immer vor, Öffentlichkeitsarbeit für eine NGO zu machen."

„Ja, aber ich habe doch keine Ahnung, ob mir das wirklich gefällt! Und außerdem gibt es ja vielleicht auch noch andere Möglichkeiten, die ich noch gar nicht kenne! Und außerdem weiß ich auch gar nicht, wie ich da überhaupt einen Fuß in die Tür kriege!"

> *„Dann versuch doch, das herauszufinden. Lies Bücher zu diesen Themen, das kannst du doch gut."*
>
> *„Bücher können mir jetzt auch nicht helfen. Ach, es ist hoffnungslos. Ich habe einfach überhaupt keinen Plan."*
>
> *„Mach dir doch einen Plan."*
>
> *„Aber wie denn? Ich habe doch gar keine Anhaltspunkte! – Ah, da fällt mir ein, dass Ronald mir neulich von diesem Kumpel erzählt hat, der jetzt in dieser Werbeagentur für Nachhaltigkeitskampagnen arbeitet. Vielleicht könnte ich den mal treffen!"*

Okay, okay, dieser Dialog ist komplett meiner Fantasie entsprungen. Gut möglich, dass das in echt nicht so funktioniert. Mit großer Wahrscheinlichkeit ist es sehr viel schwieriger, ein dauerhaftes Aha-Erlebnis zu erzeugen, wenn man sich orientierungslos fühlt, als wenn einem lediglich ein bisschen langweilig ist. Was ich aber mit Sicherheit sagen kann: Es lohnt sich, diese Orientierungslosigkeit genauer anzuschauen und sich mit ihr anzufreunden. Das können Sie üben.

Übung: Meine Freundin, die Orientierungslosigkeit

Diese Übung ist für alle geeignet, die den Gedanken an ihre eigene Orientierungslosigkeit so unangenehm finden, dass sie ihn in der Regel erfolgreich verdrängen oder mit Geschäftigkeit überspielen. Das Ziel der Übung besteht darin, herauszufinden, wie schlimm es wirklich ist, orientierungslos zu sein. Für diese Übung habe ich mich von einem meiner Lieblingsblogger inspirieren lassen: Leo Babauta von zenhabits.net. Leos erste Antwort auf sämtliche unangenehme Gefühle:

> *Sit with it for a couple of minutes. (Leo Babauta)*

So geht's

Schritt 1: Setzen Sie sich auf einen Stuhl oder auf den Boden und schließen Sie die Augen.

Schritt 2: Vergegenwärtigen Sie sich Ihren aktuellen emotionalen und geistigen Zustand.

Schritt 3: Schauen Sie genau hin. Welche Gefühle löst die Orientierungslosigkeit in Ihnen aus? Welche Gedanken?

Schritt 4: Nehmen Sie diese Gefühle und Gedanken an – mit Freundlichkeit und Wohlwollen. Sie sind ein Teil von Ihnen.

Dauer: 2 Minuten. Am besten täglich.

Wenn Sie Ihre Orientierungslosigkeit gut kennengelernt haben, und nun doch gern einmal wüssten, was Sie tun sollen, dann machen Sie die folgende Übung.

Übung: Richtungen finden

Diese Übung eignet sich für alle, die gern mit einer guten Freundin spazieren gehen und über den Sinn des Lebens spekulieren. In einer ähnlichen Form habe ich diese Übung während einer Sommerakademie der Studienstiftung kennengelernt. Sie ist eine Form von Visionsarbeit, wie sie im Coaching anzutreffen ist.

So geht's:

Schritt 1: Suchen Sie sich einen Tag mit schönem Wetter und eine Gegend zum Spazierengehen, in der Sie nicht ständig an Ampeln oder wegen zu vieler Menschen stehen bleiben müssen.

Schritt 2: Schalten Sie Ihr Handy aus.

Schritt 3: Person A beginnt und stellt Person B folgende Frage: Was macht dein Leben sinnvoll?

Falls Person B ihr Leben grundsätzlich sinnlos findet, ersetzen Sie „sinnvoll" durch „lebenswert" – oder, sollte auch das nicht fruchten, durch „erträglich". Person B wird nun möglichst ausführlich über diese Frage nachdenken und erste Antworten formulieren. Person A hat eine reine Zuhörerrolle. Sie tut nichts weiter als zuzuhören. Keine Zwischenfragen. Keine Zwischenrufe. Keine eigenen Assoziationen. Einfach kein Wort von Person A, während Person B redet. Dabei können und dürfen längere Pausen entstehen. Person B wird sagen, wenn sie fertig ist. Person A bedankt sich nun für das Gesagte und stellt die nächsten zwei Fragen nach demselben Prinzip:

Wie stellst du dir dein Leben idealerweise in fünf Jahren vor?

Was wirst du tun, um diese Vorstellung Realität werden zu lassen?

Hat Person B alle drei Fragen beantwortet, werden die Rollen getauscht. Wenn beide Personen alle drei Fragen einmal beantwortet haben, fangen sie noch einmal von vorn an. Ganz richtig. Dieselben Fragen, dieselben Personen, alles noch einmal. Wozu soll das gut sein? Das habe ich mich auch gefragt, als ich dieses Experiment das erste Mal ausprobiert habe. Und ich war überrascht, wie viel mehr Details und Feinheiten beim zweiten Durchlauf zutage traten.

Dauer: Ein bis drei Stunden. Das hängt ganz von Ihrem Mitteilungsbedürfnis ab.

Erweiterung: Dokumentieren Sie die Ergebnisse.

Lektüre

Der Blog https://geisteswirtschaft.de/ von Gianna Reich stellt Jobmöglichkeiten für Geisteswissenschaftler*innen in der Wirtschaft vor. Es gibt neben Blogartikeln interessante Interviews, zahlreiche Verweise auf Jobportale, hilfreiche Links und berufsrelevante Veranstaltungen.

Außerdem gibt es ein Blog mit dazugehörigem Buch und Workbook von Mareike Menne:

https://brotgelehrte.wordpress.com/

Die Autorin hat darin 26 Berufsbilder für Geisteswissenschaftler*innen aufgeschlüsselt, reflektiert und in folgende Kriterien unterteilt: Irgendwas ...mit Geld und Macht, ... mit Bewegung und Gesundheit, ... mit Medien, ... für Gerechtigkeit und eine bessere Welt, ... im öffentlichen Dienst.

Alle übrigen Quellen über Berufseinstiege für Geisteswissenschaftler*innen, die mir bisher begegnet sind, fand ich wenig hilfreich, daher finden sie hier keine Erwähnung. Es kann aber natürlich durchaus sein, dass ich Titel übersehen habe oder Sie anderer Meinung sind. Falls Sie hier einen vermissen, freue ich mich über Hinweise!

Entscheidungen

Worum geht's?

In diesem Kapitel geht es um zwei wichtige Entscheidungen. Die eine liegt in der Vergangenheit und betrifft die Wahl Ihrer Studienfächer. Die andere liegt in der Zukunft und betrifft Ihr angestrebtes Beschäftigungsverhältnis. Beide Entscheidungen sind lediglich Beispiele und sollen vor allem eines zeigen: Bewusstes Entscheiden wirkt sich positiv auf Ihr Freiheitsempfinden und Ihre Motivation aus.

Was bringt's?

Sie finden heraus, warum Sie Ihre Fächer studiert haben und was Sie Ihnen im Beruf und für Ihr Leben nützen könnten. Zusätzlich bekommen Sie biografische Einblicke in die Beweggründe für die Selbständigkeit und für das Angestelltendasein.

Episode: Die Frage des Jahrhunderts

5. Juni 2016. Seit einigen Monaten hat meine berufliche Entwicklung endlich wieder eine Richtung, die sich stimmig anfühlt. Inzwischen habe ich einen zweitägigen Workshop für die Berufsorientierung von Geistes- und Sozialwissenschaftler*innen an die Dahlem Research School verkauft. (Mehr dazu in den Kapiteln „Geld" und „Netzwerke".) Außerdem arbeite ich seit zwei Monaten mit Maren Drewes zusammen. Erinnern Sie sich an Maren Drewes, die Kommunikationsberaterin? Eben haben wir uns beim Festival der Utopie in Helmstedt als Team vorgestellt. Nun sitzen wir zusammen mit zwei Kolleginnen aus Marens

Netzwerk im Zug zurück nach Berlin. Neben mir sitzt Maike Janßen, die fünf Jahre lang Geschäftsführerin von wigwam war, einer Agentur für Kommunikationsberatung. Ich nutze die Gunst der Stunde und Maikes Expertise in Design und Webentwicklung. Denn als selbständige Trainerin und Workshop-Leiterin brauche ich eine eigene Webseite. Worauf genau ich achten sollte, weiß ich als promovierte Literaturwissenschaftlerin höchstens theoretisch, denn natürlich habe ich dazu bereits einiges recherchiert. Doch praktisch gesehen ist dieses berufliche Feld für mich völliges Neuland. Zwischen meiner Promotion und dem, was ich jetzt beruflich mache, so kommt es mir vor, liegt ein kilometerbreiter Graben. Es hat ein Jahr gedauert, bis ich mich durch den Schlamm, den Treibsand, das Geröll und an wilden Bestien vorbei auf die andere Seite durchgeschlagen habe. Trotzdem löst das Thema meiner Doktorarbeit nach wie vor Begeisterung aus.

„Was für ein wunderbares Promotionsthema!" Maike lächelt mich an. „Das werde ich jetzt immer sofort mit dir verknüpfen."

„Ja, das glaube ich. Bei dem Wort ‚Monster' haben die Leute gleich ein Bild im Kopf. Das bleibt hängen."

„Sag mal," Maike sieht mich von der Seite an, „gibt es eigentlich eine Verbindung zwischen deiner Doktorarbeit und deinem Angebot als Trainerin?"

Was für eine absurde Frage, denke ich als Erstes. Natürlich nicht! Meine Promotion und überhaupt mein gesamtes Studium haben nichts mit der Leitung von Workshops, Karriere- oder Kommunikationsberatung zu tun. Aber ich möchte Maike nicht vor den Kopf stoßen und antworte vorsichtig: „Mmh, ich glaube nicht. Warum fragst du?"

„Ich frage, weil ein roter Faden eine enorme Triebkraft entwickeln kann. Für dich selbst, aber auch für andere. Deine jetzige Tätigkeit bekommt automatisch eine andere Bedeutung, wenn du sie in einen größeren Kontext einbetten kannst. Für dein Profil als Selbständige ist das besonders wertvoll. Und wenn du einen Bogen schlagen kannst von den Monstern deiner Doktorarbeit zu deiner Webseite, wäre das großartig. Eben weil sich das Monster den Leuten sofort einprägt."

Maikes Erklärung leuchtet mir ein. Mehr noch: Sie begeistert mich regelrecht. Denn ihre Frage ermöglicht mir, einen inhaltlichen Zusammenhang in meiner Biografie herzustellen, den ich bis zu diesem Zeitpunkt nicht einmal in Betracht gezogen habe. Aber gibt es überhaupt Überschneidungen? Sind die nicht völlig an den Haaren herbeigezogen?

„Fachlich gesehen habe ich mich mit der Kinderliteraturforschung beschäftigt und bin dabei in viele angrenzende Disziplinen eingetaucht: Psychologie, Pädagogik, Kulturwissenschaften, Geschichte. Dieser Hintergrund ist sicher hilfreich. Aber was die Monster angeht… Nun ja, das Monster als Symbol für das Unbekannte und Furchteinflößende lässt sich schon auch auf das Erleben dieser Übergangsphasen übertragen. In den Monsterbilderbüchern geht es fast immer darum, diese Monster zu zähmen und sich vertraut zu machen. Das heißt, am Ende der Geschichte sind Kind und Monster in der Regel Freunde. Und ja…" Je mehr ich rede, desto begeisterter werde ich. „… diese Plotline kann ich auch in den vielen Erzählungen meiner Interviewpartner*innen erkennen. Sie sind auf dem Weg in ihre jeweiligen Berufe verschiedenen Schwierigkeiten begegnet, waren mit Ängsten konfrontiert, und erzählen retrospektiv, wie sie sich dieses Unbekannte, das ja oft mit unangenehmen Gefühlen einhergeht, zu eigen gemacht haben."

Während der flachwellige Fläming am Fenster vorbeirauscht, entsteht vor meinem inneren Auge meine Webseite. Und sie sieht gut aus. Nicht genug damit, dass Maike mit ihrer Jahrhundertfrage meinem Berufsleben einen neuen Sinn gibt, sie verschafft mir noch dazu Kontakte zu drei Illustrator*innen, die ich doch mal anfragen sollte, ob sie ein paar Monster für mich malen wollen. So lerne ich ein paar Wochen später Lennart Jaspers kennen, der sich nicht nur als herausragender Monsterdesigner entpuppt, sondern spätestens mit diesem Buch hier sein Talent als Layouter bewiesen hat.

Was hat diese Episode mit Entscheidungen zu tun? Ziemlich viel sogar. Maikes Frage nach dem Zusammenhang zwischen den Monstern meiner akademischen Vergangenheit und meiner beruflichen Gegenwart führt mir vor Augen, dass ich meine Forschungsthemen immer sehr bewusst gewählt habe. Ich fühlte mich immer schon angezogen von dem, was sich im Untergrund verbirgt, was vielleicht tabubehaftet ist, was verdeckt wird von einer Sprachkultur, die Perfektes und Schönes zelebriert und dabei das Fehlerhafte und Unreine verteufelt. Ganz in diesem Sinne suchte ich in meiner Bachelorarbeit *Excrements and the Divine* in zwei literarischen Texten und in zwei Werken zeitgenössischer Künstler nach dem kreativen Potenzial, das durch dieses Spannungsfeld entstehen kann. Nun sind Exkremente etwas deutlich Anderes als Monster. Aber beide Phänomene werden in der Literatur als gefährlich, verunreinigend und existenzbedrohend dargestellt. Sie verorten sich an den Rändern des Mainstream-Diskurses und definieren sich als Gegenteil dessen, was in der dominanten Kultur als schön, gesund und normal angesehen wird. Ähnlich wie Exkremente stellt auch das Monster einen Schwellencharakter dar: Als Mischung aus fremd und vertraut kennzeichnet das Monster stets eine Krise. Und Krise kommt aus dem griechischen ‚crisis' und bedeutet unter anderem ‚Entscheidung'. – Auch der Begriff des „kritischen Denkens" lässt sich letztlich auf diesen Wortursprung zurückführen: Es geht beim kritischen Denken darum, gute Entscheidungen darüber zu treffen, was zu glauben oder zu tun sei. – Jetzt muss ich aber aufpassen, dass ich mich in meinem roten Faden nicht verheddere…

Zurück zum Monster, das ebenfalls die Notwendigkeit von Entscheidungen provoziert: Gehört das Monster zum Eigenen und ist damit im Grunde begrüßenswert? Oder bedroht das Monster unsere Identität und muss damit um jeden Preis vermieden werden? In den Bilderbüchern wird die erste Frage durchweg bejaht und die zweite Frage verneint. In Geschichten für Erwachsene ist das genau andersherum. Aber wie viel würden wir Erwachsenen dazugewinnen, wenn wir uns die bejahende Haltung der Bilderbucherzählungen zu eigen machen würden? Wenn wir die Monster, die in uns hausen, begrüßen, sie auf einen Tee einladen, und sie richtig kennenlernen würden?

Erst durch Maikes Frage sehe ich den Zusammenhang zu meinen Workshops. In diesem Licht bekommt auch meine Entscheidung für ein Studium der Literaturwissenschaften und Sprachen ein neues Gewicht. Zwar habe ich mich sehr bewusst für dieses Studium entschieden und es in vollen Zügen genossen. Aber dann war es ja leider irgendwann zu Ende, verdammter

Mist, und eine bestimmte Frage drängte sich mir immer wieder mit unablässiger Boshaftigkeit auf: Warum um alles in der Welt konnte ich nicht etwas Nützlicheres studieren?

Ich stellte mir vor, wieviel einfacher und nahtloser mein Berufseinstieg gewesen wäre, wenn ich auf Lehramt studiert hätte oder tatsächlich Psychologie oder Pädagogik. Alles Richtungen, die ich inzwischen sehr reizvoll finde, und die alle drei einen unbestreitbar größeren praktischen Nutzen haben als Literaturwissenschaften. Warum nur wusste ich das nicht schon vor zehn Jahren, wie sehr mich das interessiert? Ich weiß genau, dass diese Fragen zu nichts führen. Trotzdem höre ich nicht auf damit, mich mit ihnen im Kreis zu drehen. Bis zu jener Zugfahrt im Juni. Das klingt pathetisch. Soll es auch. Denn tatsächlich habe ich Literaturwissenschaften studiert, weil ich in der Literatur Antworten darauf fand, was es bedeutet, ein Mensch zu sein. Eine Antwort: Menschsein heißt leidvollen und schmerzhaften Erfahrungen eine Bedeutung geben und sie in die große Erzählung des eigenen Lebens einzubetten.

Interviews: Warum habe ich noch mal Geisteswissenschaften studiert?

Nun gibt es sicher leidvollere Erfahrungen als Anschlussschwierigkeiten nach dem Studium. Aber erfreulich ist diese Erfahrung für kaum jemanden. Sehr verbreitet unter Geisteswissenschaftler*innen ist der Eindruck, dem neoliberalen Arbeitsmarkt ausgeliefert zu sein, keinerlei Einfluss auf den Erfolg von Bewerbungen zu haben, keine echte Wahl zu haben, und sich mit prekären Arbeitssituationen arrangieren zu müssen. Mit anderen Worten: Sie fühlen sich extrem unfrei. Keine gute Grundlage für einen selbstbewussten Start ins Berufsleben.

> *Entscheidungen sind das Fundament der Freiheit. [...] Dazu muss man aber erst mal seine Angst vor dem Entscheiden, der Vielfalt und Komplexität verlieren. (Lotter 2016)*

Die Entscheidung für unsere Studienfächer ist bereits gefallen, und das vor vielen Jahren. Für die wenigsten kommt ein weiteres Studium in Frage. Jetzt geht es darum, einen Job zu finden.

Warum sich also mit dieser vergangenen Entscheidung auseinandersetzen? Es ist doch ohnehin nichts mehr daran zu ändern. Das ist richtig. An der Entscheidung ist nichts mehr zu ändern. Woran sich allerdings durchaus etwas ändern lässt, ist, in welchen Zusammenhang wir diese Entscheidung setzen. Das ist eine hervorragende Gelegenheit, eine unserer geisteswissenschaftlichen Schlüsselkompetenzen einzusetzen: Zusammenhänge und Bedeutungen herausarbeiten.

Wenn es um das eigene Leben geht, ist so etwas in der Retrospektive immer einfacher. Warum Sie studiert haben, was Sie studiert haben, können Sie vielleicht beantworten. Aber welchen Zusammenhang es zu Ihrem zukünftigen Job geben wird, das wissen Sie höchstwahrscheinlich noch nicht. Es sei denn, Sie haben bereits ein klares berufliches Ziel vor Augen. So oder so wird Ihnen ein geschärftes Bewusstsein für die Wahl Ihrer Studienfächer den Weg in den Job erleichtern.

Die Antworten meiner Interviewpartner*innen auf die Frage, was ihr Studium ihnen für ihren Job nützt, sind sehr vielfältig und zeigen das breite Spektrum möglicher Bedeutungszusammenhänge und Interpretationen. Eine Möglichkeit ist Selbstironie:

Ich würde definitiv was Anderes studieren. Andererseits bin ich im Nachhinein froh, dass ich noch auf Magister studiert habe, weil ich dadurch viel Zeit hatte, um das, was ich jetzt mache, nebenher zu entwickeln. Das hätte ich mit einem modularisierten Studiengang nicht machen können. Deswegen bin ich sehr dankbar: Wenn ich betrunken bin, spreche ich gut Schwedisch. Das ist alles in Ordnung. Trotzdem würde ich es definitiv nicht noch mal studieren. Wahrscheinlich würde ich sogar eher eine Ausbildung machen: Irgendetwas Handwerkliches, vielleicht Schreiner oder Zimmermann. (Alex Burkhard – Autor, Slam Poet & Moderator)

Die Comedy-Einlage in Alex' Antwort passt perfekt zu seiner beruflichen Identität als Poetry Slammer. Doch neben dem betrunkenen Schwedisch erwähnt er auch die Strukturen des Studiums, die ihm erlaubt haben, seinen außerakademischen Interessen nachzugehen, die schließlich in seinem jetzigen Beruf gemündet sind – in einem Beruf, den er sehr gern mag und mit dem er erfolgreich ist. Trotzdem bleibt Alex' klare Aussage, dass er nicht noch einmal dasselbe studieren würde. Alex sieht seine jetzige

Tätigkeit – zumindest in diesem kleinen Ausschnitt – als ein Ergebnis äußerer Umstände.

Auch Rafael sieht einen Zusammenhang zwischen den Studienstrukturen und seinem heutigen Beruf als Tangolehrer und Inhaber eines Tangostudios. Allerdings betont er dabei nicht, dass das Studium ihm den zeitlichen Freiraum gewährt hat, um seiner Tanzleidenschaft nachzugehen. Stattdessen stellt er die Auswirkungen seines Studiums auf seine persönliche Entwicklung heraus:

> *Die Inhalte des Studiums sind weg. Die spielen auch in meinem Leben keine Rolle. Aber die Haltung, dass ich meinen Neigungen folgen möchte und das auch durchziehen kann, die ist mir geblieben. Ich habe im Studium so eine gewisse Freiheit entwickelt, immer wieder innezuhalten und zu gucken: Was will ich? Ich glaube, das ist entscheidend für das, was ich da heute mache. (Rafael Busch – Tangolehrer & Tänzer)*

Vielleicht ist es so: Bewusste Entscheidungen führen nicht notwendigerweise zu einem Ergebnis, mit dem man immer und hundertprozentig glücklich ist. Ich denke an meine bewusste Entscheidung, Literaturwissenschaften zu studieren, und an das Zwischenergebnis nach der Verteidigung meiner Doktorarbeit, mit dem ich ja höchstens einprozentig glücklich war. Nach meinem Gespräch mit Rafael, der mit 47 Jahren an einem ganz anderen Punkt in seinem Berufsleben steht als ich, ahne ich jedoch, dass diese unbefriedigenden Zwischenergebnisse dazu gehören. Unbefriedigend sind diese Phasen doch vor allem, weil es zu diesem Zeitpunkt unmöglich scheint, eine fundierte Entscheidung zu treffen. Und das wiederum liegt an der fehlenden Orientierung und einer noch nicht abgeschlossenen Bestandsaufnahme.

Aber wer das bewusste Entscheiden trainiert – im Gegensatz zum Weg des geringeren Widerstandes, des Sich-Arrangierens-mit-Gegebenheiten – hat es leichter, in der Gegenwart zu wissen, was er will und was er nicht will. Es leuchtet mir ein, dass es wesentlich befriedigender ist, etwas zu verfolgen – auch bei Schwierigkeiten – was man wirklich will, als sich widerwillig Notwendigkeiten ausgesetzt zu fühlen. Stephanie begründet ihre Entscheidung für ein Literaturstudium so:

> *Bei mir ging es um die Entscheidung zwischen Jura und Literatur. Ich habe überlegt: Worauf kannst du eher verzichten? Denn wenn ich das Eine mache, würde ich mit Sicherheit keine Zeit mehr für das Andere haben. Da ich mir nicht vorstellen konnte, auf Literatur zu verzichten, habe ich Jura sausen lassen. Mir war damals natürlich nicht klar, was für eine Form von Lebensentscheidung das ist. Trotzdem: Ich war damals die Person, die ich damals war, und dafür war es die richtige Entscheidung. – Und eigentlich denke ich auch jetzt nicht, hätte ich mal Jura studiert. Es war schon die richtige Entscheidung. (Stephanie von Liebenstein – Lektorin & Publizistin)*

In Stephanies Antwort schwingt zwar etwas Bedauern darüber, dass sie als 19-Jährige nicht wusste, dass erfolgreiche Lektorinnen in einem Verlag selten unter 70 Stunden die Woche arbeiten und dafür ziemlich schlecht bezahlt werden, und dass solche Arbeitsstrukturen inkompatibel mit ihren zukünftigen Vorstellungen von Familie sein würden. Dieses Bedauern ist zum Teil das Ergebnis von fehlenden Informationen, was die Bewusstheit ihrer Entscheidung einschränkte. Zum Teil liegt ihr Bedauern in den strukturellen Veränderungen der Verlagswelt in den letzten 20 Jahren begründet. Das heißt, selbst wenn Stephanie im Jahr 1996 umfassend über alle Implikationen einer Anstellung als Lektorin aufgeklärt gewesen wäre, hätte ihr das nicht so viel genützt, weil diese Implikationen sich mittlerweile stark verändert haben. Was in ihren Überlegungen auch durchklingt: Mit 19 hat man andere Wünsche und Ziele als mit 39. Mit anderen Worten: Selbst, wenn ich mich heute bewusst für einen bestimmten Beruf entscheide, muss ich damit rechnen, dass sich erstens das Berufsbild selbst verändert, und zweitens, dass sich meine Wünsche und Ziele ändern.

Na toll. Wie soll man da noch von bewussten Entscheidungen sprechen? Ist es dann letztendlich nicht doch so, dass wir den Fängen des Schicksals ausgeliefert sind? Stephanie zumindest sieht das nicht so. In ihrer Antwort schwingt nämlich neben dem leisen Bedauern vor allem eins mit: Das Wissen um ihre Liebe für die Literatur, die sie als einen so festen Bestandteil ihrer Persönlichkeit wahrnam (und immer noch wahrnimmt), dass ihre Entscheidung für ein Literaturstudium nur konsequent war. In dem Bewusstsein, dass sie in der Vergangenheit konsequent nach ihren Wünschen und Neigungen entschieden hat, kann sie auch in der Gegenwart, in der sich viele Variablen verändert haben, danach entscheiden.

Als Lektorin hatte Stephanie den Vorteil, dass ihre Studienfächer einen direkten inhaltlichen Zusammenhang mit ihrer Arbeit hatten. Ohne ihre detailreichen Kenntnisse der Philosophie- und Literaturgeschichte wäre sie nicht an ihren ersten Job gekommen. Wie Stephanie geht es auch einigen anderen meiner Interviewpartner*innen.

Zu erwarten ist der enge Zusammenhang zwischen Studium und Beruf bei einer wissenschaftlichen Laufbahn, wie bei Anne:

Mein Studium spielt eine extrem große Rolle, weil die Fächer, die ich studiert habe, genau die Fächer meiner Studierenden sind. Ich bin also auf genau derselben Schiene. (Anne Mihan – Wissenschaftliche Mitarbeiterin)

Auch der Geschäftsführer der Literaturagentur Schoneburg, Patrick Baumgärtel, sieht sein Studium als eine wichtige Grundlage für seine jetzige Tätigkeit:

Meine Studienfächer spielen eine große Rolle. Ich kann mir nicht vorstellen, dass ich in meinem Feld gut arbeiten könnte, wenn ich nicht diese Fächer studiert hätte. Ich habe dadurch ein gewisses gedankliches, historisches, sachliches Gerüst bekommen, einen gewissen Hintergrund, den ich für meine Arbeit brauche. (Patrick Baumgärtel – Literatur- & PR-Agent)

Weder Stephanies noch Annes oder Patricks Antworten überraschen mich. Natürlich bauen solche literatur- und wissenschaftsnahen Berufe unmittelbar auf das Studium auf. Martas Antwort bestätigt meine Erwartungen in dieser Hinsicht:

Ich könnte meinen Job nicht tun, wenn ich nicht das studiert hätte, was ich studiert habe. Schon für ein erfolgreiches Bewerbungsgespräch war das notwendig. Das war auf Deutsch, Englisch und Französisch, sowohl schriftlich als auch mündlich. Es wurde auch getestet, ob ich Informationen schnell zusammenfassen kann, ob ich ein Basiswissen zur Geschichte Kanadas mitbringe und die Skills zum Recherchieren, Texte-Analysieren und Zusammenfassen habe. Das sind alles Techniken, die wir als Geisteswissenschaftler*innen in der Regel sehr gut beherr-

schen und auch gern machen. Ich muss außerdem täglich entscheiden, welche Informationen für die Botschaft relevant sind und welche nicht. Mein Studium hat mir auch für die Kontakte im akademischen Bereich genützt: Ich weiß, wie es an den Universitäten läuft und wo und wie etwas wissenschaftlich besser begleitet werden kann. Und so ist mein Job wirklich sehr studienrelevant und das finde ich sehr schön. (Marta Neüff - Koordinatorin)

Auch Hannah Wiesehöfer hat als Inhaberin eines Buchladens täglich mit Literatur zu tun. Auch sie könnte einen direkten Bogen zwischen ihrem Studium und ihrem Beruf schlagen. Schwer wäre das sicher nicht. Trotzdem ist ihre Antwort eher nachdenklich:

Ich finde es schwer zu sagen, welchen Einfluss mein Studium auf meinen Job hatte. Ich kenne mich schon gut aus in der Literatur, auch in der klassischen Literatur, aber da denke ich manchmal, da hätte ich mich auch ohne Literaturstudium gut ausgekannt. Ich habe immer schon viel gelesen. Ich weiß nicht, ob das mit einem anderen Studium anders gewesen wäre. Aber dieses spezielle Handwerkszeug, was man in der Geisteswissenschaft mitbekommt, in meinem Fall Literatur- und Theaterwissenschaft und Spanisch... ja, das hilft vielleicht ein bisschen, wenn ich Rezensionen schreibe oder um Bücher einzuordnen. Aber ich glaube, diese Fähigkeiten hätte ich eh gehabt. (Hannah Wiesehöfer - Buchhändlerin)

Fähigkeiten und Kenntnisse, die sie im Studium nicht gelernt hat, die sie aber täglich braucht, betreffen Bereiche wie Buchhaltung, Marketing, Logistik, ein Gespür für den Buchmarkt und für die Vorlieben ihrer Kund*innen. Die hat sich Hannah in der Praxis angeeignet. Auch Patrick Baumgärtel ist für den wirtschaftlichen Erfolg seiner Agentur auf diese Fähigkeiten und Kenntnisse angewiesen. Und ich gehe davon aus, dass auch er sie nicht in seinem Studium gelernt hat. Obwohl es offensichtlich viele Überschneidungen zwischen Hannahs und Patricks Geschäft gibt, fallen die Antworten der beiden sehr unterschiedlich aus. Das ist doch überaus interessant.

Könnte es sein, dass der Bezug zwischen Studium und Beruf so stark oder so schwach ist, wie wir selbst ihn interpretieren? Und damit völlig losgekoppelt von unserer konkreten beruflichen Tätigkeit? Was für ein aufregender Gedanke! Ich schaue mir sofort die Antworten derjenigen an, deren Berufe auf den ersten Blick nichts oder nur sehr wenig mit Geisteswissenschaften zu tun haben.

Tatsächlich und auch überraschend: Die allermeisten sehen zumindest zum Teil Zusammenhänge zu ihrem jetzigen Beruf. Und das nicht nur auf einer kausalen Ebene, wie Alex Burkhard, oder auf einer persönlichen Ebene, wie Rafael Busch, sondern auch methodisch.

> *Was aus meinem Studium relevant ist, ist logisches Denken. Ich kann mit logischen Operatoren umgehen und das zum Teil besser, als andere Leute, die schon länger in diesem Bereich arbeiten. Das ist etwas, das ich aus der Philosophie mitbringe. (Max Seeger – Business Intelligence Consultant)*

Max Seeger hat als Business Intelligence Consultant und Daten-Analyst einen sehr technischen Beruf. Ist seine Antwort eine merkwürdige Ausnahme? Nein: Karin Windt, die ebenfalls im weiten Feld der IT tätig ist, bekräftigt noch sehr viel vehementer den Grundlagencharakter ihres Studiums für ihren Job.

> *Mein akademischer Hintergrund spielt eine sehr große Rolle. Als Geisteswissenschaftlerin habe ich sehr interdisziplinär, kulturwissenschaftlich und -theoretisch gearbeitet. Mein Verständnis von Kultur, Gesellschaft, aber auch von Businessprozessen ist davon geprägt, dass ich gelernt habe, mich in Themen zu vertiefen, ihre Beschaffenheit und Zusammenhänge zu ergründen. Ich bringe damit Analysen ein, die ich mit einem Mathestudium sicher nicht so ohne Weiteres vorgenommen hätte. Dieser kultur- und geisteswissenschaftliche Hintergrund hat mir eine sehr breite Basis gegeben für alles Weitere. (Karin Windt - Social-Media-Marketing- & SEO-Beraterin)*

Die Fähigkeit Texte im weitesten Sinne – also nicht nur sprachliche Formen kommunikativer Handlungen, sondern auch Bilder – zu analysieren kommt auch in weniger technischen Berufen zum Einsatz. So wendet Inken, die Projektleiterin bei WECHANGE, ihr literaturtheoretisches Wissen für die fruchtbare Koordination und ein möglichst reibungsloses Management der vielen Elemente und Aspekte des Gesamtprojekts an.

Ich habe ein Jahr Geschichte in Moskau studiert, währenddessen Russisch gelernt und meine Begeisterung für Russland entdeckt. Abgesehen davon, dass mein Russisch ein wichtiger Faktor für meine Arbeit ist, hilft mir auch meine Geschichtskenntnis. Ich verstehe die gesellschaftlichen Hintergründe besser und kann so differenzierter auf die Menschen eingehen. – Mit Literatur ganz konkret hat meine Arbeit allerdings überhaupt nichts zu tun. Trotzdem war das Literaturstudium nützlich: Ich habe mich viel mit Literaturtheorie und -analyse beschäftigt. Dadurch habe ich ein viel besseres Verständnis für verborgene Strukturen bekommen und das brauche ich jeden Tag. (Inken Marei Kolthoff - Projektleiterin)

Inga Pylypchuk geht sogar so weit, zu sagen, dass ihr Studium der Allgemeinen und Vergleichenden Literaturwissenschaften ihr mehr für ihre journalistischen Fähigkeiten genutzt habe als ihre Arbeit als Journalistin in Kiew zuvor.

Vor meinem Studium der Komparatistik in Berlin habe ich in Kiew Kulturjournalismus gemacht. Dabei hatte ich oft das Gefühl, ich hätte nicht genug Wissen, um wirklich gute Film- und Literaturkritiken zu schreiben. Deswegen wollte ich letztlich auch AVL studieren. Mit diesem Studium habe ich mir nicht nur mehr Wissen in diesem Bereich angeeignet, sondern vor allem Methoden, mit denen ich mir immer neues Wissen erschließen kann. Wenn ich etwas Analytisches schreibe, hilft mir das sehr. (Inga Pylypchuk - Journalistin)

In diesen Antworten haben Sie nun etliche Anhaltspunkte dafür gefunden, welchen Nutzen Ihr Studium für Ihre Arbeit haben könnte. Je nach Berufsfeld reicht dieser Nutzen von konkreten Inhalten (Geschichte Kanadas, die Philosophie des 19. Jahrhunderts) über berufspraktische Softskills (Selbstorganisation, Entscheidungsfähigkeit) bis hin zu übertragbaren methodischen Fähigkeiten (Textanalyse, philosophische Ansätze des kritischen Denkens). Gerade die übertragbaren methodischen Fähigkeiten lohnen einen weiteren Blick und ein weiteres Nachdenken. In welch hohem Maße „übertragbar" methodische Fähigkeiten sind, wird besonders deutlich in Christian Augustins Antwort:

Mein Studium hat mir vermittelt, dass es oftmals mehr als eine „richtige" Meinung gibt, und dass Hinterfragen und Zuhören oftmals zu einem besseren Verständnis der Dinge führen. Das ist genau die Eigenschaft, die mir hilft, knifflige Probleme, die unsere Kunden in ihren Prozessen haben, zu analysieren und eine Lösung zu erarbeiten. Der Historiker und der Philosoph hinterfragen viel - und das ist gut, denn manchmal kennen unsere Kunden gar nicht den ganzen Umfang ihres Problems. Sie ziehen falsche Schlüsse. Man muss sie dann „als Quellen würdigen" - so wie der Historiker das tun sollte. Man muss diese Quellen entsprechend hinterfragen, neue Quellen suchen, abgleichen, rekonstruieren usw. (Christian Augustin – Head of Sales & Business Development)

Christian Augustin ist Head of Sales in einer von ihm mitgegründeten Firma, die hochtechnologische Lösungen für die Bergbauindustrie entwickelt. Wären Sie auf die Idee gekommen, dass ein Studium der Geschichte und der Philosophie nicht nur kein Hindernis für Christians beruflichen Weg sind, sondern, im Gegenteil, eine Grundlage, die zu einem komplexen Verständnis der Dynamik zwischen Kunden und Verkäufer geführt hat?

Übung: Drei Gründe

Diese Übung ist geeignet für alle, die sich fragen, warum zum Geier sie sich für ein geisteswissenschaftliches Studium entschieden haben und nach befriedigenden Antworten suchen.

So geht's: Schreiben Sie drei Gründe auf, warum Sie Ihr Fach/ Ihre Fächer studiert haben.

Übung: Nutzen klären

Diese Übung eignet sich für alle, die unter dem Eindruck leiden, sie könnten mit ihrem Studium in der Arbeitswelt nicht punkten. Die Übung ist inspiriert von dem Modell des Business Model Canvas, das sowohl in der Startup-Szene als auch im Social Entrepreneurship ein viel genutztes Tool ist, um das eigene Geschäftsmodell zu schärfen und auf Tauglichkeit zu überprüfen. In dieser Übung beschränken wir uns auf die Segmente Wertangebote (oder auf Business-Deutsch: Value Proposition), Schlüsselressourcen (Key Resources) und Schlüsselaktivitäten (Key Activities). Weiterführende Literaturhinweise finden Sie am Ende des Kapitels „Bewerbungen".

So geht's:

Schritt 1: Wählen Sie ein für Sie in Frage kommendes Berufsfeld. (Je weiter entfernt es von den Inhalten Ihres Studiums scheint, umso herausfordernder (und umso lohnender) wird die Übung.)

Schritt 2: Recherchieren Sie, was die Schlüsselaktivitäten in diesem Berufsfeld sind. (Am besten eignen sich für die Recherche Interviews mit Menschen, die bereits in diesem Feld arbeiten.)

Schritt 3: Wählen Sie eine Art der Dokumentation. Je nach persönlichen Vorlieben könnte das ein Essay sein, ein Blogartikel, eine Mindmap, ein Podcast, oder etwas ganz Anderes.

Schritt 4: Für jede Schlüsselaktivität sammeln Sie nun Wissen und Erfahrung aus Ihrem Studium, die Sie auf die jeweiligen Aktivitäten übertragen können. Das sind Ihre Schlüsselressourcen.

Schritt 5: Fügen Sie Schlüsselressourcen aus früheren oder bestehenden Arbeitsverhältnissen hinzu.

Schritt 6: Auf den Grundlagen der von Ihnen identifizierten Schlüsselaktivitäten und -ressourcen formulieren Sie nun ein Wertangebot. Es beantwortet die Frage: Welche Fähigkeiten, welches Wissen und welche Erfahrungen aus Ihrem Studium und bisherigen Berufsleben tragen dazu bei, die Probleme zu lösen, die es im Berufsfeld Ihrer Wahl zu lösen gilt?

Interviews: Selbständigkeit – Fluch oder Segen? Oder doch lieber angestellt?

Fünfzehn meiner Interviewpartner*innen sind selbständig. Einige leiten als Geschäftsführer*innen ein Team von Beschäftigten an, andere sind solo unterwegs. Diese Zahl ist nicht repräsentativ. Selbständigkeit scheint nicht nur unter Geisteswissenschaftler*innen, sondern in der gesamten deutschen Bevölkerung eher zweite Wahl zu sein. Die Gründe dafür liegen auf der Hand: Selbständigkeit ist vor allem in den ersten Jahren mit einem hohen finanziellen Risiko und gleichzeitig sehr hoher Arbeitsbelastung verbunden. Viele Selbständige kämpfen auch nach den ersten Jahren um ein Einkommen über der Armutsgrenze. Das klingt alles andere als verlockend. Dass die meisten Berufseinsteiger*innen sich nach einem Angestelltenverhältnis umschauen, ist aus dieser Perspektive allzu verständlich.

> *Selbständigkeit war für mich immer nur ein Notnagel. Das hätte ich echt nur gemacht, wenn nichts Anderes mehr möglich gewesen wäre. In Berlin und ohne Kinder kann man vielleicht ganz gut über die Runden kommen. Aber ich sehe in meinem Bekanntenkreis viele, die freiberuflich so vor sich hinkrebsen. Das ist nichts für mich. Ich habe zurzeit ein großes Sicherheitsbedürfnis und die finanzielle Stabilität als Angestellter tut mir gut. Dafür nehme ich gerne Abstriche in der Selbstverwirklichung in Kauf. Es ist zum Beispiel toll, dass ich jetzt, wenn ich irgendwo etwas sehe und denke, das ist das perfekte Geschenk für einen Freund, dass ich das jetzt einfach kaufen kann und nicht wie früher zu einer günstigeren Ausweichoption greifen muss. (Rafael Ugarte Chacón – Koordinator im Wissenschaftsmanagement)*

Abschreckend für viele Ohren klingt auch die geringere soziale Absicherung: Krankheitstage werden nicht bezahlt (und Urlaub sowieso nicht), es gibt kein Arbeitslosengeld, der Krankenkassenbeitragssatz von 14,6 % muss komplett selbst getragen werden, während Arbeitnehmer*innen ihn sich mit ihrem Arbeitgeber teilen, und eine staatliche Rente wird es auch nicht geben.

> *Selbständigkeit hat natürlich auch Nachteile. Ich würde mich wohler fühlen, wenn ich eine Stelle hätte. Eine Teilzeitstelle meinetwegen, 75 % oder so etwas, weil die einfach mehr Sicherheit bietet. Das klingt jetzt vielleicht ein bisschen altmodisch, aber so eine Sozialversicherung ist schon eine feine Sache. Ja, ich bin da zwiegespalten. (Inken Marei Kolthoff - Projektleiterin)*

Inkens Wunsch ist übrigens in Erfüllung gegangen: Nach etwas über einem Jahr wurde ihr Arbeitsverhältnis bei WECHANGE in eine Anstellung umgewandelt. Damit muss sie sich nicht mehr mit den steuerlichen Hürden befassen, die Selbständige unter bestimmten Umständen als sehr belastend erfahren. Denn sobald das Jahreseinkommen 17.500 Euro übersteigt, müssen Selbständige eine Umsatzsteuer von 19 % abführen. Wenn die Auftraggeber*innen selbst nicht umsatzsteuerpflichtig sind, z.B.

weil sie eine gemeinnützige Organisation sind, wirkt sich das schnell nachteilig für die Auftragnehmer*innen aus. So zum Beispiel für Robert.

> *Im letzten Jahr bin ich zum ersten Mal über die vermaledeiten 17.500 gekommen. Im Prinzip bleibe ich also auf demselben Level wie vorher, weil ich die 19% einfach durchreiche, weil ich die bei meinen Auftraggebern nicht unbedingt in Rechnung stellen kann. Die haben oft kein Bewusstsein für diese Problematik, vor der sehr viele Leute in meinem Bereich stehen. Dann kann es sein, dass du für eine Führung in einer Gedenkstätte 19% weniger bekommst. Dabei geht es ohnehin schon nur um Kleckerbeträge. Für die eininhalb- bis zweistündige Führung am Holocaust-Denkmal kriegt man zum Beispiel 37 Euro. Wenn man realistisch kalkuliert, also Kosten für Weiterbildung, Krankenkasse und so weiter mit einbezieht, müsste man eigentlich das Doppelte in Rechnung stellen. Bei solchen Honoraren sind 19% ein ziemlich heftiger Schlag.*
> *(Robert Parzer – Historiker)*

Lassen Sie mal überlegen: Fallen mir noch weitere Nachteile ein? Ach ja! Selbständige sind natürlich für alles allein verantwortlich und müssen alle Geschäftsvorgänge lückenlos dokumentieren, um keinen Ärger mit dem Finanzamt zu bekommen. Die gesamte Administration obliegt ihnen – es sei denn, sie bezahlen jemand anderes dafür. Und habe ich schon erwähnt, dass es Selbständigen sehr viel schwerer fällt, einfach abzuschalten? Es ist ja ein Symptom unserer Zeit, dass die Grenzen zwischen Arbeit und Privatleben immer mehr verschwimmen, ganz unabhängig vom Beschäftigungsverhältnis. In vielen Bereichen sind Überstunden und ständige Verfügbarkeit Normalität geworden. Für Selbständige gilt das doppelt und dreifach. Weil ihre wirtschaftliche Existenz allein auf ihren Schultern lastet, rattern unaufhörlich berufliche Themen durchs Hirn. Von vielen wird dieser Zustand permanenter Unsicherheit als sehr belastend empfunden. Robert gehört zu ihnen:

> *Ich finde es sehr schwierig, diese dauernden Angstzustände abzuschalten. Eine Frage, die immer präsent ist: Was ist nächsten Monat? Bis jetzt hatte ich zwar immer das Glück, dass ein Projekt sich ans andere angeschlossen hat und ich einfach sehr viel Erfolg mit Anträgen habe. Über*

die Hälfte meiner Anträge ging durch und das ist eine ziemlich krasse Quote. Das liegt aber zu einem großen Teil daran, dass mein Forschungsthema – Euthanasie-Opfer im Holocaust – aktuell stark gefördert wird. Grundsätzlich bin ich total abhängig vom Willen und Wollen anderer. (Robert Parzer - Historiker)

Auf meine Frage, wie Robert mit dieser ständigen Angst zurechtkommt, sagt er lachend:

In der Psychologie heißt das einfach Konfrontationstherapie. (Robert Parzer)

Robert hat eine Art Galgenhumor entwickelt, um mit seiner Selbständigkeit zurechtzukommen. Er gibt unumwunden zu, dass er viel lieber angestellt wäre. Robert hat sich nicht bewusst für die Selbständigkeit entschieden. Stattdessen ergab sie sich in einem nahtlosen Übergang aus seinen zum Teil schon freiberuflichen Tätigkeiten während des Studiums. Robert machte einfach weiter mit dem, was er schon im Studium gut konnte: Archivarbeit, Recherche, Aufarbeitung, Publizieren – ja, und Anträge schreiben. Nun könnte er versuchen, eine Stelle zu bekommen. Das mag für Historiker*innen nicht gerade einfach sein. Aber es ist auch nicht unmöglich. Trotzdem arbeitet Robert weiterhin selbständig. Warum? Er verrät es mir indirekt, als ich ihn nach seinen Feenwünschen frage:

Ich hätte gern so eine extrem gut bezahlte Stelle mit allen Freiheiten, wo ich genau das mache, was ich jetzt mache. (Robert Parzer - Historiker)

Im Umkehrschluss bedeutet das, dass Robert die Inhalte und Gestaltungsmöglichkeiten in seiner Arbeit wichtiger sind als der finanzielle Rahmen einer festen Stelle. Dafür nimmt er die Angstzustände um seine finanzielle Sicherheit in Kauf, wenn auch nicht gerade mit lauten Jubelrufen. Aber das ist ja auch verständlich: Wer würde bei einem so niedrigen, volatilen und unsicheren Einkommensniveau schon starke Nerven bewahren?

Ganz anders sieht es sicher aus bei Selbständigen, die wesentlich mehr verdienen. Wie ich in einem Aufsatz über Statistiken rund um die Selbständigkeit lese, liegt das Einkommensniveau von Selbständigen deutlich über dem von angestellt Erwerbstätigen.

> So liegt bei gut 9 % der Selbständigen das persönliche monatliche Nettoeinkommen über 5 000 Euro. Lediglich knapp 2 % der Arbeitnehmer haben ein vergleichbares Einkommensniveau. (Mai 2016)

Zunächst überrascht mich diese Information, widerspricht sie doch so deutlich allem, was ich aus meinem Familien- und Freundeskreis gehört habe. Tatsächlich sind es aber vor allem die Selbständigen, die selbst Beschäftigte anstellen, deren Einkommen den Schnitt deutlich hebt. Die Solo-Selbständigen hingegen sind sehr viel stärker in den untersten Einkommensgruppen vertreten. Die Gründe hierfür sind komplex. Ein wesentlicher Faktor ist, dass sich gerade in dieser Gruppe sehr viele selbständige Frauen befinden, die nur in Teilzeit arbeiten. Frauen entscheiden sich statistisch gesehen häufiger als Männer für die Selbständigkeit in Teilzeit, da sie statistisch gesehen einen größeren Anteil der Kinderbetreuung und Hausarbeit übernehmen. Trotz dieser großen Spannbreite liegt der Median des Nettoeinkommens bei Selbständigen über dem von Angestellten:

> Der Median, gemessen an den Einkommensklassen, ist bei Selbständigen bei einem persönlichen Nettoeinkommen von 1700 bis 2000 Euro erreicht. Bei Arbeitnehmern ist dies schon in der Einkommensklasse von 1300 bis 1500 Euro der Fall. Der Unterschied wird von den hohen durchschnittlichen Einkommen der Selbständigen mit Beschäftigten beeinflusst (Median: zwischen 2300 und 2600 Euro). Der Median bei den Solo-Selbständigen entspricht dem der Arbeitnehmer, auch wenn die Verteilung deutliche Unterschiede aufweist. (Mai 2016)

Seit Juni 2016 habe ich eine Mentorin. Sie leitet seit 22 Jahren eine Dolmetscher- und Übersetzungsfirma und gehört in die Kategorie „Selbständige mit Beschäftigten". Ich spreche mit ihr über meine Pläne, mich selbständig zu machen. Zwar kenne ich sie erst seit einer halben Stunde, aber ich ahne bereits, dass die optimistische Begeisterung, die sie ausstrahlt, eine feste Konstante ihrer Persönlichkeit ist. So ein Mensch, denke ich, geht doch sicher mit großer Zuversicht durch das Berufsleben. – Wieder einmal irre ich mich.

> Es ist eigentlich verrückt, dass ein Mensch, der wie ich so viel Angst vor

der Zukunft und so viel Sorge um finanzielle Absicherung hat, seit 22 Jahren selbständig ist. (Carmen von Schöning)

Während sie das sagt, macht sie einen sehr vergnügten Eindruck und erzählt mir unter anderem, dass mit dem Alter auch ihre Ansprüche an ihren Lebensstandard gestiegen seien und dass sie beispielsweise nicht mehr auf eine Haushaltshilfe verzichten möchte. Das ist doch interessant! Offenbar hören die Ängste vor dem finanziellen Absturz nicht auf, selbst wenn ein Niveau erreicht wurde, das dauerhaft so einen hohen Komfort wie eine Haushaltshilfe ermöglicht. Hat das Geld am Ende gar nicht so viel mit diesen Ängsten zu tun?

Was sagen die Selbständigen in meinen Interviews, die, wie Robert, ein eher niedriges Einkommen haben? Hannah setzt die Eigenschaften, die jemand braucht, um als Inhaberin eines Buchladens glücklich zu sein, primär mit der Selbständigkeit in Bezug:

Man muss die Unsicherheit aushalten können, dass es scheitern könnte, gerade am Anfang. Und dass man nicht so viel verdient. Du bekommst nicht deine x Euro aufs Konto jeden Monat. Dein Einkommen ist volatil. Ich habe diese Unsicherheit offenbar ausgehalten und ich kann das jetzt, weil ich inzwischen finanziell besser abgesichert bin. Deshalb bin ich vielleicht eh entspannt. Wenn diese Voraussetzungen sowohl äußerlich als auch persönlich gegeben sind, dann macht es wirklich Spaß. (Hannah Wiesehöfer - Buchhändlerin)

Die Journalistin Inga, die zum Zeitpunkt unseres Gesprächs erst seit einem knappen Jahr selbständig ist, nachdem sie einige Jahre angestellt war, scheint genau diese Qualitäten mitzubringen: Sie ist grundoptimistisch, schöpft eine große Befriedigung aus der Sinnhaftigkeit ihrer Arbeit und schätzt den Kontakt zu ihren Leser*innen und zu den Menschen, die sie interviewt oder portraitiert.

*Ich bin sehr zufrieden und sehr glücklich mit dem, was ich mache und wie das bis jetzt klappt. Was das Geld angeht, teile ich den Frust vieler freier Journalist*innen nicht. Im Moment bin ich zufrieden damit, auch wenn ich noch nicht genau weiß, wie viel ich tatsächlich verdient habe, weil ich die Einkommenssteuer erst am Ende des Jahres zahlen muss. Klar, wenn* *man sehr aufs Geld fixiert ist, sollte man mit dem Journalismus lieber nicht anfangen. Er bringt weder Stabilität noch Sicherheit. Was er bringt, sind Leserreaktionen, direkten Kontakt zu den Emotionen von Leuten, die ich auf Veranstaltungen oder für Reportagen treffe... das finde ich extrem erfüllend. Dass ich so ein gutes Gefühl habe, hat natürlich auch mit Glück zu tun, weil meine Expertise für die Ukraine sehr gefragt war, als ich eingestiegen bin. (Inga Pylypchuk - Journalistin)*

Die Expertise, von der Inga profitiert, ist auch für andere Selbständige in unserer Runde ein Schlüssel zu Erfolg und Erfüllung. Katharina Kunze nutzt ihr Wissen über die Bewerbungsprozesse in Oxford und an der Bucerius Law School als Basis für ihr Beratungsgeschäft. Joel Du Bois' Kenntnisse der Semiotik mögen ihn exotisch erscheinen lassen in der Welt der Marken und der Werbung, aber sie sind gleichzeitig sein wichtigster Erfolgsbaustein. Ähnlich Maren Drewes, die die philosophischen Grundlagen ihres Studiums zu einem umfangreichen Methodenwissen im kritischen Denken bündelt und für die Beratung von Organisationen nutzt. Spezielles Wissen ist also Kapital – zumindest potenziell. Selbständige Geisteswissenschaftler*innen, die Spezialwissen verkaufen, sind erwartungsgemäß verbreiteter als solche, die Güter produzieren oder mit Gütern handeln. Wem es gelingt, mit diesem Spezialwissen eine ausreichende Nachfrage zu erzeugen, der hat guten Grund, zufrieden zu sein.

Ein weiterer, entscheidender Faktor für die Zufriedenheit der meisten Selbständigen in meiner Stichprobe ist das Fehlen „nerviger Chefs", wie Hannah es ausdrückt. Für Karin Windt ist dieser Umstand ausschlaggebend für ihre hohe Zufriedenheit:

Vor allem gefällt mir, dass ich selbständig bin und meine eigene Chefin. Nur mir selber und den Kund*innen gegenüber bin ich verantwortlich. Das genieße ich sehr, denn ich komme aus einem Angestelltenverhältnis, in dem ich dreieinhalb Jahre als Projektleiterin in einer IT-Firma in Karlsruhe gearbeitet habe. Ich bin froh, dass ich dort meine Arbeitserfahrung machen konnte, aber ich war auch oft nicht einverstanden mit den Entscheidungen, die die drei Chefs getroffen haben. Auch deren Mitarbeiterführung hat mir oft nicht gut gefallen. Diese Erfahrung wollte ich nicht noch mal machen. Deswegen genieße ich auch nach fünf Jahren meine Selbständigkeit sehr – trotz aller Verantwortung und Last, die ich

> *allein auf meinen Schultern trage. (Karin Windt - Social-Media-Marketing- & SEO-Beraterin)*

Seine eigene Chefin zu sein beinhaltet nicht nur die Abwesenheit von unter Umständen inkompetenten oder inkompatiblen Vorgesetzten. Es beinhaltet auch ein hohes Maß an Gestaltungsfreiheit und Selbstbestimmung. Ich vermute, dass die steigenden Zahlen der Selbständigen in Deutschland auch darin begründet liegen – und nicht in erster Linie an der Nichtverfügbarkeit fester Stellen. (Tatsächlich ist sowohl der Anteil der Selbständigen als auch der Angestellten zwischen 2002 und 2012 gestiegen.) (Mai 2016) Sowohl Torsten Breden, der als Unternehmensberater in großen Konzernen sehr viel Geld verdient, als auch Johannes Terwitte, der bewusst nur sehr wenig arbeitet und damit entsprechend wenig verdient, heben besonders den Aspekt der Freiheit in ihrer Tätigkeit hervor.

> *Ich mag eigentlich alles daran. Das, was ich nicht mag, da habe ich die Freiheit, jederzeit aufzuhören. (Johannes Terwitte – Prozessbegleiter u.v.a.)*

Als Torstens Plan, angestellt bei einer klassischen Unternehmensberatung zu arbeiten, nicht aufging, gründete er seine eigene Beratungsfirma – zunächst, weil er nicht untätig herumsitzen wollte. Doch schon bald kam er auf den Geschmack und schlug die verspäteten Stellenangebote der Firmen, bei denen er sich beworben hatte, letztendlich aus.

> *Freiheit, also die Möglichkeit zu gestalten, finde ich im Unternehmertum vor, und zwar in einem künstlerischen Sinn. Ich stehe gewissermaßen im Dialog mit meinem Kunstwerk und in dieser freien Auseinandersetzung mit den Materialien entsteht etwas Neues. Das ist das, was mich als Unternehmer als erstes motiviert. (Torsten Breden - Unternehmensberater)*

Und so ist es letztlich trotz höherer Arbeitsbelastung, großer Risiken und unsicherer Einkünfte vielleicht doch nicht so verwunderlich, dass sich Selbständige in Umfragen häufiger zufrieden sehen als Angestellte.

Übung: Drei glückliche Selbständige

Diese Übung eignet sich für alle, die nach der Lektüre der letzten Seiten nicht völlig verschreckt, sondern neugierig geworden oder geblieben sind, und die herausfinden wollen, was Selbständige glücklich macht.

So geht's:

Schritt 1: Machen Sie drei glückliche Selbständige ausfindig. Für eine möglichst große Vielfalt recherchieren Sie zu den Kategorien „Freiberuflichkeit", „Gewerbetreibende", „Soloselbständige" und „Selbständige mit Angestellten".

Schritt 2: Kontaktieren Sie jede dieser drei Personen.

Schritt 3: Sagen oder schreiben Sie ihnen, was Sie an deren Tätigkeit interessiert.

Schritt 4: Fragen Sie, ob Sie sie einen Tag lang bei ihrer Arbeit begleiten können.

Schritt 5: Laden Sie sie anschließend auf einen Kaffee oder ein Bier ein und stellen Sie alle Fragen, die Ihnen unter den Nägeln brennen.

Gegebenenfalls tauschen Sie Schritt 4 und 5.

Lektüre

Mehr als alle Bücher, in denen es explizit schon im Titel um Entscheidungen geht, hat mir das Modell vom „Inneren Team" geholfen, meine inneren Zwiespalte zu verstehen und zu überwinden. Der Ansatz kommt aus der humanistischen Kommunikationspsychologie und sieht den Menschen in seiner komplexen Ganzheit, die aus vielen und oft widersprüchlichen Anteilen besteht. Das Schöne daran: Das ist gar nicht schlimm, sondern kann – mit etwas methodischem Geschick und einer zugewandten Haltung – in etwas Positives und Produktives umgewandelt werden:

Friedemann Schulz von Thun. *Miteinander reden: 3 – Das „Innere Team" und situationsgerechte Kommunikation.* Rowohlt: Hamburg, 1998.

Allen, die mehr über attraktive Wege der Solo-Selbständigkeit erfahren möchten, um eine fundiertere Entscheidungsgrundlage zu haben, empfehle ich:

Brigitte und Ehrenfried Conta Gromberg. *Solopreneur – Warum sprechen alle vom Team, wenn Sie alleine Ihre Ziele besser erreichen?* Smart Business Concepts: Jesteburg, 2015.

Und allen, die sich ein produktives und freundliches Miteinander im Beruf wünschen oder denen die von den Conta Grombergs propagierte Solo-Schiene nicht behagt, empfehle ich ein Kontrastprogramm:

Peter Spiegel. *WeQ – More than IQ – Abschied von der Ich-Kultur.* oekom: München, 2015.

Bewerbungen

Worum geht's?

Die allermeisten Geisteswissenschaftler*innen denken beim Thema Berufseinstieg zu allererst an Bewerbungen. Und obwohl es in diesem Buch vor allem darum geht, was es außer Bewerbungen noch alles für Möglichkeiten gibt, einen Job zu bekommen, ist es schon sinnvoll, Bewerbungen in diesen Prozess einzuschließen.

Was bringt's?

Sie bekommen Anregungen dafür, wie Sie Bewerbungen mit mehr Freude und Leichtigkeit angehen können. Ein Ersatz für Bewerbungshandbücher und Anleitungen ist dieses Kapitel allerdings nicht.

Episode: Von der Bewerbung, die gar keine war

5. Januar 2016. Ich schreibe keine Bewerbungen mehr. Nicht dass ich das jemals besonders hingebungsvoll oder exzessiv getan hätte. Schon gar nicht im Vergleich zu vielen geisteswissenschaftlichen Zeitgenossen, die um die hundert Bewerbungen abschicken – und dann aber immerhin auch irgendwann eine Stelle haben. Im gesamten letzten Jahr habe ich sieben Bewerbungen geschrieben – acht, wenn ich die für Teach First von 2014 mitzähle. Für den Zeitraum von einem Jahr ist das extrem wenig. Geradezu lächerlich. Ich hatte mich beworben auf eine Stelle als Übersetzerin in der Botschaft von Kanada, eine Stelle für Eventmanagement im Haus der kleinen Forscher – einer Stiftung für frühkindliche Bildung, auf ein 6-monatiges Volontariat bei der

Robert-Bosch-Stiftung, als Projektmanagerin bei Bildungscent, als Sales Managerin bei meltwater und als Sales Managerin bei IQPC. Sie können an dieser wilden Mischung bereits gut erkennen, dass ich keinen Plan hatte. Keine Strategie. Und auch überhaupt kein Wissen darüber, wie langwierig, frustrierend und ungewiss ein typischer Bewerbungsprozess einer Geisteswissenschaftlerin ohne relevante Berufserfahrung in den angestrebten Berufsfeldern sein würde.

Ich wertete das Ausbleiben sofortigen Erfolgs, d.h. einer Anstellung, als persönliche Niederlage. Es kränkte mein Selbstwertgefühl. Ich war es nicht gewohnt, keinen Erfolg zu haben. In Bewerbungsratgebern las ich, dass die Einladung zu einem Vorstellungsgespräch bereits ein Erfolg ist. So gesehen war ich mit einer Quote von 50% sogar sehr erfolgreich. Nur gelang es mir nicht, das so zu sehen. Ich fühlte mich wie eine Versagerin.

Noch bevor ich meine Doktorarbeit eingereicht hatte, lernte ich Sabine Stengel auf einer Netzwerkveranstaltung für Unternehmerinnen kennen, und stieg in ihre Initiative *Die Ideenretter* als Projektmanagerin und Fundraiserin ein. Es folgte ein kurzes Intermezzo in dem Startup *My Impact* (mehr dazu im Kapitel „Weltverbesserer"), das ich initiativ angeschrieben hatte, woraufhin der CEO sich mit mir zum Mittagessen traf. Nach diesem kurzen Zwischenspiel widmete ich mich weitere Monate den *Ideenrettern*.

Beide Episoden waren für mich wertvoll, auch wenn sich keine der beiden Arbeitsstationen als langfristig herausstellte. Abgesehen von dem für mich sehr bereichernden Einblick in die Arbeitsweise und die Persönlichkeit zwei ganz unterschiedlicher Unternehmer*innen, machte ich die interessante Erfahrung, dass es einfacher zu sein scheint, auf anderen Wegen als über eine klassische Bewerbung an Jobs heranzukommen. (Googeln Sie mal „verdeckter Arbeitsmarkt". Sie werden lesen, dass 95% aller Bewerber*innen auf ausgeschriebene Stellen reagieren, aber lediglich 30% aller Vakanzen tatsächlich ausgeschrieben werden...)

Auf jeden Fall hat mir der Weg zu *My Impact* und zu den *Ideenrettern* ungleich mehr Spaß gemacht als Bewerbungen zu schreiben. Ich gebe zu, dass diese beiden Stellen nicht repräsentativ für den gesamten Arbeitsmarkt sind. Trotzdem bin ich seitdem überzeugt, dass es sich in vielen Fällen lohnt, vor die eigentliche schriftliche Bewerbung auf eine Stelle andere Schritte zu schalten. (Dazu mehr im Kapitel Netzwerke.) Und wenn schon Bewerbungen schreiben, dann eine, die mit Sicherheit auffällt.

Das ist es, was ich am 5. Januar 2016 mache. Obwohl ich gar keine Bewerbungen mehr schreiben will. Jetzt konzentriere ich mich auf dieses Buch. Wenn mir in der Zwischenzeit ein Job über den Weg läuft, gut. Wenn nicht, dann eben erst, wenn ich mit dem Buch fertig bin. Während ich also für dieses Buch auf Xing nach Geisteswissenschaftler*innen mit interessanten Berufen suche, wird mir eine Stellenanzeige der Werbeagentur *Tinkerbelle* untergejubelt. Die Stellenanzeige ist witzig. Sie bringt mich zum Lachen. Sie erweckt den Eindruck, dort, in dieser Werbeagentur säßen lauter Menschen, mit denen ich gern zusammenarbeiten würde. Und vor allem weckt sie in mir eine spontane Lust, zu antworten. Als so eine Art Feedback für diese gelungene Stellenanzeige. Außerdem, denke ich, könnte es ja tatsächlich sein, dass mir das Spaß machen würde, als Werbetexterin zu arbeiten. Also schreibe ich innerhalb kürzester Zeit dieses nicht ganz ernst gemeinte Anschreiben.

> *Liebe Menschen bei der Tinkerbelle Werbeagentur,*
>
> *dies ist leider keine Bewerbung.*
>
> *Das ist schade, denn eure Stellenanzeige hat mich zum Lachen gebracht. Ich würde alles geben, um mit tipptopp Kollegen wie euch zu arbeiten. Und dann auch noch für das Gute!*
>
> *Wie gern würde ich euch alles geben – und noch viel mehr: mein zielsicheres Händchen für Präsentationen, mein erprobtes Talent in einer speziellen Form von Werbung – nämlich Anträge und Bewerbungen für Stipendien und Fördergelder – meine Freude, in Telefonaten mit Kunden eine kompetente und zuvorkommende Gesprächspartnerin zu sein, meine Liebe für die optimale Gestaltung von Arbeitsabläufen und mein Vergnügen daran, komplexe Organisationen und finanzielle Rahmenbedingungen zu systematisieren. Und vor allem: meinen Wunsch, an neuen Herausforderungen und in einem engagierten Team zu wachsen.*
>
> *Unpraktischerweise bin ich derzeit mit zwei anderen Großprojekten*

beschäftigt. Mit dem Aufbau der Organisation Die Ideenretter: Jugendliche entwickeln mit methodischer Unterstützung eigene Geschäftsideen. Und mit dem Schreiben eines Buches über Geisteswissenschaftler*in, die einen Job gefunden haben, der sinnvoll ist und trotzdem Geld bringt. So wie Lisa Beiswanger aus eurem Team zum Beispiel.

Eigentlich finde ich es gut und richtig, dass ich diese beiden Unternehmungen nicht für meinen Traumjob bei Tinkerbelle an den Nagel hänge. Es sei denn, ihr schafft es, mich zu überreden. Aber was würde das dann für ein Licht auf meine Persönlichkeit werfen? Mit so einer wolltet ihr eh nicht zusammenarbeiten.

Und so verbleibe ich mit herzlichen Grüßen und halte die Augen auf für eine passendere Gelegenheit als ein Bewerbungsgespräch, um euch und eure Arbeit kennenzulernen.

Noch während ich überlege, ob ich auf „Senden" klicken sollte, bin ich mir sicher, dass die Empfänger*innen dieses Anschreibens über mich lachen werden. Egal. Ich will eh nicht dort arbeiten. –

Einen Tag später ruft mich Oliver Oest an, einer der Geschäftsführer, ob ich ihn nicht gern morgen zum Mittagessen treffen würde. Die Stelle sei zwar schon besetzt, man könne die Anzeige in Xing blöderweise nicht einfach so wieder rausnehmen, aber er fände es schade, mich deswegen nicht kennenlernen zu können. Und vielleicht finde sich ja für mich auch noch ein Job.

Aha! So geht das also! Einfach ein bisschen weniger ernst und verbissen sein und dann klappt das schon. Ich fühle mich offen, neugierig und freue mich richtig auf dieses Treffen. Oliver lädt mich in ein Hotelrestaurant gegenüber der Agentur ein. Zunächst gibt er mir einen anschaulichen Geschichtsabriss über die Welt der Werbeagenturen.

„In den 80ern, was die Wannabe-Yuppies da in die Agenturen zog, das waren Kohle, Koks und Nutten."

Okay, ich hoffe, dass sich mit der Generation Y einiges geändert hat. Oliver bestätigt meinen unausgesprochenen Gedanken: „Davon siehst du heute nichts mehr. Wer sich auf Agenturarbeit einlässt, muss mit wenig Geld klarkommen, mit langen Arbeitszeiten und einer Feudalmentalität. Soll heißen: Wenn der Chef sagt, mach das noch mal neu, dann machst du das noch mal neu, ohne zu murren. Was das angeht, läuft das in der Agenturwelt im Großen und Ganzen heute immer noch so. Wir bei Tinkerbelle haben im Vergleich zu vielen anderen Agenturen eine wesentlich angenehmere Arbeitskultur. Trotzdem sind wir natürlich ein Player auf dem Markt und wenn wir wettbewerbsfähig bleiben wollen, müssen wir mithalten können, was Tempo und Auftragsvolumen angeht."

Ich finde Olivers Schilderungen sehr unterhaltsam, auf so eine Horrorfilm-Art-und-Weise. Weil ich ohnehin ohne jegliche Erwartungen und vor allem ohne jedes Schamgefühl zu diesem Treffen gegangen bin, frage ich: „Warum sollte denn unter diesen Umständen überhaupt jemand gern in einer Agentur arbeiten wollen?"

„Das macht den Leuten Spaß, die gerne kreativ und im Team Lösungen für die Probleme der Kunden finden. Die einerseits kein allzu großes Ego haben, weil sie eben auch manchmal erste Entwürfe verwerfen und neu ausarbeiten müssen. Die andererseits aber auch eine gewisse Eitelkeit haben. Die es geil finden, die eigenen Texte oder Bilder überall in der Stadt zu sehen."

Irgendwie machen mir auch die positiven Seiten des Jobs keine große Lust darauf. Aber das macht nichts. Ich freue mich über den knackigen Einblick dieses langjährigen Werbeprofis und Unternehmers in seine Berufswelt. Den hätte ich sonst nur in einem Praktikum bekommen. Wie gut, dass ich mir das sparen konnte! Zum Abschluss bekomme ich von Oliver noch ein Feedback zu meiner Bewerbung und zu meinem Auftritt in Fleisch und Blut.

„Du brauchst gar keine Bürostrukturen. Du hast genug inneren Antrieb und Disziplin und Ideen, um dein eigenes Ding zu machen."

Ich ahne zwar, dass Oliver das auch sagt, weil er mich gern als potenzielle freiberufliche Mitarbeiterin warmhalten möchte – wogegen ich nichts habe. Aber vor allem finde ich, dass er recht hat. Und ein weiterer Baustein ist gelegt für meinen Entschluss, mich selbständig zu machen. Wie genau und mit welchem Geschäftsmodell, weiß ich noch nicht. Vielleicht schreibe ich noch ein paar Bewerbungen, die gar keine sind, und sammle so Einblicke, Feedback und Kontakte. Und ganz vielleicht finde ich auf diesem Weg ja sogar doch eine Stelle, die ich wirklich will.

Übung: Bewerbungsexzentriker

Diese Übung eignet sich für alle, die Ihren Mut trainieren wollen und gern kreativ sind.

So geht's:

Schritt 1: Schreiben Sie eine Bewerbung, die Sie sich nicht trauen, abzuschicken.

Schritt 2: Schicken Sie sie trotzdem ab.

Hauen Sie auf den Putz. Seien Sie witzig. Übertreiben Sie maßlos. Schreiben Sie eine Bewerbung, die eigentlich gar keine Bewerbung ist. Suchen Sie sich dafür Stellen, die Sie interessant finden, aber an denen nicht Ihr Herz hängt.

Interviews: Langer Atem

Es ist ungefähr in dieser Zeit, dass ich anfange, systematisch ehemalige Geisteswissenschaftler*innen nach ihren Wegen in ihre jeweiligen Berufe zu fragen. Von meinen 25 Interviewpartner*innen waren 22 im Laufe ihres Berufslebens abhängig beschäftigt. Zum Zeitpunkt der Interviews sind es nur noch 10. Fast alle von ihnen haben jedoch einen oder mehrere Bewerbungsprozesse durchlaufen. Und von vielen höre ich, dass diese Zeit mit besonderen Schwierigkeiten verbunden war.

Max spricht über eine Erfahrung, die viele Absolvent*innen der Geistes- und Sozialwissenschaften teilen: Trotz einer großen Zahl an Bewerbungen, die er verschickte, erhielt er nur auf sehr wenige überhaupt eine Rückmeldung:

> *Bei regulären Ausschreibungen hatte ich überhaupt kein Glück. Ich habe ungefähr neunzig Bewerbungen geschrieben und nur sehr wenige Rückmeldungen bekommen. Zu einem Interview wurde ich über eine Personalvermittlung eingeladen. Da wusste ich aber gar nicht, ob das ernst zu nehmen war. Mein jetziger Job ist letztlich über einen privaten Kontakt zustande gekommen. Ich habe auf einer Party einen anderen Philosophen kennengelernt, der auch promoviert ist und für die Firma arbeitet, bei der ich jetzt bin. (Max Seeger – Business Intelligence Consultant)*

Die Phase des erfolglosen Bewerbens dauert bei Max etwa ein Jahr. Max, der als Philosoph an der Uni Anerkennung und regen fachlichen Austausch gewohnt ist, befindet sich plötzlich in einer Art luftleerem Raum. Keine seiner Bewerbungsaktionen scheint irgendeine Wirkung zu haben. Doch nicht nur seine Erfahrung von Selbstwirksamkeit wird in dieser Zeit untergraben. Was ihn am meisten frustriert, ist die scheinbare Unmöglichkeit im Schreiben von Bewerbungen besser zu werden. Wie soll er etwas darüber lernen, wenn er nie Feedback von den Personaler*innen bekommt? Es ist, als versinken seine Bewerbungen in einem schwarzen Loch. Nach einer Weile kommt es ihm so vor, als könne er genauso gut auch keine Bewerbungen schreiben. Es würde keinen Unterschied machen.

Auch Rafael, der jetzt im Wissenschaftsmanagement arbeitet, hat die Erfahrung gemacht, dass Bewerbungen auf ausgeschriebene Stellen ohne die richtigen Kontakte sehr langwierig und zäh sein können. Obwohl ein Praktikum ganz und gar nicht das war, was Rafael sich für den Anschluss an seine Promotion vorgestellt hatte, ließ er sich darauf ein:

> *Das Bewerben war ziemlich frustrierend. Ich hatte schon länger in Richtung Wissenschaftsmanagement und Wissenschaftsadministration geguckt, habe da aber keinen Fuß in die Tür bekommen. Die meisten Leute, die ich kannte, die da irgendwie drin waren, wurden von irgendwelchen Professoren in eine Koordinatorenstelle reingehievt und hatten damit die nötige Voraussetzung, um sich in diesem Feld zu etablieren. Das war bei mir nicht der Fall. Als mir dann nach etwa 100 Bewerbungen dieses Praktikum angeboten wurde, habe ich zugesagt. Auch wenn ein Praktikum nicht das war, was ich mir nach meiner Promotion vorgestellt hatte, konnte ich so einen Fuß in die Tür kriegen und mein Netzwerk in diesem Bereich ausbauen. Dass das geklappt hat, lag auch daran, dass die Konkurrenz nicht so groß war, weil die Stelle sich nur an Leute richtete, die im Rahmen von Doktorandenprogrammen an der FU promoviert hatten. (Rafael Ugarte Chacón – Koordinator im Wissenschaftsmanagement)*

Mittlerweile hat Rafael eine feste, wenn auch zunächst auf viereinhalb Jahre befristete Stelle im Wissenschaftsmanagement an der Universität in Hannover. Ein langer Atem, Beharrlichkeit und Frustrationstoleranz zahlen sich also aus. Anders als Max hatte Rafael ein berufliches Ziel vor Augen, das er konsequent verfolgte. Der Faktor Orientierungslosigkeit fiel bei ihm weniger ins Gewicht. Eine klare berufliche Vorstellung ermöglicht logischerweise Zielstrebigkeit und erleichtert die Entscheidung für oder gegen Kompromisse. Weil Rafael wusste, dass er im Wissenschaftsmanagement arbeiten will und weil das Praktikum ihm einen Einstieg in genau diesen Bereich bot, entschied er sich dafür. Ein Praktikum in einem anderen Bereich hingegen hätte er vermutlich mit gutem Grund abgelehnt.

Eine große Schwierigkeit besteht also zweifelsohne im Abwägen der Vor- und Nachteile. Einerseits sind Flexibilität und Offenheit bezüglich der manchmal erforderten Abweichungen von der Idealvorstellung gefragt. Andererseits ist es für die berufliche Erfüllung unabdingbar, nah genug an den eigenen Werten und Wünschen zu bleiben. Keine leichte Aufgabe. Besonders schwierig wird es, wenn man Auflagen vom Arbeitsamt erfüllen muss und die Wahlmöglichkeiten von außen stark eingeschränkt werden. Zum Glück gibt es noch das Glück.

> *Ich musste mich auf 8 bis 10 Stellen im Monat bewerben, weil ich vom Arbeitsamt gefördert wurde. Das klingt zwar erst mal nicht nach so viel, aber für Geisteswissenschaftler mit einem speziellen Profil und einem klaren Berufsziel ist es dann doch relativ viel. Ich habe bestimmt so um die 30, 40 Bewerbungen geschrieben. Teilweise wurde ich gar nicht eingeladen, teilweise doch, dann hat es aber in der zweiten Runde nicht geklappt. Am Ende hat es genau da geklappt, wo ich auch hinwollte. Das war mein Glück. Das hätte auch anders ausgehen können. Ich musste mich natürlich bundesweit bewerben, weil es natürlich nicht zehn Stellen genau da gab, wo ich eigentlich hinwollte. Manchmal hat mir das schon Angst gemacht, wenn ich mich auf Stellen an bestimmten Orten bewerben musste, wo ich eigentlich gar nicht leben möchte. (Marc Halder - Referent)*

Glück spielt immer eine Rolle. Aber es ist wohl eher selten, dass einem das Glück so schnell und unkompliziert zu der Traumstelle verhilft, wie das bei Marta der Fall war. Erinnern Sie sich? Marta hatte während ihres Studiums der Politikwissenschaften und Nordamerika-Studien bereits Praktika in einer Botschaft gemacht und gezielt nach Stellen in diesem Bereich gesucht:

> *Ich hatte sehr viel Glück, dass es diese Ausschreibung gab. Es passiert nicht so oft, dass Jobs in der Botschaft ausgeschrieben werden. Trotzdem kann man durchaus mal auf die Webseiten von Botschaften gehen und gezielt die Ausschreibungen suchen. (Marta Neüff - Koordinatorin)*

Nun ist das Glück nichts, womit man rechnen kann. Trotzdem scheint es manchen Menschen gewogener als anderen. Oder sollte ich eher sagen: Das Glück wartet auf diejenigen, die es willkommen heißen?

> *Ich habe in meinem Leben vier Bewerbungen geschrieben und die sind alle abgelehnt worden. Einmal bin ich auch eingeladen worden, da war ich neunzehn. Das war als Chemielaborantin. Aber das wollte ich sowieso nicht wirklich werden und das hat der Chef auch relativ schnell gemerkt. Ansonsten bin ich an all meine Jobs über Beziehungen, Freundschaften und Bekanntschaften gekommen. Darüber bin ich sehr glücklich. (Annika Buchheister – Sekretärin & Buchhalterin)*

Mir scheint, als sei Annikas Haltung eine sehr lohnenswerte. Denn wenn man über Freundschaften und Bekanntschaften einen Job bekommt, ist die Wahrscheinlichkeit ungleich höher, die Leute dort nett zu finden. Für einige andere meiner Interview-partner*innen, die in einem Angestelltenverhältnis arbeiten, war die schriftliche Bewerbung ebenfalls erst der zweite Schritt. Anne Mihan wurde von einem Bekannten auf die Stelle als wissenschaftliche Mitarbeiterin aufmerksam gemacht. Oliver Hesselmann wurde vom Schulleiter gefragt, ob er nicht den Quereinstieg ins Lehramt an dieser Schule machen möchte. Bernd Kessinger sah zufällig auf der Straße eines der Lastenräder und dazu einen Mitarbeiter aus dem Unternehmen, wo er jetzt angestellt ist. Solche Begegnungen müssen Sie aber nicht dem Zufall überlassen. Sie können sich bewusst die Rahmenbedingungen schaffen, die solche Begegnungen wahrscheinlicher machen. Wie das geht, erfahren Sie im Kapitel *Netzwerke*.

Parallel zu Ihrem Netzwerkaufbau ist es natürlich schlau, wenn Sie Ihre Fähigkeiten, Bewerbungen zu schreiben, trainieren – zumindest, wenn Sie eine Anstellung anstreben. Training und Verbesserung in dieser Fähigkeit sind nämlich, entgegen Max' oben geschildertem Eindruck, möglich! Dazu ist es nützlich, ein paar Hintergrundinfos zu kennen. Erinnern Sie sich an die schwindelerregenden einhundert Bewerbungen, die sowohl Rafael als auch Max verschickt haben, bis sie eine Stelle hatten? Dass sie damit außerordentlich erfolgreich waren, erfahre ich auf dem Blog der Karriereberaterin Svenja Hofert. Ihr zufolge liegt die Wahrscheinlichkeit einer Einstellung nach einhundert Bewerbungen bei einem Prozent. Auch die Auflistung der Anzahl der Bewerbungen auf Projektstellen an NGOs oder Positionen im Pressebereich namhafter Institutionen (zwischen 1200 und 3000) sind aufschlussreich – und zunächst schockierend. Doch andererseits, das deutet auch Svenja Hofert an, können Sie diese Zahlen nutzen, um eine Strategie zu entwickeln. Dazu sind noch weitere Zahlen hilfreich, die ich ebenfalls Svenja Hoferts Artikel entnehme. Demnach sind nur 10% aller Bewerbungen für Personaler*innen verwertbar. (Hofert 2014) Auf diesen Umstand macht auch Bewerbungshelfer Gerhard Winkler in einem Artikel im Spiegel aufmerksam. (Winkler 2012)

Die Quintessenz beider Autor*innen: Wenn Sie Top-Unterlagen haben, schaffen Sie es bei 100 Bewerber*innen unter die ersten 10. Und ob Sie Top-Unterlagen haben, liegt in Ihrer Hand. Machen Sie dabei nicht denselben Fehler wie ich (und vermutlich unzählige andere Geisteswissenschaftler*innen), nämlich zu denken, Sie seien im Schreiben von Texten bereits so geübt, dass Sie keinerlei Anleitung benötigen. Bewerbungs-Anschreiben sind ein eigenes Genre. Setzen Sie sich mit seinen Regeln, Tricks und Geheimnissen auseinander!

Eine letzte wichtige Kenngröße: Die Zahl der Einladungen zu einem Gespräch. Damit haben Sie noch keine Einstellung, aber enorm wichtiges Feedback für Ihre weitere Strategie. Laut Svenja Hofert sollten Sie mit einem Richtwert von 10% rechnen. D.h. wenn Sie auf weniger als 10% Ihrer Bewerbungen eine Einladung erhalten, sind Ihre Unterlagen optimierungsbedürftig.

Übung: Bewerbungsmarathon

Diese Übung eignet sich für alle, die sich angefeuert fühlen, wenn Sie ein konkretes Ziel vor Augen haben. Ziel der Übung ist es, das Bewerbungen-Schreiben zu einem Routinebestandteil des Alltags werden lassen um Zeit und Raum für andere berufsfördernde

Aktivitäten zu schaffen, die Wichtigkeit, die an jeder einzelnen Bewerbung hängt, schrumpfen sehen – und damit mehr Gelassenheit gewinnen, und gleichzeitig die Bewerbungsunterlagen so individuell und gezielt wie möglich gestalten.

So geht's: Schreiben Sie einen Monat lang jeden Tag eine Bewerbung und schicken Sie sie selbstverständlich auch ab. Seien Sie großzügig in der Auswahl der Stellen, auf die Sie sich bewerben – absagen können Sie später immer noch. Schreiben Sie auch Initiativbewerbungen, die sind im Schnitt ohnehin viel erfolgreicher.

Übung: Bewerbungszirkel

Diese Übung eignet sich für alle, die den Austausch mit anderen schätzen. Sie kommen dabei in den Genuss sämtlicher Freuden eines Lesezirkels – plus praktischem Nutzen.

So geht's:

Schritt 1: Finden Sie andere Menschen, die sich gerade massiv bewerben.

Schritt 2: Begeistern Sie sie für die Idee des Bewerbungszirkels.

Schritt 3: Laden Sie sie an einen Ort ein, an dem Sie sich ungestört und konzentriert austauschen können.

Schritt 4: Ernennen Sie eine Moderatorin oder einen Moderator, die/der den Ablauf, die Ziele, die Zeit und die Gesprächskultur im Blick behält und gegebenenfalls freundlich darauf aufmerksam macht. (Mit der Moderation steht und fällt der Nutzen dieser Übung: Ob es ein regelmäßiges berufsförderndes Netzwerktreffen oder ein einmaliger Kaffeeklatsch wird, hängt maßgeblich von der Moderation ab.)

Schritt 5: Alle Anwesenden steuern mindestens ein Bewerbungsschreiben zur kritischen und konstruktiven gemeinsamen Lektüre bei. Im Idealfall bringen sie konkrete Fragen an die anderen Anwesenden mit.

Schritt 6: Nacheinander bekommt jede anwesende Person ein konstruktives Feedback zu ihrer Bewerbung.

Schritt 7: Zum Abschluss gibt es einen Austausch über nützliche Quellen, Bewerbungsratgeber, interessante Kontakte, u.ä.

Lektüre

Der WILA-Arbeitsmarkt ist ein Infodienst für Berufe in Kultur, Bildung und Sozialwissenschaften und richtet sich explizit an Geistes- und Sozialwissenschaftler*innen. Die wöchentlich herauskommenden Arbeitsmarkt-Hefte können abonniert werden.

http://www.wila-arbeitsmarkt.de/

Das große Hesse/Schrader-Bewerbungshandbuch vermittelt solides Handwerkszeug:

Jürgen Hesse und Hans Christian Schrader. *Das große Hesse/Schrader-Bewerbungshandbuch.* Stark: 2013.

Bevor Sie sich jedoch ans Bewerbungen-Schreiben machen, lohnt es sich sehr, sowohl die Geschäftsmodellkomponenten Ihres Wunschberufsfelds bzw. der Organisation Ihrer Wahl als auch die Ihrer eigenen Person einer genauen Analyse zu unterziehen.

Tim Clark, Alexander Osterwalder, Yves Pigneur. *Business Model You – Dein Leben, deine Karriere, dein Spiel.* Campus: 2012.

Geld

Worum geht's?

Leute beschweren sich selten darüber, zu viel Geld zu haben. Ein prekäres Leben nach dem Studium und vielleicht sogar nach der Promotion wird hingegen sehr viel häufiger zum Gegenstand von Unmut und Kritik. Natürlich verfolgen die meisten Uni-Absolvent*innen auf ihrer Jobsuche den Wunsch nach einem sicheren und angemessenen Gehalt. Ist dieser Wunsch einmal erfüllt, so die Annahme, dann ist auch ein wesentlicher Grundstein für das berufliche Glück gelegt. Tatsächlich wurde in Studien gezeigt, dass das subjektive Glücksempfinden mit dem Gehalt steigt – allerdings nur bis zu einem Jahresgehalt von 60.000 Euro. Ganz im Sinne dieser Studienergebnisse haben sich diejenigen meiner Interviewpartner*innen, die ihr Einkommen als gut oder sogar sehr gut bewerten, in unseren Gesprächen das Geld nicht weiter thematisiert. Geld ist eigentlich nur dann ein Problem, wenn wir zu wenig davon haben. Deswegen geht es in diesem Kapitel darum, herauszufinden, was die Bedingungen sind, um mit wenig Geld oder (vorübergehend) ohne eigenes Einkommen zufrieden zu sein. Deswegen kommen in diesem Kapitel vor allem Menschen zu Wort, die wenig oder kein selbst verdientes Geld haben.

Was bringt's?

Sie erfahren etwas über die Zusammenhänge vom Bücherschreiben und Geldverdienen. Außerdem lernen Sie sowohl Ansichten von Menschen kennen, die mit wenig Geld unzufrieden sind, als auch Ansichten von Menschen, die bewusst auf ein hohes Einkommen verzichten und damit zufrieden sind. Möglicherweise sind Sie nach der Lektüre dieses Kapitels ein wenig gelassener in Bezug auf Geld.

Episode: Geldwert und Selbstwert

9. März 2016. Heute bin ich zu einer Coaching Session mit Jonathan Fischer verabredet. Ich wäre von allein nie auf diese Idee gekommen. Coaching ist was für Karrieregeile und Sportler*innen, dachte ich immer. Außerdem ist in den letzten zwei Monaten endlich eine gewisse Ruhe und Zuversicht in mir eingekehrt. Ein halbes Jahr lang befand ich mich im Kriegszustand mit mir selbst und mit meinen zwei verschiedenen Arbeitsstationen, die mir zwar neue Herausforderungen und eine attraktive Identitätsgrundlage boten – aber kein Geld. In dieser Zeit lag die Arbeit an diesem Buch brach. Ich fühlte mich fast immer schlecht. Irgendwann traf ich den Entschluss: Wenn schon kein Geld, dann wenigstens zu meinen Bedingungen. Erst einmal schließe ich das Buchprojekt ab. Ich möchte damit andere Menschen erreichen, ihnen Mut zusprechen und ihnen Lust machen, ihren eigenen Weg zu gehen. Ich möchte ihnen sagen: Ihr seid nicht allein mit euren Fragen, Sorgen und Ängsten. Und: Es liegt in eurer Macht, wie ihr diesen Fragen, Sorgen und Ängsten begegnen wollt.

Ich lese Bücher und Artikel über Buch-Marketing und beschließe, mit einem Blog schon vor der Veröffentlichung meines Buches Leser*innen auf mich aufmerksam zu machen. Ein neues Projekt! Die Begeisterung hat mich mal wieder im Griff. Sobald das Design steht, lade ich alle meine Freund*innen und Bekannten ein, mein Blog zu lesen. Unter ihnen ist auch Jonathan Fischer. Er schreibt zurück, gratuliert mir zum Blog und fragt, ob ich immer noch auf der Suche nach einem großartigen Job sei. Er bietet mir eine Coaching Session an. Zwei Stunden. Als Geschenk.

Warum nicht? Ich bin neugierig, wie so eine Coaching Session abläuft. Und ich mag Jonathan. Vor fünf Jahren habe ich ihn als Leiter eines einwöchigen Seminars über Social Entrepreneurship in der Bildung kennengelernt. Jonathan, der Sport und Englisch auf Lehramt studiert hatte, aber nicht als Lehrer arbeiten wollte, hatte sich nach einem Praktikum bei McKinsey auf eine Stelle als Assistent des Managements der Phorms Schulgesellschaften beworben und war zu dem Zeitpunkt als Business Manager für die Finanzen, die Verwaltung und das operative Geschäft verantwortlich. Das war 2011. Dann traf ich ihn 2014 bei der Eröffnungsfeier der Quinoa-Schule zufällig wieder, die er mit seiner Expertise pro bono unterstützt hatte. Da befand er sich gerade im Gründungsprozess einer Beratungsfirma für Leadership Skills in den USA. In der Zeit dazwischen hatte er als McCloy Fellow einen Master of Public Administration an der Harvard Kennedy School of Government gemacht. Ich wollte mehr über seine beruflichen Entscheidungen erfahren und traf mich im Februar 2015 mit ihm auf einen Kaffee.

Seitdem ist viel passiert in meinem Leben. Ich habe die Erfahrung gemacht, wie sehr mein Selbstwertgefühl davon abhing, dass ich für meine Arbeit Geld (in Form eines Stipendiums) bekam. Das Ende meines Stipendiums empfand ich zu einem gewissen Grad auch als Ende meines Selbstwertgefühls. Zum ersten Mal in meinem Leben merkte ich, dass ich Arbeit, für die ich kein Geld bekomme, gar nicht als „richtige" Arbeit betrachte. Und davon gibt es jede Menge: Für die Verteidigung meiner Doktorarbeit erschließe ich ein völlig neues Thema, weil das die Promotionsordnung verlangt. Wie Promovend*innen diese Zeit finanzieren, bleibt ihnen überlassen. Das Promotionsstipendium wird nur bis zur Abgabe der schriftlichen Arbeit gezahlt. Ich schreibe Bewerbungen, bilde mich fort, bereite meine Disputation vor. Dazu kommt die viele Arbeit, die in einem Haushalt mit Kindern und häufigen Übernachtungen von Freund*innen und Familie anfällt. Aber das ist ja keine Arbeit. Ich hätte nie gedacht, dass mir das mal passieren würde. Ausgerechnet mir. Dass ich als verheiratete Frau und Mutter keiner bezahlten Arbeit nachgehe. Schon das Verheiratetsein ist eine harte Nuss für mein Selbstbild. Simone de Beauvoir war das große Idol meiner Jugend. Was ist nur aus mir geworden?

Diese Kämpfe finden ausschließlich in mir statt. Die Unterstützung meines Partners ist bedingungslos. Meine Freundin Ina sagt, wenn sie eine Partnerin hätte, mit der klar wäre, dass sie mit ihr ihr Leben verbringen würde und wenn diese Partnerin nicht nur das Geld sondern auch den Willen hätte, Ina mit zu versorgen, dass Ina dann – natürlich! – keiner Erwerbsarbeit nachgehen würde. Warum auch? Es gibt so viele schönere und vor allem sinnvollere Tätigkeiten, mit denen sie viel lieber ihre Lebenszeit verbringen würde. Sollte für Ina dann doch die Notwendigkeit erwachsen, selbst für ihren Lebenserwerb aufzukommen (Krankheit, Tod und Trennung kommen selbst in den besten Familien vor), dann würde sie eben wieder eine Lohnarbeit ausüben. Existenzangst jedenfalls brauchen wir hier nicht zu haben, sagt sie.

Genauso wie Inas imaginierte Partnerin verdient auch Mo genug Geld, das er selbstverständlich als Geld für die ganze Familie betrachtet. Trotzdem wünschen sich weder Mo noch ich eine Hausfrauen-Versorgerehe. Schon das Wort löst einen Würgereflex in uns aus. Aber anders als ich findet Mo es völlig in Ordnung, dass ich jetzt erst einmal nach etwas Passendem für mich suche, statt mich auf Biegen und Brechen in irgendein Angestelltenverhältnis zu stürzen. Natürlich ist es ein Privileg. Natürlich ist es ein Luxus, dass wir uns das leisten können. Natürlich macht mir das ein schlechtes Gewissen (und ich weiß gleichzeitig, dass das nicht hilft).

Und natürlich sehe ich vor mir ständig den erhobenen feministischen Zeigefinger. Ich lese *Ein Mann ist keine Altersvorsorge* von Helma Sick und Renate Schmidt und der Zeigefinger schwillt an zu einem Laternenpfosten. Wären die Verhältnisse andersherum, wäre ich diejenige mit dem guten Gehalt und Mo derjenige, der sich jetzt beruflich orientieren müsste, wie schön das wäre! Wie gerne und wie selbstverständlich würde ich mein Geld mit ihm teilen! Könnte Mo nicht wenigstens eine Frau sein? Dann würden wir zumindest nicht in dieses ätzende Klischee fallen. Auch wenn das nichts an der Rollenverteilung und den damit verbundenen Risiken für Altersarmut ändern würde, das ist mir ja klar.

Mir ist auch klar, dass ich, wenn ich wirklich in der Rolle der Versorgerin wäre, ich mich wahrscheinlich *damit* stressen würde. Dann würde ich mich vielleicht gefangen fühlen in einer beruflichen Situation, die mir Unbehagen bereitet. Ich würde mich verpflichtet fühlen, in diesem Arbeitsverhältnis zu bleiben und regelmäßig Gehaltserhöhungen auszuhandeln. Vielleicht hätte ich große Angst davor, diese Stelle zu verlieren und mein Handeln wäre primär angstgetrieben. Auch keine entspannten

Voraussetzungen für ein erfülltes Berufs- und Privatleben.

Am besten, denke ich, wäre es, wenn ich nur für mich selbst verantwortlich wäre. Dann wäre ich mit einem Schlag frei. Ich könnte beschließen, dass mir das Geld einfach echt nicht wichtig ist, wäre zufrieden auf einem sehr niedrigen Einkommensniveau und könnte meine Prioritäten setzen, wie ich will. Oder ich könnte erkennen, dass mir ein gehobener Lebensstandard wichtig ist und ich dafür ein bestimmtes Einkommen brauche, für das ich bereit wäre, in den Bereichen Sinnhaftigkeit und Freizeit Abstriche zu machen. Kurzum: Ich hätte viel mehr Optionen. Zumindest bilde ich mir das ein und so lasse ich mich weiter herumstrudeln von den in mir streitenden Stimmen.

Meine Freund*innen fangen meine Selbstzweifel auf. Immer wieder reden wir darüber, was Arbeit mit Geld und was Geld mit Selbstwert zu tun hat. Nach und nach und mit viel Anstrengung und Mühe schaffe ich es, diese Begriffe immer mehr voneinander zu trennen. Immer häufiger gelingt es mir, meine Fürsorge- und Haushaltsarbeit anzuerkennen als fundamental wichtig für den Zusammenhalt und das Glück unserer Familie. Trotzdem kämpfen in mir die erfolgsgewohnte, unabhängige Feministin gegen die gemeinwohlinteressierte, liebende Mutter verbissen weiter. Der Kampf in mir ist natürlich auch ein Spiegel gesellschaftlicher Erwartungen an Frauen überhaupt. Sie sollen alles sein und alles können: Beruflich erfolgreich, finanziell unabhängig, emanzipiert – und gleichzeitig liebevolle und fürsorgliche Mütter und Partnerinnen. Mal gewinnt die eine. Mal die andere. In letzter Zeit gewinnt häufiger die liebende Mutter und Partnerin. Daher auch die Ruhe und Zuversicht. Klar möchte ich grundsätzlich finanziell unabhängig sein. Gleichzeitig möchte ich mein Buchprojekt erfolgreich abschließen. Beides gleichzeitig geht nicht. Und meine ständige Unzufriedenheit darüber hilft niemandem. Im Gegenteil: Sie macht mich und alle um mich herum unglücklich. Meine Entscheidung, mich erst um das Buch und dann um das Geld zu kümmern, fühlt sich gut an.

Ich denke an die Entre.Fem im letzten Jahr – eine Netzwerkveranstaltung für Gründerinnen. Joana Breidenbach, die Mitgründerin von betterplace.org, ist als keynote speaker eingeladen. Sie beginnt mit einem kurzen Abriss über ihre Biografie: Schon im

Grundstudium lernt sie ihren Mann Stephan Breidenbach kennen. Joana studiert Völkerkunde, Kunstgeschichte und osteuropäische Geschichte in München, später promoviert sie in Berkeley und London. Joana und Stephan bekommen Kinder. Er ist Professor, sie publiziert wissenschaftliche Artikel und Bücher und schreibt eine langjährige Kolumne für *brandeins*. 2006, da ist Joana 41, gründet sie mit ein paar anderen die Spendenplattform, die schnell als *betterplace.org* bekannt wird. Sie ist Geschäftsführerin und eine viel gefragte Rednerin. 2014 hat sie ihr erstes Kinderbuch veröffentlicht. Diese Frau begeistert mich mit ihrem Schwung und dem Funkeln in den Augen. Aber wie hat sie das gemacht? Mit wissenschaftlichen Publikationen lässt sich ja nun wirklich kein Geld verdienen... Kurz entschlossen frage ich sie nach ihrem Vortrag.

> *Ich habe immer auf eigenen Füßen gestanden. Ich bin immer dem gefolgt, was ich für wichtig hielt. Wenn man das Glück einer gesunden und stabilen Partnerschaft hat, wie ich, dann kann man das als Gemeinschaft betrachten, in der jeder seinen Teil zum Ganzen beisteuert. Geld ist ein solcher Teil. Aber zum Erhalt und zur Pflege dieser Gemeinschaft gehört noch so viel mehr. Das alles ist wertvoll. (Joana Breidenbach)*

Dem Geld die Wichtigkeit nehmen. Das gefällt mir. Aber würde es mir auch gefallen, wenn Joana heute immer noch ausschließlich für einen kleinen Zuverdienst schreiben würde? Ich hege da meine Zweifel. Trotzdem ermutigt mich ihre Geschichte, meinen Weg weiter zu gehen und mich nicht von Geld- und Emanzipationsängsten lähmen zu lassen. Mein Plan ist schließlich nicht, als Hausfrau und Mutter bis auf Weiteres meinen Hobbies nachzugehen, sondern mir eine berufliche Existenz aufzubauen, die mich finanziell versorgt, mein Bedürfnis nach Sinn erfüllt und mir genügend Gestaltungsfreiräume bietet. Inzwischen, nach über einem Jahr der Irrungen und Wirrungen, zeichnen sich konkrete und realistische Konturen dieser Vision ab. (Mehr dazu im nächsten Kapitel und im Epilog.)

Wenn ich mir diese Zeit nicht genommen hätte – oder nicht hätte nehmen können – würde ich jetzt höchstwahrscheinlich irgendwo angestellt arbeiten. Wahrscheinlich in Teilzeit. Wahrscheinlich befristet. Vielleicht auch zufrieden mit Inhalt und

Arbeitsumfeld – wer weiß. Aber etwas sehr Wichtiges hätte ich nicht gelernt: Meinen Selbstwert unabhängig von Tätigkeiten zu sehen, für die ich Geld verdiene. Erst als ich kein Geld mehr bekam, merkte ich, wie wenig ich die vielen anderen Arten von Arbeit wertschätzte, denen ich seit vielen Jahren nachgehe und die für viele Menschen von Bedeutung sind: Beziehungspflege, Kinderpflege, Familienorganisation, Arbeit an mir selbst, Ehrenamt – aber auch das Schreiben und die nicht bezahlte Arbeit für *Die Ideenretter*. Zu behaupten, dass mir die Wertschätzung dieser Arbeiten inzwischen immer gelingt, wäre gelogen. Aber dass sie mir überhaupt manchmal gelingt, empfinde ich als großen persönlichen Erfolg – wahrscheinlich ist sie sogar eine der wichtigsten Voraussetzungen für ein gutes, ein gelungenes Leben. Derart lebensphilosophisch ausgestattet begebe ich mich in mein erstes Coaching.

Als Hausaufgabe trägt mir Jonathan auf, meine größten aktuellen Herausforderungen aufzuschreiben. Ich notiere: Buchprojekt erfolgreich abschließen, als Autorin genug Geld zum Leben verdienen oder, sollte sich das als Traumschloss entpuppen (wovon ich ausgehe), einen anderen Karriereweg mit finanzieller Perspektive finden. Dann ist es soweit. Es ist 14 Uhr MEZ. Wir sind zum Skypen verabredet. Jonathan in Washington D.C. ist gerade aufgestanden. Ich habe zwei Stunden Zeit, bevor ich meine Kinder aus Hort und Kita abhole.

Ich erzähle Jonathan, was ich als meine momentanen Herausforderungen betrachte. Er fragt mich, was ich mir als Ziel für die zwei Stunden mit ihm wünsche. Sollen wir uns eher der Frage widmen, wie ich eine Karriere als Autorin aufbauen kann? Oder der Frage, wie ich finanzielle Unabhängigkeit erreichen kann? Ich sage, dass die zweite Frage ja gewissermaßen die übergeordnete sei und wir einigen uns auf das Geldthema. Ich möchte am Ende der zwei Stunden ein paar konkrete Handlungsschritte in Richtung finanzielle Emanzipation haben. Nachdem ich Jonathan einen Abriss über meine Stationen bei *My Impact Education* und *Die Ideenretter* gegeben habe, schließe ich meine Rede ab: „Die Entscheidung, bei den *Ideenrettern* aufzuhören, war eine große Befreiung. Aber Geld habe ich immer noch keins. Ich will mich jetzt voll auf mein Buch konzentrieren. Wenn das erst einmal fertig ist, kümmere ich mich ums Geldverdienen."

Jonathan hört sich alles an. Dann sagt er: „Worin du wirklich gut bist, ist Ideen entwickeln, dich von Inhalten leiten lassen, die sozialen Wandel bewirken, Initiative ergreifen. Aber kann es sein, dass deine vielen Aktivitäten eine Vermeidungsstrategie sind? Dass du damit vermeidest, das Geldthema aktiv anzugehen? Wenn dein Ziel ist, finanziell eigenständig zu sein, warum machst du dann all diese Sachen, die kein Geld bringen? Könnte es sein, dass du dieses Thema vermeidest, weil du so wenig darüber weißt? Weil du dich lieber Dingen widmest, die du sehr gut kannst?"

Seine Frage trifft mich. Sie reißt meine mühsam erarbeitete Wertschätzung meiner unbezahlten Arbeit wieder ein. All meine Unsicherheiten erstrahlen erneut in ihrer ganzen Pracht: Wie (und ob überhaupt jemals) ich als Selbständige Geld erwirtschaften kann, wie ich finanziell unabhängig von meinem Partner sein kann, welchen Stellenwert meine Rolle als Mutter bei der ganzen Sache einnimmt, ob die viele Arbeit, die ich in den letzten Monaten in all die tollen Projekte gesteckt habe, irgendetwas taugt.

„Wie viel Geld möchtest du denn bis zum Jahresende verdient haben?" fragt Jonathan.

Der Gedanke, mir ein Geldziel zu stecken, ist mir bisher noch nicht gekommen. Ich zögere mit meiner Antwort.

„10.000?" frage ich schließlich. Im Moment weiß ich ja noch nicht einmal, womit ich dieses Geld verdienen kann.

„Okay. Dann überlegen wir doch mal, wie viele Bücher du verkaufen müsstest, um 10.000 Euro damit zu verdienen."

Mir fällt es ziemlich schwer, in Zahlen zu denken. Seit meinem Mathe-Abi habe ich das nicht mehr getan. Ich mache es mir möglichst einfach. Bei einem Bruttoladenverkaufspreis von 10 Euro erhalte ich, wenn ich einen guten Vertrag habe, 10%. Pro verkauftem Buch also einen Euro. Um 10.000 Euro zu verdienen, muss ich also 10.000 Bücher verkaufen.

„Wie realistisch ist das?" fragt Jonathan weiter.

„Mal abgesehen davon, dass das Buch vermutlich erst Ende des Jahres rauskommt? Oder erst im nächsten? Mmmh..." mache ich.

„Hast du schon einmal überlegt, eine Marktanalyse zu machen? Wie viele potenzielle Leser und Leserinnen hast du denn? Wo befinden die sich? Wie viel Prozent der Zielgruppe kaufen dann auch das Buch? Gibt es dafür Prognosen?"

Ich kann Jonathans Fragen nur unzureichend beantworten.

„Ulrike, du bist bisher immer in Vorleistung gegangen. Bei *My Impact*, bei den *Ideenrettern*. Und auch mit deinem Buch. Du investierst wahnsinnig viel Zeit und Energie. Das kannst du natürlich machen. Aber Geld wirst du so nicht verdienen."

Mit jedem Satz, den Jonathan sagt, fühle ich mich schlechter. Er bedient meine Angst vor Misserfolg und Inkompetenz. Aber er hatte zu Beginn unseres Gesprächs auch angekündigt, dass ich mich zwischendurch vielleicht merkwürdig fühlen würde. Das sei normal. Wenn es mir zu viel würde, solle ich es sagen. Ich sage nichts und versuche zu verbergen, wie sehr mich dieses Gespräch aufwühlt. Das gelingt mir erwartungsgemäß schlecht.

„Die Angst vorm Scheitern. Könnte es sein, dass du deswegen noch keine konkreteren Schritte unternommen hast, um Geld zu verdienen? Weil du Angst hast, dass es dir nicht gelingen könnte?"

Das klingt plausibel. Ich, erfolgsverwöhnte Absolventin der University of Cambridge, Stipendiatin der Studienstiftung, habe Angst davor, dass mir ein Projekt nicht gelingen könnte. Langsam neigt sich die Coaching Session ihrem Ende entgegen. Ich mache meinem Unbehagen Luft: „Angst vorm Scheitern haben doch alle Menschen. Das ist doch nichts, was auf mich in besonderem Maße zutreffen würde."

„Da hast du Recht. Ich habe auch Angst davor, zu scheitern."

„Ja, und was machst du damit?"

„Ich baue mir kleine Tests und Übungen, wie ich kontrolliert scheitern kann. Ich versuche zum Beispiel, mir ganz gezielt Absagen einzufangen. Ich frage bestimmte Leute in meinem beruflichen Umfeld etwas, und gehe davon aus, dass sie nein sagen werden. – Das Problem ist nur, dass sie meistens ja sagen."

Okay, Jonathan kokettiert. Vielleicht sagt er auch die Wahrheit. Auf jeden Fall weiß er sehr gut, auf welche Knöpfe er drücken muss, um mich in eine bestimmte Richtung zu lenken. Er ist ja ein Profi. Er verdient damit viel Geld. Er fragt mich am Ende, ob ich mir ein richtiges Coaching mit ihm vorstellen könne.

„Ich werde es mir überlegen", sage ich. Aber im Grunde habe ich schon entschieden, dass mir sein Angebot zu teuer ist. Außerdem und noch viel entscheidender habe ich Angst davor, mich dann regelmäßig schlecht zu fühlen. Nach unserer Session bin ich erst mal eine ganze Weile sauer auf ihn. Dafür, dass er mir all meine Ängste und Unsicherheiten so deutlich gemacht hat. Ist die Aufgabe eines Coaches nicht, den Coachee in seinem Weg zu bestärken? Bei mir zumindest hat das nicht geklappt. Ich fühle mich in meinem hart erkämpften inneren Frieden erschüttert. Plötzlich ist mir das Geld wieder viel wichtiger geworden. Aber in gewisser Weise war es das ja auch vorher schon. Ich hatte seine Wichtigkeit einfach für eine Weile auf Eis gelegt.

Doch obwohl ich mich nach dem Gespräch mit Jonathan total miserabel fühle, haben seine Fragen und Kommentare Vieles in Gang gesetzt. Die Session war also durchaus wertvoll. Ich habe nun konkrete Aufgaben, denen ich mich stellen will. Ich will mir jeden Tag eine halbe Stunde Gedanken darüber machen, wie ich Geld verdienen kann, und mir eine Strategie zurechtlegen. Neben meinem Buchprojekt werde ich das Projekt Berufsperspektive verfolgen und zwar nicht nur mit Bewerbungen.

Meine mir selbst auferlegten Hausaufgaben erledige ich nur in den ersten Tagen gewissenhaft. Ich ärgere mich immer noch über Jonathan. Was fällt ihm ein, mich derartig emotional durchzuschütteln? Doch mein Ärger weicht nach und nach dem Eindruck, etwas über mich gelernt zu haben. Vielleicht habe ich zum ersten Mal wirklich meinen Ängsten ins Gesicht geschaut.

Konkrete Tipps habe ich auch bekommen: Ich mache eine Marktanalyse für dieses Buch und finde heraus, dass im Wintersemester 2014/15 rund 350.000 Studierende in geisteswissenschaftlichen Fächern eingeschrieben waren. 20-25% von ihnen sind unzufrieden mit ihren Jobaussichten. Die Bundesagentur für Arbeit hat außerdem erfasst, dass etwa 35.000 Absolvent*innen länger als sechs Monate brauchen, bis sie einen Job gefunden haben. Dazu kommen noch etwa 82.600 Langzeitarbeitslose mit geisteswissenschaftlichem Hintergrund. Und natürlich eine nicht definierbare Anzahl an Orientierungssuchenden aus anderen Disziplinen, aber das nützt mir nichts für meine Kalkulation. Wenn ich alle verfügbaren Zahlen zusammenrechne, mich nur auf die Geisteswissenschaftler*innen konzentriere und von denen nur diejenigen zähle, die sich am Ende ihres Studiums (70.000) oder auf Jobsuche befinden (35.000+82.600), komme ich auf eine sehr eng definierte Zielgruppengröße von 187.600 Menschen pro Jahr. Ist das wenig? Ist das viel? Und noch viel wichtiger: Gibt es aussagekräftige Prognosen darüber, wie viel Prozent einer Zielgruppe ein Buch kauft? Wenn es nur 1% ist, dann würde sich mein Buch 1.876 mal verkaufen. Damit hätte ich dann bei einem Kaufpreis von 10 Euro und einer Beteiligung von 10% zumindest das Geld wieder drin, das ich ausgeben müsste, um eine PR-Agentur mit der Pressearbeit für dieses Buch zu beauftragen. Und ja, es ist nicht angenehm zu erfahren, dass selbst große Verlage ihr Marketingbudget nur in ausgesuchte Titel investieren. Kleine Verlage wie Marta Press haben in der Regel nicht die nötigen finanziellen und personellen Ressourcen, um ihre Titel über Messeauftritte und Flyer hinaus zu bewerben. Wie die Dinge aussehen, werde ich mit diesem Buch nicht reich. Das ist zwar keine Überraschung, aber immerhin sehe ich den Beleg dafür jetzt schwarz auf weiß.

Nur wie ich zu Geld kommen soll, das weiß ich immer noch nicht. Doch kommt Zeit, kommt Rat: Ein paar Wochen später habe ich die Idee, aus den Erfahrungen und Strategien meiner Interviewpartner*innen einen Workshop zu konzipieren. Einen Teil des Konzepts klaue ich von Jonathan. Ich wandle den Gesprächsaufbau so um, dass daraus ein Modell für Peer Coaching entsteht. Noch ein paar Wochen später habe ich den Workshop das erste Mal verkauft.

Hausaufgaben erledigt? Vielleicht frage ich mal Jonathan, wie er das sieht.

Interviews: Luft, Liebe und Sicherheit

Von Luft und Liebe allein wird niemand satt und zu einem gelungenen Leben braucht man nun mal genug Geld. Aber wie viel ist genug? Und ab wie viel ist es zu wenig?

*Als **Armutsgrenze** gilt in Deutschland für eine alleinstehende Person ein **Einkommen von 979 EUR monatlich** (11.749 EUR im Jahr). Für zwei*

Erwachsene mit zwei Kindern unter 14 Jahren liegt der Schwellenwert bei 2.056 EUR im Monat (24.673 EUR im Jahr).

Aber ist jemand, der dieser Statistik zufolge „arm" ist, wirklich arm? Auch wenn das Einkommen häufig noch immer als die einzige Größe herangezogen wird, um Armut zu diagnostizieren, gibt es längst umfassendere Konzepte. Denn die Einkommenshöhe identifiziert viele als arm, die im Grunde keine Armut verspüren. Viele Studierende gehören in diese Gruppe. Gleichzeitig ist die sogenannte Armutsgrenze blind für viele, deren Leben trotz eines Einkommens darüber von Entbehrungen geprägt ist. Armut kann ein Mensch in vielen Bereichen erfahren: Ist er krank? Ist er arbeitslos? Ist die Wohnung zu klein oder marode? Ist er einsam?

Im Vergleich zur Armutsgrenze liegt laut Gehaltsreport von Stepstone das durchschnittliche Bruttogehalt deutscher Arbeitnehmer*innen bei 41.000,- Euro. Natürlich erreichen viele Arbeitnehmer*innen diesen Durchschnitt nicht, während andere weit darüber liegen. Wer allerdings genau im Durchschnitt liegt, hat jeden Monat etwa 2.000,- Euro netto zur Verfügung. Zwar haben mir nicht alle meine Interviewpartner*innen ihr genaues Gehalt genannt, oder wollten es nicht in diesem Buch veröffentlicht sehen, dennoch habe ich genügend Informationen von ihnen gesammelt, um sagen zu können, dass die meisten von ihnen im oder über dem Durchschnitt liegen. Sie sind mit ihrem Einkommen erwartungsgemäß zufrieden und werden aus diesem Grund im weiteren Verlauf dieses Kapitels keine Rolle mehr spielen. Viel interessanter finde ich nämlich diejenigen, die ein geringes Einkommen haben, und trotzdem glücklich sind. Von dieser Gruppe wird im Folgenden die Rede sein.

Meine Freundin Bianca (übrigens auch eine ehemalige Geisteswissenschaftlerin), die in dreizehn Jahren als Finanzberaterin sehr viele Menschen mit ihrem Verhältnis zum Geld kennengelernt hat und deren Stichprobe sehr viel repräsentativer ist als meine, hat eine interessante Beobachtung gemacht:

Ob Menschen viel oder wenig Geld zur Verfügung haben, spielt überhaupt keine Rolle dabei, wie sicher oder unsicher sie sich fühlen. Menschen versuchen, ihr Bedürfnis nach Sicherheit mit Geld zu befriedigen. Und ein kleiner Teil dieses Bedürfnisses kann vielleicht tatsächlich mit Geld gedeckt werden. Aber im Kern geht es doch um etwas ganz Anderes. (Bianca Kindler, Geschäftsführerin und Inhaberin vom finanzkontor)

Worum geht es dann? Was hat Geld mit Sicherheit zu tun? Um dieser Frage auf den Grund zu gehen, braucht es vermutlich ein eigenes Buch. Eine Frage, die ich hier zumindest anreißen möchte und die damit viel zu tun hat, ist die folgende: Was sind die Bedingungen, um mit wenig Geld zufrieden oder gar glücklich zu sein?

Ich will mit der umgekehrten Frage beginnen: Aus welchen Gründen sind Menschen mit wenig Geld unglücklich? Klar, offensichtlich, könnte man meinen: Sie sind unglücklich, weil sie sich nicht so viel leisten können wie andere, weil sie keine Rücklagen bilden können, nicht ausreichend oder gar nicht für ihre Altersvorsorge aufkommen können. Aber diese Umstände treffen auf alle Menschen mit wenig Geld zu – auch auf die glücklichen. Was ist es also dann? Unter meinen Interviewpartner*innen waren drei, die sich etwas ausführlicher über bestimmte Aspekte ihrer Unzufriedenheit mit der finanziellen Situation ihrer Arbeit geäußert haben. Auch wenn ich auf der Grundlage meiner Interviews keine statistischen Aussagen machen kann, glaube ich nicht, dass es Zufall ist, dass gerade diese drei Menschen Kinder haben. Zwei von ihnen sind verheiratet und leben zum Zeitpunkt unserer Gespräche mit ihren Partner*innen zusammen, einer lebt getrennt. Die Kinderlosen und Singles unter meinen Interviewpartner*innen, die ebenfalls eher wenig Geld verdienen, haben sich damit im Großen und Ganzen zufrieden gezeigt. Bis auf Annika, die buddhistische Sekretärin, deren Ansichten über Geldknappheit Sie am Ende dieses Kapitel kennenlernen werden, hat niemand aus der Gruppe der Kinderlosen und Singles dieses Thema vertieft. Ich möchte also an dieser Stelle auf die möglicherweise daraus resultierende Einseitigkeit meiner Darstellung hinweisen.

Doch schauen wir uns die drei Beispiele für meine Ausgangsfrage einmal an: Aus welchen Gründen sind Menschen mit wenig Geld unglücklich?

Ich möchte mit Stephanie anfangen. Stephanie sagt zwar, dass die Bezahlung von Lektor*innen „unterirdisch" sei, vor allem in Anbetracht einer regelmäßigen Arbeitswoche von 70 Stunden, doch sie sagt auch deutlich, dass sie diese Arbeit unter bestimmten Umständen und auf anderen Ebenen sehr lohnenswert findet. Sie selbst hat viele Jahre mit vollem Einsatz und viel Begeisterung als angestellte Lektorin gearbeitet.

> *Lektorat macht mir echt Spaß. Dafür brenne ich. Die Akquise, die ich für meinen zweiten Arbeitgeber, die Wissenschaftliche Buchgesellschaft, so viel gemacht habe, hat mir wahnsinnig viel Spaß gemacht. Ich war darin sehr erfolgreich. Oft waren die Erstauflagen nach drei Monaten ausverkauft. (Stephanie von Liebenstein - Lektorin & Publizistin)*

Stephanies inhaltliche Aufgaben, ihre berufliche Verankerung in der Literatur und ihr Erfolg wogen lange Zeit die schlechte Bezahlung auf. Dabei sah Stephanie auch abseits des Einkommens schwerwiegende Kritikpunkte an der Verlagswelt, nicht zuletzt deren zunehmende Kommerzialisierung:

> *Heutzutage wollen die großen Verlage 10-15% Rendite haben. Es wird also zunehmend unmöglich, sich als Lektorin noch inhaltlich um die Bücher zu kümmern. Manchmal habe ich den Eindruck, es geht nur noch darum, irgendwelche Buchstaben zwischen zwei Buchdeckel zu hauen, einen knackigen Titel drauf und weg damit. Das ist vielleicht ein bisschen überspitzt, aber diese Tendenz ist schon sehr präsent: Es gibt immer mehr Masse statt Klasse. Damit tue ich mich sehr schwer. (Stephanie von Liebenstein)*

Vielleicht wäre Stephanie bereit gewesen, auch aus diesen wirtschaftlichen Strukturen das Beste zu machen. Sie hätte sich einen Verlag suchen können, in dem großer Wert auf Qualität gelegt wird. Solche Verlage gibt es schließlich. Sie wäre möglicherweise bereit gewesen, dafür weniger Geld in Kauf zu nehmen. Doch irgendwann wurde ihr Wunsch, eine Familie zu gründen, so groß, dass sie ihn nicht länger ignorieren wollte. Sie konnte auch die Tatsache nicht ignorieren, dass eine Stelle als Verlagslektorin mit ihrem Anspruch an sich selbst als Mutter unvereinbar ist:

> *Wenn man diesen Job machen möchte auf dem Niveau, auf dem ich das machen wollte, muss man sehr, sehr viele Stunden investieren. Man kann als Programmgestalterin nicht ernsthaft nebenbei eine Familie haben, es sei denn, man ist klassisch der Mann und die Frau bleibt zu*

Hause. Andersrum habe ich das bisher noch nie erlebt im Lektorat. Es gibt schon ein paar Männer im Lektorat, die Kinder haben, aber Frauen mit Familie habe ich noch nie erlebt. Wenn du so dafür brennst, dass du dein Privatleben dafür hintenanstellst, dann kannst du das machen. Aber ich habe jetzt zwei Kinder und bin nicht mehr bereit, das auf diesem Niveau zu betreiben. (Stephanie von Liebenstein)

Stephanie benennt es ganz klar: Die Voraussetzung, um mit dem wenigen Geld als Akquiselektorin glücklich zu sein, ist die Bereitschaft, auf andere Bereiche zu verzichten, insbesondere auf Zeit mit den Liebsten. Dazu ist sie nicht bereit. Ihr Wunsch, für ihre Kinder da zu sein, sie beim Großwerden zu begleiten und sie nicht nur vom Büro aus zu lieben, lässt sich mit einer Anstellung als Programmgestalterin in einem Verlag nicht vereinbaren. Teilzeitstellen, sagt Stephanie etwas später in unserem Gespräch, gibt es in diesem Bereich praktisch nicht. Auch aus diesem Grund arbeitet Stephanie heute als freie Lektorin und Autorin sowie als Vorstandsvorsitzende des von ihr gegründeten Vereins Gesellschaft gegen Gewichtsdiskriminierung. Bisher bringen ihr diese Tätigkeiten weniger Geld als eine Anstellung als Lektorin. Dafür genießt sie maximale Gestaltungsfreiheiten in ihrer Arbeit und geht mit ihren Tätigkeiten konsequent den Weg einer gesellschaftskritischen Publizistin.

Trotzdem frage ich mich, wie Stephanie ihre beruflichen Entscheidungen getroffen hätte, wenn sie die Stelle ihres Mannes hätte, der als verbeamteter Jurist im Finanzministerium arbeitet und ein entsprechendes Gehalt hat. Wenn ihr Mann stattdessen als Lektor arbeiten würde. Ich stelle mir selbst übrigens dieselbe Frage: Würde ich in Vollzeit arbeiten wollen, wenn ich die gutbezahlte Informatikerin in der Familie wäre und Mo sich als freiberuflicher Trainer, Berater und Autor eine Existenz aufbauen würde und aufgrund seiner zeitlichen und örtlichen Flexibilität wochentags einen großen Teil der Fürsorge- und Haushaltsarbeit übernehmen würde? Das hieße morgens um acht aus dem Haus, abends halb sieben wieder da. Ich glaube, meine Antwort wäre trotzdem ja. Ich glaube aber auch, dass es mich oft traurig machen würde – so wie es Mo immer wieder traurig macht – unsere Kinder unter der Woche so wenig zu sehen.

Ich könnte an dieser Stelle weit ausholen und auf den Gender Pay Gap eingehen, auf die strukturelle Diskriminierung von Männern und Frauen und auf die stark verbesserungsbedürftige Familienpolitik unseres Landes. Das mache ich nicht. Natürlich haben unsere gesellschaftlichen und politischen Rahmenbedingungen sehr viel damit zu tun, welche beruflichen und privaten Entscheidungen Menschen treffen und welche Konsequenzen diese Entscheidungen haben. Alle wissen beispielsweise, dass Mütter statistisch gesehen sehr viel häufiger als Väter auf ein Einkommen verzichten, das ihrem Ausbildungsgrad angemessen ist. Dafür gibt es komplexe Ursachen, die sich aus wirtschaftlichen, geschlechterpolitischen, pädagogischen, ideologischen und biografischen Faktoren zusammensetzen. Für die individuelle Zufriedenheit geht es dabei letztlich aber immer nur um eine Frage: Bin ich bereit, die Konsequenzen für meine Entscheidungen zu tragen?

Wenn ich mich dafür entscheide, als Freiberuflerin zu arbeiten, bin ich bereit, dafür das Risiko zu tragen, finanziell prekär zu leben? Wiegen die Vorteile die Nachteile auf? Einerseits übe ich eine Tätigkeit aus, der ich mich mit ganzem Herzen widme, ich genieße flexible Arbeitszeiten, die ich zum Wohl meiner Familie gestalten kann. Andererseits verzichte ich damit möglicherweise, wenn auch hoffentlich nur vorübergehend, auf ein Einkommen, das hoch genug ist für eine Altersvorsorge und einen gewissen Lebensstandard. So oder so muss ich bereit sein, die Konsequenzen meiner Entscheidung zu tragen.

Was sich so leicht daher schreibt, ist in der Praxis alles andere als einfach, wie wir an Roberts Geschichte (im Kapitel „Entscheidungen") gesehen haben. Auch wenn er faktisch seiner Leidenschaft für seine Tätigkeit oberste Priorität einräumt, findet er es frustrierend, sich trotz seines hohen Arbeitseinsatzes keine gute finanzielle Absicherung leisten zu können. Nur weil er sich also für diese Form der Arbeit entschieden hat und auch mit den finanziellen Konsequenzen bestens vertraut ist, heißt das also noch nicht, dass er damit auch glücklich ist. Eine finanzielle Grundsicherung, ein regelmäßiges, verlässliches Gehalt und eine staatlich geregelte Sozialversicherung sind für viele Menschen Voraussetzungen, um glücklich zu sein.

Doch prekäre Arbeitsverhältnisse sind auch unter Angestellten keine Seltenheit. Gerade unter Berufseinsteiger*innen, gerade unter Geistes- und Sozialwissenschaftler*innen sind befristete Verträge zu geringen Gehältern sehr verbreitet. Bernd arbeitet zwar in einer Branche, in der eher weniger Geisteswissenschaftler*innen anzutreffen sind, doch seine Beobachtungen dürften vielen Menschen bekannt vorkommen, die schon einmal im sozialen oder ökologischen Startup-Bereich gearbeitet haben.

> *Zu Beginn haben ganz viele Leute das ehrenamtlich gemacht, aus Idealismus, weil sie die Idee interessant fanden und was verändern wollten. Ursprünglich sollte es auch eine Genossenschaft werden. Mittlerweile sind wir eine GmbH, aber die Bezahlung finde ich eigentlich immer noch nicht angemessen dafür, dass man im Grunde ein Unternehmen mit aufbaut. Das ist ja leider bei den meisten Startups so, dass Anfangselan, Idealismus und ein gewisses Vita-Optimierungsverlangen der Mitarbeiter wie selbstverständlich neben den realen Mitteln einkalkuliert werden. Im Grunde sind es mehr diese allgemeinen Tendenzen in der Arbeitswelt, die ich erschreckend finde. (Bernd Kessinger – Fuhrparkmanager & Disponent)*

Velogista, wo Bernd arbeitet, bietet seinen Mitarbeiter*innen vergleichsweise gute Bedingungen. Die Fahrer*innen sind angestellt und werden nach Mindestlohn bezahlt. In vielen Segmenten des Liefer- und Logistikgeschäfts ist das nicht üblich: Hier arbeiten die Leute meist auf selbständiger Basis. Das liegt zu einem großen Teil daran, dass der Konkurrenzdruck so hoch ist, dass es sehr schwer ist, auch nur geringe Gewinnmargen zu erwirtschaften und damit die wirtschaftliche Stabilität zu gewährleisten, um Menschen langfristig einstellen zu können. Die Geschäftsführer von Velogista haben sich trotz dieser schwierigen Bedingungen gegen freie Mitarbeiter und für ein höheres Maß an sozialer Fairness entschieden.

> *Die 8,50 Euro für die Fahrer sollen irgendwann mal ein bisschen mehr werden. Bei den Leuten, die in der Organisation arbeiten, wurde der Lohn einzeln ausgehandelt, wogegen ich ziemlich angefochten habe, weil ich so etwas in der heutigen Arbeitswelt grundsätzlich nicht gut finde. Transparenz, und dass keine Gefühle von Ungleichheit innerhalb des Teams entstehen – das finde ich wichtig. Wir sind jetzt alle irgendwo im unteren zweistelligen Bereich mit den Bruttolöhnen. (Bernd Kessinger)*

Bei solchen Gehaltsstrukturen ist die Wahrscheinlichkeit für Altersarmut extrem hoch. Da hilft eigentlich nur noch eine Erbschaft, ein*e reiche*r und lebenslang treue*r Partner*in oder ein krasser Gewinn im Lotto… Auch dass Bernd sich frustriert darüber zeigt, so wenig Geld zu verdienen, obwohl seine Arbeit wirtschaftlich, gesellschaftlich und ökologisch so relevant ist, verstehe ich gut. Ob man trotz niedrigem Einkommen glücklich mit seiner Arbeit ist, hängt natürlich auch damit zusammen, wie sehr man Anerkennung und Wertschätzung in Geld misst. Wie sollte man das auch nicht tun? Sollte die Höhe des Einkommens nicht ein unmittelbarer Ausdruck für den Wert sein, den diese Arbeit für die Gesellschaft hat?

Wir wissen alle, dass das leider nicht so ist. Das Gehalt, das Erzieher*innen für ihre Arbeit bekommen, ist für mich immer noch ein haarsträubendes Beispiel für die Diskrepanz zwischen gesellschaftlichem Nutzen und angemessener Bezahlung. Wenn nun aber der finanzielle Wert meiner Arbeit von der Gesellschaft als offensichtlich niedrig eingestuft wird, wie schaffe ich es dann, diese Bewertung von meiner eigenen Person zu entkoppeln?

Ah! Endlich kommen wir zu den Glücklichen in diesem Kapitel. Annika hat sich als gelernte Steinmetzin und studierte Archäologin bewusst für zwei Teilzeitstellen als Sekretärin entschieden. Sie verdient sehr viel weniger Geld, als sie mit ihrer Ausbildung und ihrem Studium verdienen könnte, und das in einem Berufsfeld, in dem man für gewöhnlich keine Bewunderungsrufe erntet. Sie liegt mit ihrem Einkommen von 1110,- Euro knapp über der offiziellen Armutsgrenze für Alleinstehende. Aber arm sei sie nicht, sagt sie und fügt lachend hinzu:

> *Tja, also Geld habe ich halt keins, denn ich verdiene sehr wenig. Trotzdem lebe ich nicht prekär. Mit meinem Gehalt bin ich unabhängig. Ich bin auf niemanden angewiesen – nicht auf meine Eltern, nicht auf die Gesellschaft oder sonst irgendwen. Aber meine Eltern sind sehr großzügig. Zum Beispiel schenken sie mir jedes Jahr ein BVG-Abo und eine BahnCard. Das ist ein Riesenplus. Ich fahre mindestens zwei, dreimal im Jahr auf Retreat, ich wohne in dieser Wohnung im Prenzlauer Berg ganz alleine, ich kaufe Biolebensmittel, wenn es geht, und ich kann auch mal jemanden auf einen Kaffee einladen. Das sind alles Plusse. Ich habe ein wirklich gutes Leben. (Annika Buchheister – Sekretärin & Buchhalterin)*

Nun hat sich Annika als Buddhistin eine beträchtliche mentale und emotionale Sicherheit erarbeitet – so stelle ich mir das zumindest vor – und vor meinem geistigen Auge hat sie bereits den Status der geldlos Glücklichen. Deswegen überrascht mich ihre Erinnerung an die Zeit, in der sie von Hartz IV lebte, ein wenig:

> *Als ich von Hartz IV gelebt habe, hatte ich das Gefühl, das ist richtig wenig Geld. Teilhabe an gesellschaftlichem Leben ist eigentlich ausgeschlossen, außer die Leute sind großzügig. Oder du verzichtest gänzlich und freust dich einfach daran, im Wald spazieren zu gehen. (Annika Buchheister)*

Ich weiß nicht, wie gefestigt Annika zu diesem Zeitpunkt in ihrem spirituellen Weg bereits war. Vielleicht würde es ihr heute leichter fallen, auch mit Hartz IV glücklich zu sein. Doch in ihrer Erzählung schwingt mit, was sie persönlich braucht, um mit ihrem wenigen Geld ein gutes Leben zu führen: Die Gewissheit, für den eigenen Lebensunterhalt aufkommen zu können, und auf niemanden dafür angewiesen zu sein. Der Wunsch nach Unabhängigkeit ist vielleicht nicht die Haltung, die ich von einer Buddhistin erwartet hätte (mit meinem zugegebenermaßen spärlichen Wissen über die Einsicht, dass wir alle voneinander abhängig sind), doch es ist eine Haltung, die ich selbst nur allzu gut nachempfinden kann. Während mir Annika in ihrer Küche mit der klaren, aufgeräumten Atmosphäre von ihren beruflichen Lebensentscheidungen erzählt, lacht sie oft und herzlich. Ich habe den Eindruck, dass sie ihr geringes Einkommen auch deswegen nicht unter „Armut" verbucht, weil sie einen inneren Reichtum in sich trägt. Ein Teil davon ist sicherlich ihr Bewusstsein darüber, wie kostbar das Leben ist – und wie schnell es vorbei sein kann. Das Geld, das sie verdient, erfüllt seinen Zweck: Damit zahlt sie die Miete, das Essen, kleine Geschenke. Dafür reicht es und mehr braucht sie nicht. Der eigentliche Reichtum speist sich aus der Zeit, die sie der Lehre Buddhas, der buddhistischen Praxis und der Gemeinschaft widmet. Arbeit bedeutet für Annika nicht mehr als redlicher Broterwerb, ist integraler Bestandteil vom Leben und bietet Gelegenheit für die tägliche Übung in Freundlichkeit, Genügsamkeit und Demut. Aus dieser Perspektive mutet der allseits verbreitete Zwang, sich mit seiner Arbeit zu identifizieren und darin Erfüllung zu finden, etwas unsinnig an.

Ich hatte das Ziel, dass die Grenzen mehr verschwimmen zwischen Freizeit, Arbeit, buddhistischer Praxis, Ehrenamt, Broterwerb. Diese Grenzen haben sich wirklich alle so ein bisschen entschärft und das finde ich sehr angenehm. Was auch immer ich tue: Es ist einfach Lebenszeit. – Was ich wirklich lernen musste und was ich immer noch lerne, ist, einfach freundlich zu sein. Und – das klingt ein bisschen pathetisch – so etwas wie dienen lernen. In einem Job wie meinem brauche ich eine gewisse Demut. Natürlich wird da nicht gemacht, was ich für richtig halte. Sondern ich bin bemüht, das umzusetzen, was die anderen für richtig halten. Wenn ich hochmütig, stolz oder eigensinnig bin, kann das nichts werden. Das ist das Resultat meiner Entscheidung, nicht so viel Verantwortung tragen zu wollen. Andere Qualitäten, die ich brauche, um mit meinem Broterwerbsjob glücklich zu sein, sind Zufriedenheit und eine gewisse Genügsamkeit. (Annika Buchheister)

Okay, denken Sie sich jetzt vielleicht, das ist ja alles ganz schön, aber Sie wollen nicht gleich Buddhist*in werden und Ihr Leben lang Genügsamkeit und Demut als Tugenden pflegen. Außerdem leben Sie vielleicht nicht allein, haben oder wollen gerne Kinder. Da geht das dann ja schon mal nicht mehr, mit so wenig Geld auszukommen, oder? Annika sagt auch, dass die Tatsache, dass sie keine Kinder hat und auch sonst niemanden, der unmittelbar von ihren Berufs- und Lebensentscheidungen betroffen ist, ihrer Entscheidungsfreiheit sehr entgegenkommt.

Mit Partner*in und Kindern schrumpfen die Möglichkeiten zusammen: Man lebt irgendwo mit einer Infrastruktur (Kita, Schule, Ärzt*innen, Verkehrsnetz), das kostet entsprechend Geld, genauso wie die Pflege der Kinder selbst. Das Geld muss verdient werden. Auch dafür gibt es natürlich unterschiedliche Modelle: (1) Ein Elternteil verdient das Geld, der andere kümmert sich um den Rest. Der Elternteil, der, wenn auch vorübergehend, keiner Erwerbsarbeit nachgeht, verzichtet damit nicht nur auf eigenes Geld, sondern auf einen wichtigen Teil seiner beruflichen Entfaltung. (2) Beide verdienen Geld, wobei mindestens ein Elternteil häufig in Teilzeit arbeitet. Dieser verdient allenfalls ein Zubrot und nimmt dafür auch noch eigenschränkte berufliche Entwicklungsmöglichkeiten in Kauf. (3) Beide arbeiten volle Kanne Vollzeit und haben entsprechend wenig Zeit für ihre Kinder und noch viel weniger für andere und sich selbst.

Für Johannes und Anne waren das alles sehr unattraktive Optionen. Ein wesentlicher Punkt für ihre Entscheidung in die Lebensgemeinschaft in Klein Jasedow zu ziehen, war, dass sie dort mehr Zeit haben, die sie Dingen widmen können, die ihnen am Herzen liegen, die aber nicht unbedingt Geld bringen.

> *Was mir an dem ganzen Setup sehr gut gefällt, ist, dass ich nur sehr wenig Geld verdienen muss. Das war eine sehr bewusste Entscheidung: Weg aus der Stadt und keine großen Ausgaben haben. Das ermöglicht diese Art von Freiheit. Es gibt Tage und Wochen, da arbeite ich keine einzige Stunde an etwas, das irgendwann Geld bringt. Außer für den Autor Frederic Laloux, für den ich ein paar Stunden Öffentlichkeitsarbeit jede Woche mache. Aber ansonsten: Ich mache keine Akquise, weil ich darauf vertraue, dass die Projekte kommen werden, wenn ich mich mit Menschen verbinde, die richtig gut sind und von denen ich lernen will. Da ist im Moment sehr wenig Schwere drin. Die Arbeit, die ich mache, die mache ich gern. Diese Arbeitssituation passt gerade ganz gut. Zur Lebensphase sowieso, weil ich gerade viel Zeit mit meinen Kindern verbringen möchte und eben diese vielen verschiedenen Projekte machen kann. (Johannes Terwitte – Prozessbegleiter u.v.a.)*

Aber was heißt denn „wenig Geld"? Der Lebensstandard ist hoch: Johannes, Anne und ihre zwei Kinder wohnen in einer Doppelhaushälfte mit Küche, Bad, vier Zimmern – nach ökologischen Kriterien saniert, mit Lehm verputzten Wänden und Fußbodenheizung. Ein paar Schritte neben ihrem Haus ist der große Gemeinschaftssaal, in dem in Bio-Qualität gekocht und gegessen wird, an den sich ein Musikzimmer und ein großes Wohnzimmer mit vielen Sofas und Büchern anschließt. Drumherum sind Felder, die zum Teil von der Gemeinschaft bewirtschaftet werden, weitere Wohnhäuser, einige Wohnwagen für Gäste, ein kleiner See, Schafe, Gänse und Hühner. Mit allem drum und dran brauchen Johannes, Anne und ihre zwei Kinder etwa 1500 Euro im Monat. Mit einem Tagessatz von 750,- Euro als Moderator und Prozessbegleiter und mit Annes Gehalt müsste Johannes also theoretisch nur zwei Tage im Monat arbeiten, um das monatliche Familieneinkommen in der Tasche zu haben. Selbst wenn alle steuerlichen Abzüge und

Versicherungsbeiträge, die Selbständige leisten müssen, mit eingerechnet werden, würden zwei Arbeitstage für Johannes reichen.

> *Aber – nur zum Verständnis – ich habe im letzten Jahr nur einmal so für vier Tage gearbeitet, und ich habe keine Ahnung, ob das in Zukunft wieder so laufen wird. Wie gesagt, ich mache keine aktive Akquise und strebe das auch nicht an. Anne verdient ja auch. Sie verdient als Physiotherapeutin zwar nicht viel mehr als sie bei Lehmann an der Kasse verdienen würde, weil Physiotherapeuten in diesem Land so bezahlt werden... aber, ja, wir wundern uns im Moment, dass das Geld nicht weniger wird, obwohl wir wenig Erwerbsarbeit machen. Anne arbeitet 15 bis 20 Stunden pro Woche. Vielleicht arbeite ich auch etwa so viel. Aber ich kann das nicht so genau sagen, weil ich in meinem Kopf nicht trenne zwischen Arbeit, die Geld einbringt, und Arbeit, die keins einbringt. So kann ich mich einer Schulgründung widmen, wo nie ein Pfennig bei rumkommen wird. Oder ich kann mich hier mit Leuten austauschen. Oder mich um meine Kinder kümmern. Das fließt alles ganz gut ineinander. (Johannes Terwitte)*

Sowohl Annika als auch Johannes verfolgen einen Lebensentwurf, in dem Gemeinschaft einen zentralen Stellenwert einnimmt. Beide tragen mit ganzem Herzen die Konsequenzen (wenig Geld, geringe gesellschaftliche Anerkennung) für ihre Entscheidung für ein Leben außerhalb des Hamsterrads. Auch wenn Johannes sich gegen eine solche Beschreibung sperrt, sehe ich seine derzeitige Lebenssituation schon als einen Ausstieg: Weg vom Einzelkämpfertum, weg vom Kleinfamilienmodell, weg vom auslaugenden Überlebensmodus und hin zu gelebter Gemeinschaft, zu Tätigkeiten zum eigenen Wohl und zum Wohl aller, für eine zukunftsfähige Welt.

Eine Überlegung, die Johannes regelmäßig in moralische Zweifel stürzt, ist die eingeschränkte Übertragbarkeit dieses Lebensmodells, die in gewisser Weise auch etwas mit Geld zu tun hat. Denn natürlich müsste er sehr viel mehr Lohnarbeit verrichten, wenn er nicht in einem so verhältnismäßig gut bezahlten Feld arbeiten würde. Sein Bildungsreichtum ist ein Privileg, das damit in Zusammenhang steht und das ihm gleichzeitig die Türen öffnet zu alternativen Lebensgemeinschaften wie der in Klein Jasedow.

Meine Lebensentscheidungen haben sehr viel mit Privilegien zu tun. Ich lebe nicht in der Illusion, dass das ein Weg ist, den jeder einfach so gehen könnte. (Johannes Terwitte)

Ähnlich wie Annika sieht auch Johannes Arbeit als einen integralen Bestandteil seines Lebens, das er als Ergebnis vieler bewusster Entscheidungen sieht. Ähnlich wie Annika geht es auch Johannes darum, sich persönlich weiterzuentwickeln, einen Weg zu gehen, auf dem er Dinge lernt, die ihm wirklich wichtig sind. Auch für Johannes ist Geld in erster Linie ein Mittel, das Grundbedürfnisse wie gesundes Essen, einen selbst gewählten Wohnsitz und Mobilität abdeckt. Warum sich über Geld sorgen, wenn doch ausreichend davon vorhanden ist? Was Johannes viel größere moralische Zweifel beschert, ist die Frage, ob er, der er doch die Möglichkeit hat, mehr Geld verdienen sollte, um es Menschen zu geben, die es wirklich brauchen.

Zu dieser Einstellung gehört ein bewusster Verzicht auf Altersvorsorge und bestimmte Annehmlichkeiten wie ein Auto oder Flugreisen. Aber vor allem gehört dazu eine grundsätzliche und ständige Auseinandersetzung mit der Frage: Wie will ich meine Lebenszeit verbringen? Dazu gehört auch und ganz entscheidend die Fähigkeit – und die Möglichkeit – diese Überlegungen in Taten umzusetzen. Annika und Johannes sind in erster Linie deswegen glücklich mit ihrem wenigen Geld, weil sie sich bewusst für diesen Weg entschieden haben. Ein Mensch, der von Hartz IV leben muss, obwohl er eigentlich viel lieber selbst für seinen Lebensunterhalt aufkommen würde, wird es schwer haben, in dieser Situation sein Glück zu finden. Ähnlich geht es denen, die sich von einem prekären Arbeitsverhältnis zum nächsten hangeln und sich Nacht für Nacht darum sorgen, ob sie übernächsten Monat wohl noch die Miete zahlen können. In welcher Situation Sie sich auch befinden, eine klare Haltung zum Geld, die ihren Bedürfnissen Rechnung trägt, kann nicht schaden. Vielleicht helfen Ihnen die folgenden Übungen dabei.

Übung: Ein glücklicher Mensch ohne Geld

Diese Übung eignet sich für alle, die sich hin und wieder von der (scheinbaren?) Notwendigkeit gestresst fühlen, ein bestimmtes Einkommensniveau erreichen zu müssen.

So geht's: Suchen Sie einen glücklichen Menschen, der nur wenig Geld hat. Lernen Sie diesen Menschen kennen. Fragen Sie ihn aus zu seinem Verhältnis zu Geld. Ihnen fällt niemand ein? Dann überlegen Sie, wo sich solche Menschen aufhalten könnten. Organisieren die sich irgendwo? Schreiben sie Bücher? Blogs? Über kurz oder lang werden Sie schon einen finden…

Übung: Hartz IV-Simulation

Diese Übung eignet sich für alle Mutigen und Experimentierfreudigen. Sie ist inspiriert von Rosa Wolffs Erfahrungsbericht und Rezeptebuch *Arm aber bio!* Sie hat sich einen Monat lang von 4,35 Euro am Tag ausschließlich von Bio-Lebensmitteln ernährt. Das war der Tagessatz, der bei der Entstehung des Buches alleinstehenden Hartz IV-Empfänger*innen für die tägliche Ernährung zugebilligt wurde. Der Hartz IV-Regelsatz für Alleinstehende liegt derzeit bei 408 Euro im Monat, wobei Miet- und Nebenkosten übernommen werden. Diese Übung kann dabei helfen, die Angst vor praktischen finanziellen Herausforderungen zu konfrontieren.

So geht's: Leben Sie einen Monat von nicht mehr als 408 Euro. Zu einfach?

Dann schauen Sie sich eine Aufschlüsselung des Regelsatzes im Internet an und geben Sie nicht mehr Geld aus, als für den jeweiligen Bedarfsbereich vorgesehen ist.

Lektüre

Florian Diekmann und Britta Kollenbroich; „Was heißt schon arm?", Spiegel Online:

http://www.spiegel.de/wirtschaft/soziales/armut-in-deutschland-was-heisst-schon-arm-a-1088823.html#ruiniert

Der Gehaltsreport von Stepstone (http://www.stepstone.de/gehaltsreport/) schlüsselt Bruttojahresgehälter nach Bundesländern, Branchen und Studienfächern auf. Die Geisteswissenschaften liegen mit 43.000 bis 46.000 im untersten Drittel – aber immer noch über dem gesamten Durchschnitt.

Für alle, die nach Perspektiven für einen entspannteren und bewussteren Umgang mit Geld suchen:

https://zenhabits.net/golden-money-list/ – ein Blog von Leo Babauta: Einfach und klar geschrieben, mit leicht umsetzbaren Ideen, die die eigenen, ungeliebten Gewohnheiten verändern können.

https://zendepot.de/blog/ – ein Blog von Holger Grethe, auch als Podcast verfügbar. In diesem Blog geht es um ganz konkretes Wissen übers Geldanlegen. Dabei beleuchtet Holger Grethe sowohl psychologische Komponenten als auch Sachwissen – wobei seine Empfehlung, in ETFs zu investieren, explizit subjektiv ist.

Raphael Fellmer. *Glücklich ohne Geld – Wie ich ohne einen Cent besser und ökologischer lebe.* Redline: 2013.

Raphael Fellmer hat über fünf Jahre lang kein Geld angenommen, ist in dieser Zeit um die Welt gereist und hat mit seiner Partnerin und seinen zwei Kindern in Berlin gelebt. Erst als es ihnen nicht mehr möglich war, mietkostenfrei zu wohnen, hat Raphael wieder Geld angenommen. Mit der Plattform foodsharing.de hat er in Deutschland die Foodsharing- und Foodsaving-Bewegung mitgegründet und weitet seine Mission mit sharecy.org nun auf internationale Ebene aus.

Meine letzte Empfehlung richtet sich explizit an Frauen (sowie natürlich an alle Menschen, die in finanzieller Abhängigkeit von ihrem Partner*in leben) und eignet sich weniger für die Entspannung, fördert aber ebenfalls einen bewussten Umgang mit diesem Thema.

Helma Sick und Renate Schmidt. *Ein Mann ist keine Altersvorsorge – Warum finanzielle Unabhängigkeit für Frauen so wichtig ist.* Kösel: 2015.

Netzwerke

Worum geht's?

Es steht in allen Karriereratgebern. Jeder sagt es. Aber wie geht es? In diesem Kapitel geht es darum, was nützliche Netzwerke sind und wie Sie solche gezielt aufbauen können, ohne dabei vor Angst oder Ekel einzugehen. Vielleicht lernen Sie sogar, dabei so etwas wie Vergnügen zu empfinden.

Was bringt's?

Wenn Sie sich die hier vorgestellten Übungen nicht nur zu Herzen nehmen, sondern sie auch tatsächlich umsetzen, werden Sie Ihr Netzwerk aufbauen. Es ist nicht ausgeschlossen, dass sich die neuen Knotenpunkte als beruflich entscheidende Kontakte entpuppen werden.

Episode: Kleine Netzwerk-Chronologie

Januar 2015. Ich gehöre zu den Menschen, die sich von Büchern angesprochen fühlen mit Titel wie: *Networking für Networking-Hasser – Sie können auch alleine essen und erfolgreich sein!* (von Devora Zack) oder *Selbstmarketing für Schüchterne* (von Susanne Hake). In meinem ganzen Leben habe ich noch nie bewusst oder gezielt genetzwerkt. Ich verbringe Zeit mit Menschen, weil ich sie mag und weil ich sie interessant finde, nicht weil ich mir von dem Kontakt eine berufliche Chance erhoffe. Und weil das so ist, kommt es mir gar nicht in den Sinn, meine Freundschaften und Bekanntschaften als „Netzwerk" zu betrachten. Das klingt so berechnend. Oder nach Facebook,

LinkedIn und Xing. Weder mit einer berechnenden Haltung noch mit Social Media möchte ich etwas zu tun haben. Ist mir doch egal, wenn mir dieser Teil der Welt verschlossen bleibt. Der ist mir viel zu oberflächlich und zerstört meine Seele. Davon bin ich überzeugt. Ich durchforste lieber Stellenanzeigen, google Leute, schreibe Bewerbungen und kriege immer schlechtere Laune, weil mich niemand einlädt.

11. Februar 2015. Ich treffe Jonathan Fischer, den Leadership-Berater und Coach (mehr über Jonathan im vorherigen Kapitel „Geld") in einem Café. Er ist für zwei Wochen in Berlin, bevor er zurück nach Washington D.C. fliegt, wo er mit seinem Geschäftspartner Stan Morrison eine Beraterfirma aufbaut. Ich habe ihn um ein Treffen gebeten, weil mich seine Geschichte interessiert. Insbesondere will ich herausfinden, was ihn bewegt hat, unternehmerisch tätig zu werden, nachdem er mehrere Jahre in leitenden Angestelltenpositionen war. Zu diesem Zeitpunkt weiß ich es noch nicht, aber es ist der Beginn meiner eigenen beruflichen Forschungsreise. Sie beginnt mit der Auffrischung einer Bekanntschaft. Bevor wir uns verabschieden, fragt Jonathan, ob er mir drei Tipps geben darf.

„Klar", sage ich.

„Tipp 1: Such dir einen Buddy. Diese Zeit, die du jetzt durchmachen wirst, wird ziemlich hart werden. Es wird Höhen geben, aber auch viele Tiefen. Und Freunde und Familie sind da nicht unbedingt die besten Sparring-Partner. Such dir jemanden, der dich in deinem Weg unterstützt, der dir aber trotzdem ehrliches Feedback gibt.

Tipp 2: Experimentiere. Du weißt noch nicht genau, in welche Richtung du willst. Das ist völlig in Ordnung. Hab keine Angst, verschiedene Sachen auszuprobieren.

Und Tipp 3: Nutze deine Netzwerke. Dazu gehören nicht nur Social-Media-Netzwerke – auch wenn du die absolut nutzen solltest! Überlege, wer in deinem Bekanntenkreis interessante oder viele Kontakte hat. Am besten interessante und viele."

Social-Media-Netzwerke, denke ich, iörghgh. Und einen Buddy brauche ich nicht. Meine Liebsten machen das schon sehr gut. Das mit den Experimenten finde ich aber interessant. Das spricht mich sofort an, das will ich. Ein bisschen später denke ich, dass es ja vielleicht nicht schadet, Jonathans anderen beiden Punkten auch eine Chance zu geben. Etwas widerwillig reaktiviere ich mein Facebook-Profil, das ich vor acht Jahren gelöscht habe, als plötzlich jeder auf Facebook war. Ich versuche, nicht allzu alarmiert darüber zu sein, dass Facebook mir haufenweise Leute vorschlägt, die ich kenne. Offenbar wurden meine Daten gespeichert und nicht gelöscht. Sei's drum, wenn das Kind eh schon in den Brunnen gefallen ist, kann ich mich auch gleich noch bei LinkedIn und Xing anmelden. Jonathan hat auf Facebook fast 2000 Freunde. Auf LinkedIn wird jenseits der 500-Grenze nichts mehr angezeigt. Ich habe ungefähr 30 Facebook-Freunde und 4 LinkedIn-Kontakte. Sollte ich angesichts dieser mickrigen Zahlen das ganze Unterfangen nicht lieber bleiben lassen? Mit einer Mischung aus Ekel, Besorgnis und Gleichgültigkeit beschließe ich, diese Profile jetzt erst einmal so zu lassen.

24. Mai 2015. Ich lese einen Artikel von Bruce Kasanoff, einem ziemlich bekannten Business-Ghostwriter, in dem er empfiehlt, niemals zu sagen: „Ich möchte gern einmal als XYZ arbeiten" sondern immer: „Ich arbeite als XYZ." Sozusagen als self-fulfilling prophecy. Ich finde das extrem amerikanisch. Aber gleichzeitig könnte es ein lustiges Rollenspiel für meinen Netzwerkausbau sein. Am 11. Juni werde ich zu meiner ersten offiziellen Networking-Veranstaltung gehen, die Entre.Fem, für Gründerinnen und Gründungswillige. Zu so einer Veranstaltung braucht man doch Visitenkarten, oder? Die habe ich natürlich nicht. Ich bin ja noch nichts. Allerdings habe ich da so eine Idee: Ich könnte ein Institut für kritische Medienkompetenz gründen. Kurzerhand erstelle ich mir Visitenkarten online. Das ist gar nicht teuer und macht mir sogar Spaß. Auf der Karte steht: Ulrike Schneeberg – Institut für kritische Medienkompetenz. Ganz im Ernst.

11. Juni 2015. Die Entre.Fem ist toll! Ich lerne sehr viele Frauen kennen, die vor Begeisterung und Ideen nur so sprühen, und die keine Angst haben, ihr berufliches Glück selbst in die Hand zu nehmen. Ich lasse mich von Gespräch zu Gespräch treiben und stehe die ganze Zeit unter Strom. Was es alles zu entdecken gibt! Und bin ich etwa gerade dabei, eine Seite in mir kennenzulernen, von deren Existenz ich bisher nichts ahnte? Bin ich etwa *outgoing* und *sociable*??

Zum Glück streikt die Post und meine Rollenspiel-Visitenkarten sind nicht rechtzeitig angekommen. Bei soviel *outgoingness* und *sociability* hätte das schnell zu einer großen Blamage werden können. Schließlich gibt es überhaupt kein Institut unter meinem Namen. Andererseits hilft mir die Visitenkarten-Aktion bei meiner Vorstellung. Denn auch wenn ich tatsächlich noch nichts gegründet habe und ich die Idee auch nicht ernsthaft verfolgen möchte, habe ich mir mit der Visitenkarte eine berufliche Identität ersponnen, die mir bei meiner Positionierung unter all diesen mir unbekannten Menschen hilft: Ich interessiere mich für Soziales Unternehmertum in der Bildung und suche Menschen, die das auch tun. Ich bin neugierig aufs Gründen und habe Lust, mich anderen anzuschließen. Und ich habe ein paar Ideen. Ohne die Visitenkarten-Aktion wäre ich vermutlich als orientierungslose Noch-Doktorandin auf diese Veranstaltung gegangen und hätte die Frage, was ich denn dort suche, kaum beantworten können.

Hier lerne ich Sabine Stengel kennen, mit der ich in den folgenden sechs Monaten *Die Ideenretter* aufbaue. Eine Woche später habe ich die Idee für dieses Buch.

14. Dezember 2015. In den letzten Monaten habe ich bei den *Ideenrettern* und bei *My Impact* gearbeitet. An meinem Buch habe ich so gut wie gar nicht gearbeitet. Jetzt fange ich endlich an, ehemalige Geisteswissenschaftler*innen zu interviewen. Für die Suche nutze ich unter anderem meine inzwischen etwas umfangreichere Kontaktliste auf Xing und LinkedIn. Aber eine Kommunikationsberaterin kenne ich noch nicht. So eine will ich unbedingt dabei haben, denn dieses Berufsfeld interessiert mich. Ich google „Kommunikationsberatung Berlin", stoße auf die sehr coole Kommunikationsberatung Wigwam. Mein Blick bleibt an den Kooperationspartner*innen hängen: *Maren Drewes – Kritisches Denken für Organisationen*. Marens Seite gefällt mir. Kurzerhand schreibe ich ihr eine E-Mail, in der ich sie frage, ob sie sich von mir für dieses Buch interviewen lassen will.

Am selben Abend treffe ich Rafael Ugarte Chacón, den ich auf einem Doktorandenforum der Studienstiftung kennengelernt habe, und der gerade sein Praktikum an der Dahlem Research School beendet, um danach an einem Graduiertenkolleg in Hannover eine Stelle im Wissenschaftsmanagement anzutreten.

11. Januar 2016. Es ist soweit. Ich treffe Maren in ihrem Büro. Ich bin beeindruckt von ihrem Mut, sich einfach so mit dieser gewagten Idee selbständig zu machen – und noch viel mehr, dass es offenbar funktioniert. „Falls du mal Bedarf haben solltest an einer Mitarbeiterin, meld dich bei mir," sage ich zum Abschied, ohne zu denken, dass das jemals passieren würde, schließlich ist Maren allein sehr erfolgreich und das unabhängige Arbeiten liegt ihr.

9. März 2016. Ich bekomme eine Coaching Session von Jonathan Fischer geschenkt. (Mehr dazu im Kapitel „Geld".)

16. März 2016. Ich habe einen Workshop für Berufseinsteiger*innen aus den Geisteswissenschaften konzipiert und biete ihn auf Rafaels Tipp hin auch der Dahlem Research School an. Ich leite den Mitarbeiter*innen Rafaels beste Grüße weiter. Obwohl mein Angebot auch bei einigen anderen Instituten auf Interesse stößt, ist es doch die DRS, bei der ich meinen ersten bezahlten Workshop halten werde. Ich danke Rafael und dem Schicksal, auch wenn ich natürlich nicht mit Bestimmtheit sagen kann, welche Rolle der Netzwerkfaktor bei der Entscheidung gespielt hat.

25. März 2016. Am Karfreitag erhalte ich eine E-Mail von Maren. Sie fragt mich, ob ich immer noch an einer freien Mitarbeit interessiert wäre. In dem Fall sollten wir uns mal treffen. Weil wir uns kaum kennen, beschließen wir, ganz klein anzufangen und in einem ersten Projekt zu sehen, ob wir überhaupt gut zusammenarbeiten können. Für das Open Bank Project schreibe ich einen Webtext für eine Financial Transparency App und das Skript für ein Erklär-Video dieser App.

Juni 2016. Auf Marens Webseite gibt es nun eine Team-Seite. Da stehe ich drauf! Zusammen mit Maren Drewes und Claire Born. Ich habe mit einem Schlag zwei sympathische und kompetente Kolleginnen bekommen.

Die erste Runde meines Workshop-Testlaufs findet an der Humboldt-Uni statt.

Juli 2016. Ich nutze die letzten Wochen vor den Sommerferien und schicke mein eigenes Workshop-Angebot an sechs weitere Career Centers – mit meiner ersten echten Referenz, der DRS. Meine eigene Webseite ist fast fertig. Die zweite Runde meines

Workshop-Testlaufs findet statt.

19. September 2016. Maren, Claire und ich haben unseren ersten Team-Tag. Wir schmieden Pläne, in welche Richtung wir Kritisches Denken für Organisationen entwickeln wollen. Vielleicht wird es ein Institut? Vielleicht können wir unsere Arbeit perspektivisch um den Bereich der Fördermittelberatung erweitern?

20. September 2016. Ich bekomme einen Anruf von der Uni Potsdam. Ob mein Workshop-Angebot noch aktuell sei? Ich werde zum 16. November eingeladen, um mich vorzustellen. Claire unterstützt meinen Netzwerkaufbau: Sie überlegt sehr genau, an welcher Stelle in ihrem weit verzweigten Netzwerk meine Fähigkeiten und Kompetenzen gefragt sein könnten, und empfiehlt mich einem Career Center an einer norddeutschen Uni und einer Berliner Existenz- und Gründungsberatung, die gerade den Programmpunkt Berufsorientierung aufbaut.

13. Oktober 2016. Ich stelle mich bei der Gründungsberatung vor. Die Geschäftsführer bieten mir an, im nächsten Jahr ruhig mal ein paar Workshop-Formate bei ihnen auszuprobieren. Ob ich denn auch Interesse hätte, Einzelberatungen zu machen? Ich denke an Claire und beginne zu ahnen, wie viel wert es ist, mit Menschen zusammenzuarbeiten, die hervorragend vernetzt sind und wissen, wie sie mit ihren Kontakten umsichtig und gewinnbringend für alle Beteiligten umgehen.

21. November 2016. Das Gespräch an der Uni Potsdam ist gut gelaufen. Zwar habe ich noch keine Rückmeldung, aber ich weiß ja inzwischen, dass das Zeit braucht. In weniger als drei Wochen wird die erste Fassung für dieses Buch fertig sein.

Ich ziehe eine kleine Netzwerk-Bilanz.

1. Offenbar bin ich doch nicht so schlecht im Netzwerken, wie ich immer dachte. Ich hasse es noch nicht einmal. Bei genauerem Überlegen mag ich sogar vieles daran. Allem voran den Austausch mit den vielen interessanten Menschen, die ich kennengelernt habe.
2. Ob eine Bekanntschaft zu weiteren beruflich relevanten Kontakten oder Informationen führt, kann ich zum Zeitpunkt des Kennenlernens noch nicht wissen. Im Grunde

geht es auch gar nicht darum. Sondern es geht darum, dass ich diese Menschen kennenlernen möchte, weil sie mich interessieren. Immer wieder fühle ich mich beglückt über die Vielfalt ihrer Erfahrungen und Ansichten und ihre Bereitschaft, sie mit mir zu teilen.
3. Netzwerke entfalten ihre Wirkung erst nach und nach. Manche Bekanntschaft ist zum Zeitpunkt ihres Entstehens einfach nur menschlich bereichernd und wird erst nach etlichen Jahren zu einem wichtigen Anknüpfungspunkt für berufliche Fragen.
4. Ich bin nicht nur Nutznießerin, sondern stehe den Menschen in meinen Netzwerken mit meinen eigenen Kompetenzen zur Verfügung.

Übung: Netzwerkmeditation

Diese Übung eignet sich für alle, die der Meinung sind, noch nie in irgendeiner Weise von Kontakten profitiert zu haben. Sie werden sich bewusst über die Momente in Ihrem Leben, in denen Kontakte zu anderen Menschen Einfluss auf Ihre Studienentscheidungen oder auf Ihre beruflichen Erfahrungen genommen haben. Damit schärfen Sie Ihr Bewusstsein für das Potenzial Ihres bereits vorhandenen Netzwerks.

So geht's:

Schritt 1: Führen Sie sich Ihre bisherigen beruflichen Stationen vor Augen (inklusive Ferienjobs und Praktika) und erinnern Sie sich, wie Sie an diese Stellen gekommen sind und welche Personen daran beteiligt waren. Immer nur über anonyme Stellenausschreibungen und anschließende Bewerbungen? Ja? Dann weiter zu Schritt 2. Nein? Dann sind Sie schon am Ziel der Übung.

Schritt 2: Denken Sie an studienrelevante Gefallen, die Ihnen jemand getan hat (z.B. das Gegenlesen einer Hausarbeit, Probezuhören für die Vorbereitung eines Referats). Niemand hat Ihnen je einen Gefallen getan? Dann weiter zu Schritt 3.

Schritt 3: Überlegen Sie, wie Sie Ihre Freund*innen und Partner*innen kennengelernt haben. Wurden Sie einander vorgestellt? Haben Sie sich in der Schule oder an der Uni kennengelernt?

Interviews: Netzwerke für Angestellte

Dass Netzwerke für Selbständige das Fundament sind, das über ihre Auftragslage entscheidet, überrascht wenig. Aber Angestellte brauchen so etwas doch nicht, oder? Ist es nicht so, dass man sich auf eine Stelle bewirbt und die dann entweder kriegt oder nicht? Was ist, wenn man nun mal niemanden kennt, der den Erfolg dieser Bewerbung befördern kann? Dann muss man sich eben durchbeißen, so wie Rafael Ugarte Chacón das beschreibt. Er hat nach beinahe einhundert Bewerbungen den Sprung ins Wissenschaftsmanagement geschafft. Oder gibt es noch andere Möglichkeiten?

Tatsächlich haben nur sieben meiner dreizehn Interviewpartner*innen, die angestellt sind oder es waren, ihre Stelle ausschließlich der Qualität ihrer Bewerbung und der nötigen Portion Glück zu verdanken. Bei den sechs anderen spielten Kontakte eine mindestens ebenso große Rolle. Auch wenn meine Stichprobe in vielerlei Hinsicht nicht repräsentativ ist, so lässt sie doch erahnen, dass etwas dran ist an der Behauptung, etliche zu besetzende Stellen würden gar nicht erst ausgeschrieben werden.

Angela Alliger hat ihre Stelle bei Philips bekommen, weil sie empfohlen wurde von Leuten, die sie von ihrer Arbeit bei FIAT kannten. FIAT wiederum hatte eigens für sie eine Stelle in Berlin geschaffen, nachdem sie auf den großen Automessen als Hostess offenbar großen Eindruck gemacht hatte:

> *Zu der Zeit hatte ich schon die Verantwortung für die Organisation der Messen für FIAT, Dacia und Alfa Romeo. Ich habe alle Stände auf den großen Messen in Deutschland betreut: AAA in Berlin, AMI in Leipzig und IAA in Frankfurt geleitet. Das war irgendwie immer irre, wenn ich irgendwo anfing – das klingt vielleicht ein bisschen überheblich – aber es war immer so, dass ich irgendwo anfing und ratzfatz ganz viel Verantwortung bekam. (Angela Alliger – Sales- & Projektmanagerin)*

Eine extrovertierte Natur wie Angelas knüpft Kontakte ganz automatisch. Doch nicht nur die zweifelsfrei Extrovertierten haben die Aussicht auf vielversprechende Netzwerkkontakte. Anne Mihan, die wissenschaftliche Mitarbeiterin, wusste gar nicht, dass sie über ein relevantes Netzwerk verfügte, bis sie gefragt wurde, ob sie sich nicht auf die Stelle bewerben will, auf die sie perfekt passte – und von der sie andernfalls vielleicht nie erfahren hätte. Annika Buchheister ist an all ihre Stellen über ihren Freundes- und Bekanntenkreis gekommen. Max Seeger hätte nicht von dem Job erfahren, den er jetzt ausübt, hätte er auf einer Party nicht einen anderen Philosophen kennengelernt, der ihm davon erzählte. Oliver Hesselmann hätte den Quereinstieg ins Referendariat nicht machen können, wenn sich nicht die Schulleiterin für ihn eingesetzt hätte.

> *Auf der offiziellen Seite bewirbt man sich beim Senat von Berlin – das wird in anderen Bundesländern ähnlich sein. Man quält sich durch sehr lange Online-Formulare, reicht Unterlagen ein, und wartet dann monatelang. Und eigentlich passiert nichts. Es gab so viele Bewerber, dass vermutlich nicht mal alle Bewerbungen geöffnet oder gelesen werden konnten. Auf jeden Fall habe ich die Bestätigung des Eingangs meiner Bewerbung erst erhalten, als ich schon längst angestellt war. Die inoffizielle Seite ist, dass man dann größere Erfolgschancen hat, angenommen zu werden, wenn eine Schule sich drum kümmert. Wenn der Schulleiter sich dahinterklemmt und auch die entsprechenden Stellen durchtelefoniert und darauf beharrt, dass dieser Mensch und kein anderer an diese Schule soll und dass es gute Gründe dafür gibt, hier einen Quereinstieg zu machen. Ohne die Unterstützung von zwei Schulleitern in diesem Fall hätte ich gar keine Chance gehabt. (Oliver Hesselmann - Lehrer)*

Die Bewerbung auf einen Quereinstieg ins Lehramt ist ein gutes Beispiel dafür, dass auch bei Bewerbungsverfahren, die sehr spezifischen Formalitäten und Abläufen unterliegen, die richtigen Kontakte ausschlaggebend sein können. Freilich gibt es mehrstufige Bewerbungsverfahren, beispielsweise für den höheren Dienst in Ministerien, im Auswärtigen Amt oder für große Unternehmensberatungen, wo es tatsächlich nur auf die persönliche und fachliche Eignung der Bewerber*innen ankommt. Aber auch hier gilt: Um sich optimal vorzubereiten, kann es sehr hilfreich sein, Menschen zu kennen, die diesen Prozess durchlaufen haben oder selbst steuern.

Solche Menschen können Sie gezielt im echten Leben kennenlernen. Oder via LinkedIn und Xing. Auch diese Portale werden verständlicherweise von Selbständigen sehr stark genutzt. Doch auch Angestellte und solche, die es werden wollen, können sich diese Netzwerke zunutze machen. Zugegebenermaßen passen Studierende der Geisteswissenschaften nicht ins Profil der meisten Headhunter. Dafür hätten Sie schon Informatik studieren müssen. (Falls Sie gern mal von einem Headhunter angeworben werden wollen: Ein Quereinstieg in die IT ist auch für Geisteswissenschaftler*innen möglich.) Aber die Geschichte von Joel zeigt sehr deutlich, dass selbst ein waschechter Geisteswissenschaftler, der eine Stelle sucht, gut daran tut, sich auf LinkedIn und Xing zu zeigen und zu vernetzen:

> *Ich hatte keine Ahnung, dass es diesen Job, den ich jetzt habe, überhaupt gibt. Ich wurde über LinkedIn kontaktiert. Ich hatte wortwörtlich gerade mein LinkedIn-Profil erstellt, als ich aus dem heiteren Himmel eine Nachricht erhielt: „Hast du schon einmal etwas von Semiotik gehört? Wir suchen jemanden mit einem Hintergrund in kritischer Theorie und mit Erfahrung im Marketing für die Mitarbeit in einer Agentur, die ich gerade gegründet habe." Da sagte ich: Na klar! Lass uns treffen! Das war der Moment, in dem ich diese Welt betreten habe. (Joel Du Bois - Markensemiotiker)*

So kann's gehen. Joel bekam eine Stelle in der gerade gegründeten Agentur für Markenberatung *Sign Salad* angeboten und baute sie dreieinhalb Jahre lang mit auf. Ich vermute ja, dass solche Ereignisse nicht die Regel sind, aber es lohnt sich offenbar, dem Thema LinkedIn/Xing Aufmerksamkeit zu schenken. Ich selbst bin zwar gerade erst über das Stadium der LinkedIn-Analphabetin hinausgewachsen, aber ich sehe es positiv: Es gibt noch viel Spielraum nach oben!

Interviews: Netzwerke für Selbständige

Wie wichtig Netzwerke sind, bekomme ich im Laufe der Interviews immer wieder zu hören. Besonders bei den Selbständigen interessiert mich, wie sie ihre Auftraggeber*innen finden. Wie machen sie das? Quatschen sie einfach irgendwelche Leute an und fragen sie, ob die ihr Angebot kaufen wollen? Telefonieren sie? Woher wissen sie, wen sie ansprechen müssen? So unterschiedlich die Herangehensweisen auch sind, Netzwerke sind immer ausschlaggebend.

Ich erinnere mich an Eva Schuster, eine Trainerin, an deren Workshop für Kommunikation rund um den Berufseinstieg ich teilgenommen hatte. In der Mittagspause fragte ich sie, wie sie an ihre Aufträge käme: „Klingelst du dann einfach an der Tür und sagst: Hallo, hier bin ich und wollt ihr nicht diese Workshops von mir kaufen?"

Diese Vorstellung findet Eva lustig.

„Nein, so funktioniert das zum Glück nicht. Mein Netzwerk hat sich nach und nach aufgebaut. Viel geht über Empfehlungen und schon vorhandene Kontakte."

Die Vorstellung, einfach so fremde Leute zu kontaktieren und ihnen etwas verkaufen zu wollen, finde also nicht nur ich abschreckend. Ein paar Monate später lerne ich, dass es dafür ein Wort gibt, das den abschreckenden, furchterregenden Charakter dieser Tätigkeit sehr schön wiedergibt: Kaltakquise. Und noch ein paar Wochen später bewerbe ich mich auf eine Stelle als Sales Manager – was ein anderes Wort für jemanden ist, der (unter Umständen) Kaltakquise macht. Sie können sich nicht vorstellen, wie erleichtert ich war, dass daraus nichts geworden ist. (Mehr dazu im Kapitel „Do what you love".)

Erst als ich Maren kennenlerne, wird mir klar, dass die Kontaktaufnahme zu unbekannten Menschen und Organisationen mit einem konkreten Vorschlag vielleicht gar nicht so gruselig ist. Zumindest für Maren bedeutete das den Anfang ihrer Selbständigkeit.

> *Vor fünf Jahren, als ich die Idee mit dem kritischen Denken hatte, da habe ich einfach sechs Organisationen, die ich spannend fand, angeschrieben mit der Frage, ob sie Lust hätten, diese Idee mit mir auszuprobieren. Drei davon haben zugesagt. Das sind heute noch meine Kunden. Von da aus passiert sehr viel auf Empfehlung. Wenn die Leute mit meiner Leistung zufrieden sind, spricht sich das rum. (Maren Drewes – Beraterin, Trainerin & Moderatorin)*

Am Anfang geht es immer mit kleinen Schritten los. Das ist einerseits eine Banalität. Jeder weiß es. Die ersten Schritte können so unbedeutend erscheinen, dass die Versuchung, sie gar nicht erst zu gehen, verlockend erscheinen mag. Oder die ersten Schritte führen in irgendein Gestrüpp, das so gar nichts mit dem vorgestellten Ziel zu tun zu haben scheint – und so im Sande verlaufen bevor sie ihre Wirkung entfalten können. Der Faktor Zeit taucht in all meinen Gesprächen mit Selbständigen auf. Als ich Maren kennenlerne, blickt sie auf vier Jahre Selbständigkeit zurück. Diese Zeit muss eine erst einmal durchstehen.

> *Nach zwei Jahren gab es bei mir diesen Punkt, der so klassisch ist für viele Gründungen: Ich war ungeduldig und fing an zu zweifeln, denn ich konnte immer noch nicht davon leben. Ich hatte keine finanziellen Reserven mehr und wollte mir schon eine 50%-Stelle suchen, weil mir die Unsicherheit einfach zu groß wurde. In dieser Zeit hat mich mein Partner sehr unterstützt. Er sagte: „Du kannst doch jetzt nicht aufhören! Jetzt! Du musst da unbedingt dranbleiben!" Er hat mich ein, zwei Monate finanziell unterstützt. Im Jahr darauf ging es dann wahnsinnig gut los. Das war genau dieser Moment – bam! – ab da hatte ich dann super viele Aufträge. Da brauchte ich die Unterstützung nicht mehr. Und jetzt geht es gerade ziemlich ab. Mal sehen, was jetzt passiert! (Maren Drewes)*

Zwei Jahre lang nicht zu wissen, ob das Geschäftsmodell aufgeht, ob die Netzwerke tragen werden – und diese Unsicherheit auszuhalten, ist nicht leicht. Andererseits und im Vergleich zu anderen Selbständigen sind zwei Jahre bis zum Erreichen finanzieller Selbständigkeit wirklich wenig. Und nicht immer verläuft der Weg dorthin so geradlinig.

Für Rafael war das Tangounterrichten ein lukratives Hobby während seines Germanistik-Studiums. Der Netzwerkaufbau war für ihn ein integraler Bestandteil dieses Hobbies: Wenn er Schüler*innen haben wollte, musste er für die Kurse Werbung machen. Als Arbeit empfand Rafael das nicht – nicht zuletzt, weil das Tangounterrichten als Beruf ihm zu dieser Zeit überhaupt nicht in den Sinn kam.

> *Wir haben in Freiburg Festivals kreiert. Ich bin zur Sparkasse gegangen und habe gesagt, ich will ein Tangofestival machen, ich brauche ein bisschen Sponsoring. Ich bin mit meinen Mappen herumgelaufen. Ich habe, während ich durch die Stadt gelaufen bin, überall an der Uni Zettel aufgeklebt: Tangokurse mit Rafael und Anita! Ich war ein wandelndes*

Marketingwerbebuch. Ich habe Theaterstücke gefüllt, ich habe Plakate entworfen, ich habe die in großen Aktionen geklebt, ich habe rund um die Uhr gearbeitet. (Rafael Busch – Tangolehrer und Tänzer)

Erst einige Jahre später, nach einem Beinahe-Burnout als Teamleiter in einem Call-Center in Berlin, fing Rafael wieder an zu tanzen, lernte seine jetzige Tanz-, Geschäfts- und Lebenspartnerin Susanne Opitz kennen – und die Idee, dieses Tanzen und Unterrichten zum Beruf zu machen, formte sich allmählich. Das Freiburger Netzwerk nutzte in Berlin natürlich wenig und deswegen mussten sie ganz von vorn anfangen, in kleinen Schritten:

Wir haben in unserem Wohnzimmer die ersten Tangokurse angeboten und hatten somit weniger finanziellen Druck, weil wir eben nur eine Miete zahlen mussten. Daraus hat sich dann der erste Stamm unserer Schüler ergeben. Nach und nach haben wir erst einen und dann zwei Kurstage aufgebaut. Dann waren wir ein halbes Jahr in Buenos Aires und haben dort ganz tollen Unterricht genommen. Als wir wieder zurück in Berlin waren, war dort ein anderes Tänzerpaar... die hatten sich einfach in „unseren" Kiez eingemietet. Aber statt mich zu ärgern, bin ich einfach zu ihnen gegangen und habe sie gefragt, ob wir uns bei ihnen einmieten können. So konnten wir wieder Fuß fassen und von Neuem unsere Schülerschaft aufbauen. Das braucht ja viel Zeit. Unsere Kurse waren immer voll. Die Leute haben durch die Bank positiv, teilweise enthusiastisch auf unseren Unterricht reagiert. Das hat uns immer wieder gezeigt, dass das, was wir machen, irgendwie besonders ist. Das weiß man ja am Anfang nicht. Mit diesem Rückenwind hat Susanne dann nach zwei Jahren gesagt: So, jetzt will ich mein eigenes Studio. (Rafael Busch)

Was bei Rafael und Susanne ein langjähriger und planvoller Prozess war, der mehrmals von Neuem aufgenommen werden musste, kann auch ganz ungeplant mit einem Ergreifen von Gelegenheiten beginnen.

Meine ersten Kunden habe ich im Zug kennengelernt. Das waren zwei Unternehmer, die ich da zufällig kennengelernt habe, denen habe ich von meiner Beratungsfirma erzählt und die haben mir dann meinen ersten Auftrag gegeben. (Torsten Breden - Unternehmensberater)

In den meisten Fällen erfordert der Anfang jedoch immer eine echte Anstrengung, das Überwinden vieler Hürden und das Aushalten unangenehmer Situationen.

> *Wie ich meine ersten Kundinnen gewonnen habe? Nüsse sammeln. So würde ich das beschreiben. Ich war sehr viel auf Netzwerkveranstaltungen und habe dort immer wieder mein Angebot präsentiert in unzähligen Begegnungen. Da war sehr viel Beharrlichkeit, sehr viel Fleiß dabei. Trotzdem war ich überrascht, wie schnell ich dann auch erfolgreich war und meine Unternehmung sich dann selbst trug. (Karin Windt - Social-Media-Marketing- & SEO-Beraterin)*

Fast alle meiner Interviewpartner*innen, die sich zum Thema Netzwerke äußerten, sagten mehr oder weniger explizit, wie enorm wichtig das Dranbleiben für einen erfolgreichen Netzwerkaufbau ist. Diese Eigenschaften sind hilfreich, egal, ob Sie selbständig oder angestellt arbeiten möchten. Ein simpler Ortswechsel kann den kompletten Neuaufbau Ihres Netzwerkes erfordern. Dass solch ein Unterfangen nur mit Engagement und Durchhaltevermögen erfolgreich umgesetzt werden kann, ist bereits an Rafael Buschs Geschichte deutlich geworden. Joel erzählt sie in seiner Version:

> *Das Schwierige war der Anfang. Ich bin für meine Arbeit sehr abhängig von Menschen und von Netzwerken. Denn da kommen die Aufträge her. Ein paar Monate, bevor wir nach Brasilien gezogen sind, bin ich hingeflogen, um schon einmal möglichst viele Menschen zu treffen. Meine Frau arbeitet in der Werbeindustrie und konnte mir ein paar Meetings mit kleinen Agenturen in São Paulo organisieren. Also traf ich all diese Menschen in einem Land, dessen Sprache ich nicht kannte und auch ohne zu wissen, was dabei herauskommen würde. Die große Mehrheit dieser Meetings führte zu nichts. Aber einige führten doch zu etwas und dort fing alles an. – Doch zu dieser Zeit wusste ich das ja noch nicht. Ich dachte: Was mache ich hier bloß? Ich bin in einer völlig fremden Umgebung. Ich habe keine Freunde hier. Ich habe kein unterstützendes Netzwerk. Keine Familie. Ich spreche die Sprache nicht. – Aber nach und nach fügte sich alles. (Joel Du Bois – Markensemiotiker)*

Ich könnte hier noch weitere Versionen dieser Geschichte hinzufügen. Zum Beispiel die meiner Freundin Janine, die mit ihrem Mann und ihren zwei Kindern nach Australien gezogen ist. Ihr Mann hatte eine Stelle als Software-Programmierer angenommen. Ihr Sohn hatte einen Platz in einer Schule. Janine selbst hatte einen Haushalt und ihre Tochter (die keinen Betreuungsplatz hatte) und den dringenden Wunsch, möglichst bald eine Stelle zu finden. Mit einem Master in Gender Studies suchte sie monatelang einen beruflichen Einstieg und verzweifelte fast bei der Vorstellung, zu einem Dasein als Stay-at-home-Mom verdammt zu sein. Unzählige Bewerbungen fruchteten nicht. Der Kontakt zu Gleichaltrigen und Gleichgesinnten gestaltete sich zäh. Die anderen Mütter, die Janine kennenlernte, waren durchschnittlich zehn Jahre älter und hatten nicht vor, so bald wieder ins Berufsleben einzusteigen. Aber Janine blieb dran. Nach zehn Monaten bekam sie eine Teilzeitstelle als Office Manager.

Übung: Netzwerkanalyse

Diese Übung eignet sich für alle, die der Meinung sind, dass sie niemanden kennen, der ihnen dabei weiterhelfen kann, ihr nächstes berufliches Ziel zu erreichen. Sie lernen, Verbindungen zu erkennen, Bekanntschaften und Freundschaften in einem neuen Licht zu sehen und zu vertiefen. Sie üben, anderen regelmäßig von Ihren Vorhaben zu erzählen. Sie entwickeln ein Gespür für Gesprächspartner*innen, von denen Sie beruflich Relevantes erfahren können. Sie kommen wahrscheinlich in den Genuss, selbst jemand anderem helfen zu können.

Voraussetzung: Die Definition eines beruflichen Ziels. Zum Beispiel: Ich möchte eine Person kennenlernen, die im Bereich Human Resources in einem Konzern arbeitet, und sie zu ihren täglichen Aufgaben befragen. (Zur Definition von Zielen lesen Sie auch S. 236)

So geht's:

Schritt 1: Nehmen Sie ein großes Blatt Papier. In die Mitte schreiben Sie groß ICH. Sie können auch eine virtuelle Mindmap erstellen. Dafür gibt es kostenlose Software.

Schritt 2: Von Ihrem Ich gehen nun verschiedene Zweige ab, die

Sie thematisch clustern. Z.B. so: Private Freund*innen – Familienmitglieder – Kolleg*innen – Lehrer*innen – Professor*innen – Nachbar*innen. Jedes Cluster können Sie in weitere untergeordnete Cluster einteilen (z.B. nach Lebensabschnitten, Orten, etc.).

Schritt 3: Schreiben Sie alle Namen von Menschen auf, die Ihnen einfallen, die Ihnen behilflich sein könnten beim Erreichen Ihres Ziels. Dazu zählen selbstverständlich auch Menschen, die jemanden kennen könnten, der jemanden kennt...

Schritt 4: Um herauszufinden, welche der Ihnen bekannten Personen jemanden kennt, der jemanden kennt, reden Sie mit Ihnen. Machen Sie es sich zur Aufgabe für die nächsten drei Monate, in jedem Gespräch mindestens nebenbei von Ihrem Ziel zu reden.

Schritt 5: Jedes Mal, wenn Sie eine weitere Person kennengelernt haben, von der Sie etwas über Ihr Ziel erfahren können, fügen Sie sie Ihrer Netzwerkkarte hinzu.

Dauer: Drei Monate einmal wöchentlich. Danach weitere neun bis achtzehn Monate. Nehmen Sie Ihre Netzwerkkarte im Abstand von zwei bis drei Monaten heraus und aktualisieren Sie sie.

Übung: Netzwerkaktivitäten

Diese Übung eignet sich für alle, die die Übung Netzwerkanalyse machen und auf der Suche nach Aktivitäten sind, mit denen sie ihr Netzwerk ausbauen können.

So geht's:

Schritt 1: Lassen Sie sich von der folgenden Liste anregen und ergänzen Sie sie.

- Besuchen Sie Karrieremessen, Podiumsdiskussionen, Netzwerkveranstaltungen.
- Gründen Sie Ihren eigenen themenspezifischen Netzwerkclub.
- Suchen Sie nach Keywords auf Xing und LinkedIn.
- Schauen Sie, ob Sie eine für Sie interessante Veranstaltung auf meetup.com finden.

- Machen Sie sich eine Liste mit Fragen, die Sie Menschen stellen wollen, die in Ihrem Wunschberuf arbeiten. Stellen Sie diese Fragen.

Schritt 2: Notieren Sie auf Ihrer Netzwerkkarte, auf welche Weise Sie die jeweiligen Menschen dort kontaktiert haben oder kontaktieren wollen.

Übung: Virtuelle Netzwerke

Diese Übung eignet sich für alle, die noch keine Profile auf LinkedIn und Xing haben, oder deren Profile rudimentär sind. Sie finden heraus, ob und in welchem Maße virtuelle Netzwerke für Ihren beruflichen Weg von Nutzen sein können und ob Sie diesen Nutzen, gemessen am praktischen Aufwand und an ideologischen Einwänden, ausschöpfen möchten.

So geht's:

Schritt 1: Legen Sie sich ein Profil an.

Schritt 2: Suchen Sie Anregungen im Netz, wie Sie Ihr Profil für Ihre Zwecke optimieren können.

Schritt 3: Suchen Sie nach Menschen, die in Ihrem Wunschjob arbeiten und schauen Sie sich genau deren Profile an. Gibt es Gemeinsamkeiten zwischen diesen Profilen und Ihrem eigenen?

Schritt 4: Kontaktieren Sie mindestens einen dieser Menschen mit einer interessanten Frage.

Dauer: Auch virtuelle Netzwerke entfalten ihre Wirkung in der Regel erst nach einer längeren Zeit und nur bei ausdauernder und anhaltender Pflege.

Ein letzter Hinweis.

Das Einzige, was Sie wirklich übers Netzwerken wissen müssen:

Alle Menschen freuen sich, wenn Sie Ihnen aufrichtiges Interesse für ihre Person und ihre Tätigkeiten entgegenbringen – ganz egal, ob Müllmann, Stiftungsreferent oder Geschäftsführerin. Probieren Sie es aus.

Lektüre

Für alle Introvertierten, die auf Empfängen, in Konferenzpausen und größeren Gruppen aller Art das kalte Grauen packt:

Devora Zack. *Networking für Networking-Hasser: Sie können auch alleine essen und erfolgreich sein.* Gabal: Offenbach: 2012.

Ein weiteres empfehlenswertes Buch, das verschiedene Netzwerktypen anspricht und z. B. auch die Frage beantwortet, was einen selbst für ein Netzwerk interessant macht und wie man*frau selbst ein Netzwerk gründet:

Monika Scheddin. *Erfolgsstrategie Networking – Business-Kontakte knüpfen, pflegen und ein eigenes Netzwerk aufbauen.* buch & media: München: 2013.

Weltverbesserer

Worum geht's?

Die wenigsten Menschen haben den Anspruch, mit ihrer Arbeit gleich die ganze Welt zu verbessern. Dennoch wollen Menschen ihre Arbeit als sinnvoll erfahren. Das trifft natürlich nicht nur auf Geisteswissenschaftler*innen zu. Jedoch haben diese vielleicht besonders häufig die Neigung, die systemische Bedeutung ihrer eigenen Handlungen innerhalb kapitalistischer Arbeitsstrukturen zu hinterfragen (und daran zu verzweifeln). In diesem Kapitel geht es um die Frage, ob und mit welcher Herangehensweise es möglich ist, eine sinnvolle Arbeit zu finden.

Was bringt's?

Weniger Druck, unbedingt den ultimativen Weltverbessererjob zu finden. Dafür Raum zum Überlegen, unter welchen Bedingungen Sie Ihr berufliches Tun als sinnvoll erleben (könnten) – und wie wichtig Ihnen das ist.

Episode: Die App, die die ganze Menschheit retten wird

24. September 2015. Das Geschäft mit dem Sinn boomt. Zeitungsartikel, Zeitschriften und Blogs, Jobportale und Karriereworkshops und auch Unternehmen selbst schreiben sich immer häufiger den großen Sinn auf die Fahnen. Arbeit soll viel mehr als nur Broterwerb sein. Sie soll uns Anerkennung für unsere Fähigkeiten, unsere Talente und unsere Persönlichkeit geben. Sie soll uns Selbstverwirklichung ermöglichen. Wir wollen uns

mit ihr identifizieren können. Arbeit soll uns mit interessanten Menschen verbinden. Wir wollen uns zugehörig fühlen. Und zusätzlich wollen wir mit unserer Arbeit auch noch einen Beitrag zu einer besseren Welt leisten.

Irgendwie ja auch logisch, dass Arbeit so viele Ansprüche erfüllen soll, denn so viel unserer Lebenszeit verbringen wir mit Arbeiten. Dass wir diese Ansprüche an Arbeit überhaupt stellen können, ist sowohl ein Zeichen unserer Privilegiertheit als auch die Ursache für einen sehr hohen Erwartungsdruck. Als Universitätsabsolvent*innen in Deutschland genießen wir zum einen das Privileg einer hohen Bildung, die sich statistisch signifikant auf eine bessere Gesundheit, ein höheres Einkommen, mehr soziale Teilhabe und größeren politischen Einfluss auswirkt. Zum anderen genießen wir das Privileg, Bürger*innen in einem der wohlhabendsten Länder der Welt zu sein und von umfangreichen Sozialleistungen Gebrauch machen zu können. Obwohl ich diese Privilegien nicht nur statistisch und global, sondern auch real tatsächlich habe, macht mir der Anspruch an den Sinn zu schaffen. Denn es ist gar nicht so leicht, eine Arbeit zu finden, die sinnvoll ist – und trotzdem Geld bringt. Doch genau das ist mein Anspruch. Als wäre es nicht schon schwer genug, überhaupt einen Job zu finden, der meinen Fähigkeiten und Neigungen entspricht, soll er auch noch die Welt verbessern.

Woher kommt dieser plötzliche Drang? Habe ich nicht die letzten zehn Jahre meist zufrieden und oft inspiriert einen großen Teil meiner Zeit damit verbracht, zu verstehen, wie Literatur funktioniert? Und das Weltverbessern in meine Freizeit verlagert? Mir war immer klar, dass meine Doktorarbeit nicht die Welt verändern wird. Vermutlich werden nicht mehr als ein bis zwei Handvoll Menschen sie überhaupt jemals lesen. Trotzdem erschien mir diese Arbeit immer sinnvoll, und zwar weit über meine persönlichen Interessen hinaus: Für Erwachsene, die täglich mit Kindern zu tun haben, ist es wichtig, zu verstehen, welche ideologischen Strukturen in Kinderliteratur eingebettet sind und wie die sich auf die Entwicklung und das Selbstbild von Kindern auswirken können. Und obwohl ich überzeugt bin, dass Kinderliteratur und Kinder-Erwachsenen-Realität in einem komplexen Wechselverhältnis stehen – dass Kinderliteratur also sehr relevant ist für die Gesellschaft, in der wir leben – wusste ich immer, dass ich mit meiner Doktorarbeit nichts an den Problemen, die ich dort untersuche, ändern werde. Ich setzte mich mit Problemen der echten Welt auseinander – aber auf einer rein theoretischen Ebene. Der Drang, diese Auseinandersetzung auf eine praktische Ebene zu verlagern, ist in den letzten Jahren immer größer geworden. Proportional dazu ist auch mein Interesse daran gewachsen, wie die Bedingungen, unter denen Bildung stattfindet, verbessert werden können.

Der Lehrer Oliver Hesselmann spricht mir aus der Seele, als er auf meine Frage nach dem Sinn seiner Arbeit antwortet:

Ich glaube fest daran, dass Bildung der Schlüssel zu einer besseren Welt ist. Das klingt vielleicht kitschig, aber ist so. Egal, welches Problem oder welche Misere wir auf der Welt anschauen und welche Lösungen wir uns überlegen, am Ende kommen wir immer zu Bildung. Bildung hat sehr viel damit zu tun, wie Menschen mit der Welt, miteinander und mit sich selber umgehen. Damit meine ich nicht, viel Wissen aufsagen zu können, sondern die Kompetenz zu besitzen, sich Fremdes vertraut zu machen und hinter die Kulissen schauen zu können. Dazu gehört auch, Selbstvertrauen aufzubauen und die Erfahrung zu machen, selbst wirksam sein zu können. Und den Willen zu entwickeln, etwas aus dem eigenen Leben zu machen, das Leben zu gestalten und das Um-sich-herum zu gestalten. Und auf diese Weise Sinn zu finden und Sinn zu entwickeln. Kinder auf diesem Lernweg zu unterstützen, das sehe ich als meine wichtigste Aufgabe als Lehrer. Deswegen mache ich das, was ich mache. Weil ich glaube, dass es sehr wichtig ist. (Oliver Hesselmann - Lehrer)

Zum fünfzigsten Mal bedauere ich, dass ich nicht auf Lehramt studiert habe. Warum nur kam mir diese Option immer so abwegig vor? (Ich weiß natürlich warum: Meine Großeltern waren alle Lehrer und verstärkten in mir vor allem den Drang, *nicht* Lehrerin zu werden.) Ich versuche, trotzdem im Bildungssektor Fuß zu fassen: Als Fellow bei Teach First fliege ich in der letzten Bewerbungsrunde raus. Als Quereinsteigerin ins Lehramt erfülle ich die formalen Kriterien nicht. Als Referentin einer bildungsnahen Stiftung habe ich als eine von geschätzten siebenhundert Bewerber*innen nicht die nötigen Kontakte und Berufserfahrungen. Eine Laufbahn im Bundesministerium für

Bildung und Forschung schließe ich aus, nachdem ich mich mit zwei Menschen getroffen habe, die dort arbeiten. Mit den bürokratischen Hierarchien dort würde ich mich auch mit viel gutem Willen nicht anfreunden können.

Was dann? Traditionell gehört Bildung in den öffentlichen Sektor. Sie wird finanziert aus Mitteln des Bundes und der Länder. Doch es gibt einen weiteren Bereich, der in den letzten Jahren stark gewachsen ist: Social Entrepreneurship. Mit unternehmerischer Herangehensweise Gutes tun – und zwar über CSR hinaus – das ist nicht nur möglich, um einen ökologischen Wandel zu bewirken, sondern auch im Bildungssektor mischen immer mehr nichtstaatliche Organisationen mit. Teach First ist eine davon.

Es muss doch möglich sein, eine andere Organisation aufzuspüren, die sich für eine bessere Bildung einsetzt und ihren Mitarbeiter*innen auch ein Gehalt zahlt! *Die Ideenretter* sind es leider noch nicht. Aber vielleicht werden sie es einmal. Zumindest arbeite ich daraufhin – ehrenamtlich.

Auf gut Glück suche ich nach Bildungs-Startups in Berlin. Software-Entwickler*innen werden mit Abstand am häufigsten gesucht: Für Finanz-Apps, Dating-Apps, Medizintechnik-Apps oder themenspezifische Suchmaschinen. Nichts davon hat etwas mit Bildung zu tun. An einer Stellenanzeige bleibt mein Blick jedoch hängen: *My Impact Education.* Die Webseite ist rudimentär. Aber der einzige Satz, der dort zu lesen ist, spricht mich trotzdem an: *We are building a social learning platform that helps you better understand what you are good at and realize your potential.*

Natürlich suchen auch die einen Entwickler oder eine Entwicklerin. Ich schicke ihnen trotzdem eine E-Mail. Ich habe zwar keine Programmierkenntnisse und bin als CTO beim besten Willen nicht zu gebrauchen, aber ich möchte gerne dieses Startup und die Idee dahinter kennenlernen. Einen Tag später erhalte ich eine Antwort, die darauf hindeutet, dass ich ja möglicherweise als CMO dort arbeiten möchte. Da gab es wohl ein kleines Missverständnis. Wie kommen die darauf, dass ich irgendwelche Erfahrung im Marketing hätte? Geschweige denn genug, um mich als Leiterin dieser Abteilung zu engagieren? Egal – dieses Missverständnis lässt sich sicher schnell aus dem Weg räumen, wenn ich den CEO, Marco Borchers, heute, am 16. Juli 2015, zum Mittagessen treffe.

Am betahouse Berlin, einem Coworking Space, kommt mir Marco mit ausladenden Schritten, weißem Hemd und Jeans entgegen und schüttelt meine Hand. Er ist ein charismatischer Typ Mitte dreißig, der eineinhalb Jahre bei Salesforce gearbeitet hat, einem internationalen Konzern, der vor allem für seine CRM-Software bekannt ist. Dort hat Marco, der studierter Maschinenbauer ist, das Vertriebshandwerk gelernt. Und das beherrscht er ausgezeichnet. Ich erzähle ihm von meinen Ansichten über das Bildungssystem, was alles getan werden könnte, um Schüler*innen die Möglichkeit zu geben, in der echten Welt und interessengeleitet zu lernen. Marco hört mir aufmerksam zu, stellt Fragen, pflichtet mir bei und erzählt mir nach und nach von seiner Vision.

Er baut seit drei Jahren eine virtuelle Plattform, mit deren Hilfe Menschen ihre Talente und Fähigkeiten anderen Menschen zunächst kostenlos anbieten und durch ein ausgetüfteltes Feedbacksystem in diesen Fähigkeiten wachsen. Im Fokus sollen die menschlichen Beziehungen stehen und die gegenseitige Bestätigung, einen wertvollen Beitrag füreinander und für die Welt zu leisten. Marco gibt zu, dass das nicht das Bildungssystem im engeren Sinne revolutionieren werde. Aber er denke groß. Bildung lasse sich nicht auf eine bestimmte Altersgruppe beschränken und Selbstwirksamkeitserfahrungen fehlten auch vielen Menschen, die schon im Berufsleben stünden. In beiden Punkten gebe ich ihm recht. So wie Marco mir seine Idee vorstellt, hat *My Impact Education* in gewisser Weise etwas mit Bildung zu tun. Aber wie sieht es mit dem Geld aus?

Marco nennt mir eine Summe, die er von Investoren bereits eingeworben hat und die in meinen Ohren schwindelerregend klingt. Allerdings hätte er noch nicht den Punkt erreicht, ab dem er sich selbst und die Co-Founder langfristig bezahlen kann. Sein Ziel sei, diesen Punkt bis Jahresende zu erreichen.

„Uns ist wichtig, dass jeder Co-Founder ein gewisses Risiko mitträgt. Du musst nicht investieren, aber ein paar Monate Gehaltsverzicht wären schon gut. Wie siehst Du das? Ich frage upfront, da es hieran schon ein paar Mal gescheitert ist und die Zeit so extrem knapp ist im Moment."

Ich lasse mir das Ganze durch den Kopf gehen und versuche Vor- und Nachteile abzuwägen. Letztendlich überwiegt meine Neugier auf die Arbeit in einem Startup, das einen Beitrag leisten will für die menschliche Potenzialentfaltung. Außerdem finde ich Marco sympathisch. Und wenn er bereits so viel Geld einwerben konnte, kann das Geschäftsmodell nicht so schlecht sein.

Nach den Sommerferien beschließe ich, dem Ganzen eine Chance zu geben. Seit zwei Wochen arbeite ich nun im Büro von *My Impact*, einem Zimmer in Marcos Wohnung. Meine ursprüngliche Vorstellung von einem fünf- bis zehnköpfigen Team, das mit Begeisterung und Kreativität an einer gemeinsamen Sache arbeitet, entspricht leider nicht ganz der Realität.

Zum Team gehören außer Marco und mir noch ein Entwickler, den ich noch nie gesehen habe, weil er in der Ukraine sitzt. Außerdem habe ich einen jungen Kollegen aus Frankreich, der mit mir gemeinsam für das Marketing verantwortlich ist. Kevins Hauptaufgabe besteht darin, über Facebook eine Community aufzubauen und mit ihren Mitgliedern Teile des Produkts zu testen. Die Arbeit ist langwierig und mühselig, aber Kevin zeigt sich engagiert und ausdauernd. Sein Social-Media-Marketing wird ergänzt durch sogenanntes Influencer-Marketing, für das ich Verantwortung trage. Diese Art von Marketing basiert auf der Idee, eine von der Zielgruppe anerkannte und einflussreiche Person als Werbebotschafter*in zu gewinnen. Zum Beispiel Justin Bieber, der für Calvin Klein und T-Mobile wirbt. Den Konsument*innen soll damit suggeriert werden, dass diese berühmte Person (die sie hoffentlich mögen), Produkte dieser Marke benutzt, und in ihnen den Wunsch entfachen, dasselbe zu tun. Sie sehen schon, es fällt mir schwer, meine Skepsis gegenüber dieser Methode zu verbergen. Was ich allerdings gerne annehme, ist die Herausforderung einen Text zu schreiben, der leicht individualisierbar ist und den ich in wenigen Wochen an hunderte sehr bis mittelberühmte Menschen schicken soll. Ich freue mich schon darauf, bald Madonna und Lady Gaga eine E-Mail zu schreiben.

Und so sitzen Kevin und ich im Büro und arbeiten. Zwischendurch ruft Kevin mit seinem wunderbaren französischen Akzent immer wieder Sachen wie: „Shit! This is fucked." Er erklärt mir, wie schwierig er es findet, einen direkten Kontakt zu Unbekannten auf Facebook herzustellen mit dem Aufhänger für ein Produkt, das noch gar nicht richtig greifbar ist. „It's really shitty!" ruft er aus, um sogleich weiter auf seine Tastatur einzuhämmern. Dann sagt er wieder: „But, you know, perhaps it could work, we just have to find out what it really is that we are supposed to sell here."

Marco versucht, uns in den Teamsitzungen das Wesentliche zu erklären, doch Kevin und ich bleiben stets mit einer gewissen Ratlosigkeit und Verwirrung zurück. Wir arbeiten in einer merkwürdigen Mischung aus Geschäftigkeit und Ziellosigkeit. Marco arbeitet bis auf die Teamsitzungen außerhalb des Büros. Wo genau, weiß ich nicht. Er sagt, er müsste ein paar letzte logische Probleme für die Plattform lösen und könnte uns da nicht sinnvoll einbinden. Sobald diese Probleme gelöst seien, würde er sich mit Kevin und mir voll ins Marketing hängen. „Ulrike, du kannst dir gar nicht vorstellen, wie sehr ich mich darauf freue. Jetzt gilt es, diese Durststrecke durchzuhalten. Danach wird auch unsere Arbeitskultur und Zusammenarbeit besser. Ich merke, dass du da auch schon viele Ideen hast und finde es toll, dass du dich einbringst."

Marcos Einsatz und seine unbedingte Überzeugung von seiner Idee ändern nichts daran, dass es mir weiterhin sehr schwer fällt, die Idee von *My Impact* auf den Punkt zu bringen. Geht es nun darum, Menschen dazu anzuregen, anderen gegenüber Dankbarkeit und Anerkennung auszusprechen? Oder eher darum, den Austausch und die Vermittlung kostenloser Dienste aller Art zu ermöglichen? Liegt der Fokus auf dem Erzählen von Erfolgsgeschichten? Geht es um die Entwicklung und Kultivierung von Softskills oder eher von Diensten, die langfristig zahlungspflichtig sein sollen? Auch nach mehreren mehrstündigen Sessions, die genau diese Fragen klären sollen, weiß ich keine Antwort. Ich merke, wie ich mehr und mehr an der Produktidee zweifle. Diese Zweifel beziehen sich nicht nur auf das Weltverbesserungspotenzial. Sie fressen sich durch alle Schichten: Mein gerade im Entstehen begriffenes Selbstbild als Unternehmerin, meinen Glauben an den wirtschaftlichen Erfolg dieses Unterfangens, meine Vorstellung davon, dass diese Station ein sinnvoller Grundstein für meine berufliche Entwicklung ist, und nicht zuletzt meine Bereitschaft, in einem Team zu arbeiten, das in

Weltverbesserer

meinen Augen diesen Namen nicht verdient. Ich zweifle sogar an meinen Zweifeln.

Während ich mich immer unwohler fühle, fragt Marco, wann ich nun endlich den Vertrag unterschreibe, der mich mit Aktienoptionen beteiligen will und unsere Zusammenarbeit formal sichern soll. Ich zögere. Bevor ich einen solchen Vertrag unterschreibe, will ich das Dokument von einer Rechtsberaterin prüfen lassen. Die lässt sich Zeit damit, mir überhaupt einen Termin zu geben. So vergehen die Tage. Ich bin nun seit einem knappen Monat bei *My Impact*.

Eines schönen Freitags erhalte ich einen Anruf von *startsocial*: Die Bewerbung, die ich drei Monate zuvor für *Die Ideenretter* geschrieben habe, war erfolgreich, wir haben ein sechsmonatiges Beratungsstipendium erhalten. Ich hüpfe jubelnd durch die Wohnung.

Mit einem Schlag haben meine Zweifel ein Ende. Das Stipendium gibt mir eine lang vermisste Form der Bestätigung dafür, dass mein Handeln eine gezielte Wirkung zeigt. Zudem wird mir klar, wie viel mehr ich mich mit dem Inhalt der *Ideenretter* identifiziere: Mit Ansätzen aus dem Design Thinking unterstützt Sabine Stengel Jugendliche dabei, eigene Geschäftsideen zu entwickeln und umzusetzen. Damit lädt sie Schüler*innen ein, noch während ihrer Schulzeit den Blick zu weiten für die Welt und das Leben außerhalb von Schule und die Erfahrung zu machen, dass ihre eigenen Ideen etwas zählen und bewirken können. Wie wichtig Selbstwirksamkeit ist, spüre ich gerade am eigenen Leib und ich merke, wie sehr mich der Gedanke beflügelt, etwas dazu beitragen zu können, auch anderen, jüngeren Menschen die Erfahrung von Selbstwirksamkeit zu ermöglichen und damit einen winzigen Beitrag zu einem besseren Schulsystem zu leisten. Der einzige Grund, warum ich mich nicht schon vor drei Monaten entschlossen habe, mit Sabine Stengel *Die Ideenretter* aufzubauen, war meine Annahme, dass diese kleine Initiative weit entfernt davon ist, als Arbeitgeberin ein Gehalt zahlen zu können. Meine Annahme war auch, dass die Bewerbung für ein *startsocial*-Stipendium nie im Leben eine Chance hätte. Nun, wo sich diese Annahme als falsch herausstellt, sehe ich auch die erste Annahme ins Wanken geraten. Wer sagt denn, dass Sabine und ich es nicht schaffen können, innerhalb von ein paar Monaten die Initiative so weit zu bringen, dass wir uns davon bezahlen können?

Mir fallen unzählige weitere Gründe ein, warum es viel attraktiver ist, für die *Ideenretter* und mit Sabine Stengel zu arbeiten. Der wichtigste Grund ist meine Überzeugung, damit etwas wirklich Sinnvolles und Gutes zu tun. Und auch wenn meine Arbeit mit Sabine Stengel nur ein halbes Jahr währt, weil ich irgendwann merke, dass Fundraising doch nicht so schnell geht und ich nun aber endlich auch mal Geld verdienen will, bleibt doch mein Wissen darüber, wie wichtig mir der Sinn in meiner Arbeit ist.

Interviews: Her mit dem Sinn!

Forscher*innen der psychologischen Fakultät in Innsbruck haben vier Dimensionen von Sinn im Beruf identifiziert. (Roth 2014)

1. Kohärenz der beruflichen Tätigkeit mit dem Selbstbild.
2. Identifikation mit der Ziel- und Werteorientierung der Organisation oder des Unternehmens.
3. Bedeutsamkeit bzw. Wirksamkeit der beruflichen Tätigkeit für Kollegen, Geschäftspartnerinnen und darüber hinaus für Umwelt und Gesellschaft.
4. Das Zugehörigkeitsgefühl zu den Mitarbeiter*innen und Kolleg*innen.

Die Forscher*innen der Universität Innsbruck haben festgestellt, dass das Zugehörigkeitsgefühl und die Bedeutsamkeit der eigenen Arbeit eine weitaus größere Rolle für das Sinnerleben spielen als die ersten beiden Dimensionen. Trotzdem haben die meisten meiner Interviewpartner*innen den Sinn ihrer Arbeit primär zu den übergeordneten Zielen ihres Unternehmens in Bezug gesetzt – ähnlich wie ich das ja auch getan habe.

Max analysiert für einen Autokonzern große Datenmengen. Sein hohes Logikverständnis und sein Abstraktionsvermögen kommen ihm dabei zu Gute. Die Arbeit an sich macht ihm Spaß, denn seine Faszination an Knobeleien kommt voll auf ihre Kosten. Doch die Fähigkeit allein, seinen Job gut zu machen, selbst dann, wenn er den eigenen Neigungen entspricht, reicht offenbar nicht.

> *Die sinngebende Hinsicht ist im Moment noch eher unterbedient. Das ist auch langfristig etwas, was ich hoffentlich ändern kann. Als ich auf der Suche war und man mich gefragt hat, was ich jetzt machen will, was mich jetzt interessiert, habe ich immer gesagt, eigentlich bin ich total flexibel. Die Automobilbranche hatte ich mir dabei allerdings nicht vorgestellt. Die Identifikation mit der Firma, oder eher mit dem Produkt, ist also noch nicht so ideal. (Max Seeger – Business Intelligence Consultant)*

Angela arbeitet seit sieben Jahren bei Philips. Auch sie stellt den Sinngehalt ihrer Arbeit in Frage. Dabei helfen Diktiergeräte so vielen Menschen bei ihrer Arbeit: Journalisten, Pathologinnen, Sekretären – mir! Ohne ein Diktiergerät wäre es viel schwerer gewesen, die 25 Interviews für dieses Buch aufzuzeichnen.

> *Die Frage nach dem Sinn stelle ich mir ganz oft. Ich würde lieber etwas machen, was Leuten wirklich guttut. Mir selbst geht es so gut und das würde ich gern weitergeben an Leute, denen es nicht so gut geht. Das mache ich zur Zeit nicht, auch in meinem Job nicht. Aber ich sorge dafür, dass es dem Team gut geht. Ich bin so ein bisschen die Mutter Theresa bei uns und strahle damit auch eine Autorität aus. Ich halte alle zusammen und bin damit auch ein Motor bei uns. Das finde ich schon gut. Aber die Sache an sich: Diktiergeräte verkaufen und Lösungen dazu… Na ja, es gibt sinnvollere Dinge. (Angela Alliger – Sales- & Projektmanagerin)*

Obwohl Angela so selbstkritisch über den Sinn ihrer Arbeit spricht, sind die Dimensionen Zugehörigkeit zum Team sowie die direkte Wirksamkeit ihres Tuns für ihre Kolleg*innen und ihre Kund*innen aus meiner Sicht gut ausgefüllt. Auch die Übereinstimmung von Angelas Selbstbild mit ihrem Aufgabenprofil scheint ziemlich groß zu sein. Ich denke, daher rührt letztlich auch Angelas große Zufriedenheit mit ihrer Position. Bei meiner Frage nach dem Sinn dachte sie offenbar in erster Linie an die zweite Dimension der Forscher*innen aus Innsbruck, nämlich an die Identifikation mit der Ziel- und Werteorientierung des Unternehmens. Konzerne, Gewinnmaximierung, Profitstreben – das sind typische Assoziationsketten. Der Begriff „Sinn" taucht da höchstens als Antonym auf.

Entsprechend beantwortet Joel meine Frage im Hinblick auf die Sinnhaftigkeit der profitorientierten Konsumgüterproduktion von Konzernen:

> *Ich bewege mich in gewisser Weise in der herzlosen Welt der Konzerne und mache Dinge, die weder besonders sinnvoll noch weltverändernd für Menschen sind. Vielleicht verkaufe ich ihnen gerade Deos. Der Sinn dahinter ist begrenzt. Andererseits benutzen viele von uns Deos und wollen, dass das angenehm ist und uns nicht die Achselhaare wegätzt. Und wenn du dabei helfen kannst, diesen kleinen Teil des Lebens zu verbessern, warum nicht? Ich rette nicht die Welt mit meiner Arbeit – im Gegenteil, mir ist sehr bewusst, wie leicht einige dieser Produkte hinterfragt werden können. Manchmal bekomme ich Aufträge, die besser sind, was den Sinn angeht. Ich habe einige Projekte für Wohltätigkeitsorganisationen gemacht, wo es mehr darum ging, die Einstellung von Menschen zu ändern. In einem Projekt ging es zum Beispiel um die Kommunikation rund um psychische Gesundheit in den USA. So etwas kann ja tatsächlich die Lebensqualität von Menschen verbessern. Aber solche Aufträge sind die Ausnahme. (Joel Du Bois - Markensemiotiker)*

Nach diesen eher kapitalismuskritischen Aussagen mag Christians Antwort überraschen. Erinnern Sie sich? Christian ist Gründer und Geschäftsfirma einer Firma, die Radarmodule für die Bergbauindustrie entwickelt und verkauft. Auf meine Frage nach dem Sinn antwortet Christian:

> *Das ist eine zutiefst philosophische Frage. Ich gehe eher davon aus, dass das Leben absurd und kontingent ist, wobei Sinn = 0; Zeit = 100%, Geld = ausreichend. (Christian Augustin – Head of Sales & Business Development)*

Ich versuche, Christians kryptische Botschaft zu entschlüsseln. Bezogen auf den Sinngehalt seiner Arbeit als ein Teilbereich des Lebens, für das dieselbe Aussage gilt, scheint Christian zu sagen: Sinn in meiner Arbeit sehen muss ich nicht, aber könnte ich. Den Zahlenwert 0 deute ich als Indiz dafür, dass Christian seiner Arbeit keinen intrinsischen Sinn beimisst, sondern diesen selbst erschafft. Aber kann man das einfach so? Selbst dann, wenn – wie im Fall von Joel, Angela oder Max – die eigene

Arbeit im Dienste von Konzernen steht, deren Produkte und Arbeitsweise zumindest von Kapitalismuskritiker*innen und Postwachstumsverfechter*innen als problematisch für Mensch und Umwelt gesehen werden? In dieser Hinsicht sehe ich in der Bergbauindustrie ähnlich wenig Identifikationspotenzial wie in der Automobilbranche. Beide machen die Umwelt kaputt. So gesehen scheint mir ein Sinngehalt von null Punkten durchaus gerechtfertigt. Müsste man dafür nicht sogar Minuspunkte verteilen?

> *Das wäre eine ziemlich verknappte und einseitige Darstellung. Unsere Anlagen sparen global vermutlich ein Kohlekraftwerk ein. Damit dürften wir nachhaltiger agieren als so manches andere Unternehmen, das sich nachhaltig nennt. (Christian Augustin)*

Dann macht Christian mich auf einen Punkt aufmerksam, der mich auch schon beschäftigt hat. Wie sähe unsere Welt ohne Eisen, Kupfer und Kobalt aus? Handys und Notebooks hätten wir dann schon mal nicht. Woraus würden wir unsere Häuser und Straßen bauen ohne Kies, Sand und Kalkstein?

> *Alles menschliche Handeln macht „die Natur" kaputt. Aber was heißt eigentlich „Natur"? Menschen haben fast alles auf diesem Planeten durch Kulturlandschaften ersetzt. Auch ökologische Landwirtschaft macht die Natur kaputt – unter bestimmten Bedingungen sogar deutlich mehr als ein selektiver Bergbau. (Christian Augustin)*

Es ist wohl nicht übertrieben, zu sagen, dass die gesamte Weltwirtschaft und damit alle gegenwärtigen sozialen Systeme ohne Rohstoffe zusammenbrechen würden. Ist es also nicht sinnvoll, mit High-Tech-Lösungen die Abläufe dieser Industrie zu verbessern? Mehr Sicherheit und Sauberkeit zu gewährleisten? Das ist auch ein möglicher Blickwinkel.

Wie sinnvoll oder sinnlos Menschen ihre Arbeit finden, hat natürlich in erster Linie etwas mit ihrem Blickwinkel zu tun. Schwierig wird es erst, wenn wir versuchen, den Sinngehalt unserer Arbeit an einer Messlatte abzulesen, die sich nur für den Weltfrieden und die Klimarettung interessiert.

Trotz dieser Erkenntnis fällt es mir im Allgemeinen leichter, solchen Organisationen den Stempel „sinnvoll" zu geben, deren Kerngeschäft in der Verwirklichung sozialer und ökologischer Visionen besteht. Ich hege Bewunderung für Menschen, die sich voller Überzeugung dem großen Ziel der Weltverbesserung verschreiben und dieses Ziel beharrlich und erfolgreich verfolgen. Katja Urbatsch ist ein wunderbares Beispiel dafür. Nur ein Jahr nachdem sie *arbeiterkind.de* gegründet hatte, wurde sie als Fellow bei Ashoka aufgenommen. Heute erreicht ihre Organisation zehntausende Jugendliche und Studierende der ersten Generation mit Orientierungs- und Beratungsangeboten.

> *Das ist natürlich eine sehr sinnstiftende Arbeit. Es geht mir hier um die Sache. Als ich anfing zu studieren, bin ich von meinen Verwandten oft gefragt worden: Warum machst du keine Ausbildung wie alle anderen? Warum musst du denn jetzt studieren? Und warum gleich in Berlin? So weit weg? Unterschwellig hörte ich da immer ganz viel Kritik, ich habe mich extrem angegriffen gefühlt. Das war schlimm für mich, vor allem, weil ich ja selber noch nicht wusste, wo es hingeht. Auf der einen Seite hatte ich also von meiner Familie wenig Unterstützung. Auf der anderen Seite habe ich an der Uni gemerkt, dass ich als Arbeiterkind zu einer sehr kleinen Minderheit gehörte. Vieles, was für die anderen selbstverständlich war – Sartre gelesen, ein bestimmtes Vokabular, usw. – hat mich total eingeschüchtert. Und dann hatte ich irgendwann diese Idee, ein Internetforum aufzubauen mit Infos und Austauschmöglichkeiten für andere wie mich. Um ihnen den Weg zu ebnen und bestimmte Entscheidungen zu erleichtern. Und das funktioniert sehr gut. Das Feedback, das wir kriegen, die vielen Menschen, die wir unterstützen... dafür mache ich das. (Katja Urbatsch – Sozialunternehmerin)*

Auch für Johannes Terwitte ist der Wunsch, die Welt ein wenig besser zu machen, ein Handlungsmotor. Im Kapitel „Meet the Crew" hat er bereits die wichtigen Stationen seines bisherigen Weges zusammengefasst. Er endet mit der Feststellung, dass seine Berufserfahrung als Teach First-Fellow an einer Schule in Berlin Wedding zu einer großen Desillusionierung führte. In dem System, in dem er sich befand, war es ihm nicht möglich, entsprechend seiner pädagogischen Überzeugungen zu handeln. Die Schüler*innen waren es nicht gewohnt, ernst genommen und gleichberechtigt behandelt zu werden. Im Kollegium fand

Johannes kaum Unterstützung. Seine wiederholte Erfahrung, mit seiner Haltung vor allem Unverständnis und konfliktgeladenen Unterricht zu erzeugen, führte in ihm zu einer Schwerpunktverlagerung seines Interesses an Bildung. Die Bildungsgerechtigkeit, um die es Teach First geht, wurde immer mehr von der Idee und Umsetzung demokratischer Schulen verdrängt. Die Grundlagen, die die erfolgreiche Umsetzung demokratischer Schulen erfordert, sind in den „herausfordernden Umfeldern", in denen Teach First agiert, nicht gegeben. Obwohl das Anliegen von Teach First verschiedenen messbaren Kriterien zufolge ein sehr lohnenswertes und für die Gesellschaft sinnvolles ist, war für Johannes keine der vier Sinndimensionen auch nur annähernd erfüllt. Die Rolle, die er als Lehrer hätte einnehmen müssen, entsprach nicht seinem Selbstbild. Er konnte sich immer weniger mit den Werten und Zielen des Systems Schule identifizieren. Zudem waren weder Johannes' Bedürfnis nach Selbstwirksamkeitserfahrung noch sein Zugehörigkeitsgefühl zu seinen Kolleg*innen erfüllt.

Inzwischen lebt Johannes mit seiner Familie in der Gemeinschaft Klein Jasedow. Die Welt verbessern will er immer noch. Allerdings braucht er dafür nicht mehr die formale Anerkennung durch einen öffentlich anerkannten „weltverbessernden" Arbeitgeber. Denn um diese Anerkennung geht es, glaube ich, sehr oft bei unserem Wunsch, Gutes mit unserer Arbeit zu tun. NGOs, Non-Profits und auch For-Profits haben das längst erkannt und sprechen potenzielle Bewerber*innen implizit auf ihren Wunsch nach einem Weltverbessererselbstbild an. Zumindest bei mir funktioniert diese Ansprache sehr gut. Eine Arbeit zu finden, mit der ich zweifellos Gutes für die Gesellschaft tue und die gleichzeitig ein hohes Maß an öffentlicher Anerkennung (in Form von Gehalt) beinhaltet, ist lange Zeit mein großes Ziel.

Die verschiedenen Komponenten (Bezahlung, Anerkennung, Status, und den tatsächlichen Wunsch Gutes zu tun) auseinanderzuhalten, ist gar nicht so einfach. Die Interviews helfen mir dabei. Denn auch wenn ich selbst jahrelang ehrenamtlich gearbeitet habe, fehlte mir bisher offenbar die eigene Wertschätzung dieser Tätigkeiten. Vielleicht kann ich mir da von Marta etwas abgucken. Neben ihrer Erwerbstätigkeit in der Botschaft von Kanada arbeitet sie jede Woche durchschnittlich zehn Stunden ehrenamtlich im Polnischen Sozialrat. Das Interview nutzt sie als eine Gelegenheit auf die Arbeit und die Wichtigkeit dieser Organisation aufmerksam zu machen.

Bereits während des Studiums habe ich angefangen mich bei einer Migrantenselbstorganisation politisch zu engagieren. Mittlerweile bin ich im Vorstand des Polnischen Sozialrates – diese Arbeit ist mir wichtig. Ich bin überzeugt, dass wir einen Beitrag zur höheren gesellschaftlichen Teilhabe von Menschen mit Migrationsgeschichte leisten. (Marta Neüff - Koordinatorin)

Bei der Vielfalt an Initiativen und Organisationen, die wirklich Sinnvolles bewirken und deren Anliegen ich gern unterstützen möchte, dürfte die Sache mit dem Sinn doch eigentlich kein Problem sein: Ich müsste mich einfach noch mehr ehrenamtlich engagieren und mein Anspruch, einen Beitrag zu einer besseren Welt zu leisten, wäre mit einem Schlag erfüllt! Aber so einfach ist es eben doch nicht. Der Erwartungsdruck, mit meiner *Erwerbsarbeit* etwas Großartiges zu leisten, ist nach wie vor in mir präsent. Annika kennt ihn auch – allerdings mittlerweile nur noch aus ihrer Erinnerung.

Ich habe die Erwartungen der Anderen und meine eigenen deutlich gemerkt. Die haben gesehen, dass ich einen sehr guten Abschluss in Archäologie gemacht habe und dachten: Und jetzt die Doktorarbeit! Du wirst jetzt hier was ganz Großes! Und ich wollte ja auch was ganz Großes werden. – Die größte Schwierigkeit war tatsächlich, von den Tätigkeiten und Dingen nicht so viel zu wollen. Nicht Dinge zu erwarten, die sich eigentlich nicht erfüllen können, sondern sie als das zu sehen, was sie sind. Nämlich Tätigkeiten, Lebenszeit, Begegnung, Broterwerb. Nicht mehr und nicht weniger. (Annika Buchheister – Sekretärin & Buchhalterin)

Das wäre schön, wenn ich die Dinge auch so sehen könnte, wie sie sind. Ich stelle mir vor, wie einfach mir das Leben dann vorkäme. Aber das Leben einfach zu finden, gelingt mir nur manchmal. Liegt das daran, dass ich als Literaturwissenschaftlerin unter einem notorischen Interpretationszwang leide? Ich fürchte, das ist nicht die ganze Wahrheit. Denn um die Welt und die Arbeit so zu sehen, wie Annika das tut, braucht es viel Entschlusskraft und den Mut auf Verzicht – Verzicht in erster Linie auf Anerkennung und Status.

> *Klar war es auch eine Entscheidung, auf sozialen Status zu verzichten. Wenn die Leute mich fragen: Was machst du so? Dann sage ich inzwischen sehr selbstbewusst: Ich bin Sekretärin. Das musste ich erst mal lernen. Ich dachte lange, es wäre sehr, sehr, sehr wertvoll zu sagen, ich sei dies und das und jenes. Als ich das erste Mal als Sekretärin für eine Forschungseinrichtung gearbeitet habe, nannte ich das noch „Office Management", weil ich Sekretärin so schnöde fand. Heute finde ich Sekretärin total gut! Aber natürlich hat mich das auch gekostet, von diesem Status abzusehen. Das kam nicht von alleine. Es war vielmehr eine ganz bewusste Entscheidung, die ich immer wieder aufs Neue treffen musste. (Annika Buchheister)*

Ich finde es interessant, dass Annika auf meine Frage, wie lohnenswert ihre Arbeit im Hinblick auf Geld, Sinn und Zeit sei, den Sinn kaum thematisiert. Sie könnte ihre Arbeit in Bezug zu den Zielen der Büros setzen, für die sie arbeitet: Kommunikationsberatung für NGOs, Chancengleichheit der Geschlechter. Tut sie nicht. Stattdessen beschreibt sie den Wandel ihrer eigenen Einstellung zur Arbeit, in der sie nicht länger die Bestätigung dafür sucht, jemand Großartiges zu sein. Stattdessen sieht sie ihre Erwerbsarbeit neben ihrer Funktion als Broterwerb als eine tägliche Gelegenheit zur Übung von Freundlichkeit, Demut, und Wahrhaftigkeit sich selbst und anderen gegenüber.

Ich verdanke es auch Annika, dass ich im Laufe des Jahres etwas Wichtiges über mich entdecke: Lange Zeit glaubte ich, mein Bestreben etwas Sinnvolles zu arbeiten, wäre ausschließlich begründet in meinem Wunsch, Gutes zu tun, in einer Art ehrenwertem Verantwortungsgefühl für die Gesellschaft, in der ich lebe. Ganz besonders, nachdem ich viele Jahre Empfängerin eines staatlichen Stipendiums war, bin ich nun angetrieben von der Erwartung (von innen wie außen), jetzt endlich etwas zurückzugeben. Das Bestreben, einen positiven Beitrag zur Gemeinschaft zu leisten, ist ja an sich nichts Besonderes. Das steckt wohl in den meisten Menschen. Auch ich finde es wichtig, mit meiner Arbeit über meine eigene Person hinaus etwas Gutes zu bewirken.

Aber es steckt noch mehr dahinter: Es geht nämlich überhaupt nicht ausschließlich um mein Bestreben, Gutes zu tun. In gleichem Maße geht es um mein Bestreben, etwas Besonderes zu tun und damit jemand Besonderes zu sein. Mir wurde schon sehr früh und im Lauf meiner Schul- und Studienzeit immer wieder gesagt: Du wirst einmal etwas Tolles machen, denn du bist begabt, hast so viele Ideen, überall Bestnoten, Cambridge, Studienstiftung. Da kann ja gar nichts schiefgehen. Der Erfolg ist ja quasi vorprogrammiert. Die Erkenntnis, wie viel Suche nach Anerkennung in meiner Suche nach einer sinnvollen Arbeit ist, finde ich unangenehm. Aber sie hilft mir, das eine vom anderen zu unterscheiden.

Geschichten wie die von Johannes und Annika haben mir gezeigt, dass es nicht nur möglich, sondern manchmal auch nötig ist, sich von Erfolgsdruck zu befreien. Denn nur so kann die Frage nach dem großen Sinn in die richtige Perspektive gerückt werden. Nichts hat mir das so deutlich gezeigt, wie Annikas Geschichte. Einer vom Krebs Geheilten erscheint das Leben unendlich viel kostbarer als einer durchweg Gesunden. Die Geheilte erinnert sich – vielleicht täglich – wie es ist, dem Tod ins Gesicht zu schauen. Sie hat ihren Körper als schwach und sterblich erlebt. Die Gesunde kann höchstens versuchen, es sich vorzustellen. Und dennoch kann auch die Gesunde jederzeit sterben. Jeder weiß das. Auch die Gesunde weiß es. Sollte nicht auch sie versuchen, ihre beruflichen Entscheidungen an der Kostbarkeit dieses Geschenks namens Leben auszurichten?

„Es ist alles Lebenszeit," sagt Annika. Und das heißt, dass meine Berufsentscheidungen immer auch Lebensentscheidungen sind. Die Frage nach dem Sinn in der Arbeit stellt sich in diesem Zusammenhang mit einem ganz anderen Fokus. Nämlich: Was macht das Leben *für mich* sinnvoll? Was sind meine persönlichen Ziele? Inwiefern sind sie Ausdruck meiner Werte? Welchen Vorhaben, Gedanken und Handlungen möchte ich meine Lebenszeit widmen? Erst dann kann ich die nächsten Fragen beantworten: Welche Arbeitsfelder, -formen und -bedingungen passen zu *diesen* Bedürfnissen? Was bin ich bereit, dafür zu tun oder auch, dafür aufzugeben?

Ihre persönliche Karriere „mit Sinn" muss nicht unbedingt dem entsprechen, was Medien und Karriereportale uns präsentieren. Es muss noch nicht einmal eine Karriere sein. Gut möglich, dass Sie diese Fragen noch gar nicht beantworten können. Die einzige Möglichkeit, Antworten darauf zu finden, ist, sich immer wieder diesen Fragen zu stellen, Ihre Ideen auszuprobieren und auf Wirksamkeit zu testen.

Übung: Die vier Sinndimensionen im Beruf

Diese Übung eignet sich für alle, die sich die vier Sinndimensionen in Bezug auf ihre jetzige oder auf eine angestrebte Tätigkeit genauer angucken wollen.

So geht's:

Schritt 1: Suchen Sie Antworten auf die folgenden Fragen.

- **Kohärenz**. Wie groß ist die Übereinstimmung Ihres Selbstbildes mit der Rolle, die Sie sich durch Ihre universitäre oder berufliche Tätigkeit zuschreiben?
- **Zielorientierung**. Inwieweit können Sie sich mit den übergeordneten Zielen, Werten und Normen Ihrer Organisation identifizieren?
- **Bedeutsamkeit**. Was können Sie mit Ihrem universitären oder beruflichen Tun für sich selbst und für andere bewirken? Wie autonom, kompetent und einflussreich fühlen Sie sich?
- **Zugehörigkeit**. Wie sehr fühlen Sie sich als Teil einer Gemeinschaft in Ihrer Organisation?

Sie können die Antworten auf diese Fragen in einen Zahlenwert übersetzen: Auf einer Skala von 0 bis 10… Aber das wäre ziemlich langweilig und vermutlich wenig aufschlussreich. Laden Sie stattdessen Ihre Freund*innen zu einem Bier ein und stellen Sie sich gegenseitig diese Fragen. Oder schreiben Sie Antworten auf diese Fragen in einen Brief – an sich selbst oder an eine Person, die diesen Brief lesen soll. In welcher dieser vier Dimensionen möchten Sie etwas verändern?

Schritt 2: Notieren Sie für jede Dimension, in der Sie Verbesserungsbedarf sehen, ein bis drei Dinge, die Sie konkret umsetzen können.

Übung: 50 Wege zum Job mit Sinn

Diese Übung eignet sich für alle, die auf jeden Fall eine Arbeit mit Weltverbesserungsanspruch finden wollen und bereit sind, viel dafür zu geben – die aber nicht wissen, wie und wo sie anfangen sollen. Genau genommen besteht diese Übung aus – Sie haben es erraten – 50 einzelnen Übungen, die aufeinander aufbauen. Aber auch, wenn Sie nicht gewissenhaft jede einzelne Übung der Reihenfolge nach abarbeiten, werden Sie viel Inspiration und weiterführende Quellen finden:

http://50wegezumjob.de/

Hinweis: Die 50 Schritte wurden von einer hippen kanadischen Wohltätigkeitsorganisation namens DreamNow entworfen und zusammengestellt. DreamNow design und produziert Ideen für den guten Zweck.

Lektüre

Aaron Hurst ist, wie Katja Urbatsch, Ashoka Fellow. Er belegt in seinem Buch die These, dass sinnvolle und nachhaltig befriedigende Ziele (=purpose) ein neuer und begrüßenswerter Trend sind, der das Potenzial hat, unsere Wirtschaft zu revolutionieren und die Welt zu verbessern.

Aaron Hurst. *The Purpose Economy, Expanded and Updated: How Your Desire for Impact, Personal Growth and Community Is Changing the World*. Elevate Publishing: 2016.

Sehr inspiriert hat mich die Aufsatzsammlung mit dem Titel *Zeitwohlstand*. Fachlich fundiert und dabei zugänglich geschrieben, formulieren die Autor*innen aus verschiedenen Perspektiven Lösungsvorschläge für die Fragen: Was ist eigentlich ein gutes Leben? Welche Rolle spielen dabei unser Verhältnis zu Zeit, Arbeit und einer intakten Umwelt? Was können wir tun, damit unsere Zukunft für möglichst viele Menschen lebenswert ist?

Konzeptwerk Neue Ökonomie (Hrsg.) *Zeitwohlstand: Wie wir anders arbeiten, nachhaltig leben und besser wirtschaften*. oekom: 2013.

Blogs und Webseiten mit Denkanstößen, Portraits von nachhaltig agierenden Unternehmen und Jobausschreibungen rund um sinnvolle Arbeit:

http://www.sinnforschung.org/archives/category/beruf
http://enorm-magazin.de/
http://thechanger.org
http://talents4good.org

Do what you love

Worum geht's?

In diesem Kapitel geht es darum, herauszufinden, wie wichtig und wie realistisch es ist, eine Arbeit zu finden, die Sie gern machen.

Was bringt's?

Sie erfahren, was Zweifel, Storytelling und der Negativity Bias mit der Wahrscheinlichkeit zu tun haben, eine Arbeit zu finden, die Spaß macht. Außerdem lade ich Sie ein, auf Ihrer eigenen Suche Ihren Spieltrieb zu aktivieren und ihm Raum in Ihren Unternehmungen zu geben.

Episode: Heiß auf Kaltakquise

6. Mai 2015. Glücklicherweise wusste ich selbst schon immer sehr genau, was ich gerne mache. Mit diesem Wissen fiel es mir nach der Schule sehr leicht, mich zu entscheiden, was ich als nächstes machen wollte. Ich gierte danach, andere Kulturen und Sprachen kennenzulernen. Also ergriff ich die erstbeste Möglichkeit, mit der ich dieses Verlangen finanzieren konnte und ging nach Paris. Ich arbeitete in einem Kindergarten und hatte einen Putzjob im Tausch gegen ein Zimmer für nur 100 Euro Miete, um in meiner Freizeit Französisch an der Sorbonne zu lernen. Ich las Simone de Beauvoirs Memoiren im Original, und schrieb Geschichten auf Deutsch und Tagebucheinträge auf Französisch in meinem kleinen Zimmer, in das es reinregnete. Meine Liebe für Sprachen und Literatur wurde einmal mehr bestätigt, als ich den Zulassungsbrief aus Cambridge bekam: Ich durfte dort Französisch und Altgriechisch studieren! Auf Englisch! Weitere

Sprachexkurse ließen sich mühelos in meine Zeit in Cambridge und Montreal einflechten. Ich las viel und ich schrieb viel. Sehr gute Noten und Stipendien taten ihr Übriges, um mich auf diesem Weg zu bestärken.

Unglücklicherweise scheint das ein Weg zu sein, der auf dem Arbeitsmarkt nicht besonders hoch gehandelt wird. Geisteswissenschaftler*innen um mich herum jammern, wie desolat der Arbeitsmarkt für unsere Spezies ist. Diese Geisteshaltung wird durch Zeitungsartikel und andere Medienberichte, die Sie auf keinen Fall lesen sollten, ständig wiederholt und verstärkt. Stellenanzeigen, die Geisteswissenschaftler*innen nicht von vornherein ausschließen, warten mit einem unattraktiven Jobprofil auf. Entweder sind die Aufgaben ätzend und langweilig oder die Stelle zeitlich befristet oder das Gehalt unterirdisch. Meistens alles auf einmal. Und trotzdem stürzen sich alle drauf. –

Das alles ist die reine Wahrheit. Zumindest meine ganz subjektive, ganz aktuelle. Die Beschreibungen der Jobanforderungen in den Stellenanzeigen, die mich nicht von vornherein aufgrund fehlender Qualifikationen ausschließen, öden mich an. So etwas will ich nicht machen. Auf keinen Fall.

Meine Freundin Janine macht mich auf die Connecticum aufmerksam. Das ist eine große Jobmesse, die sich an Absolvent*innen der Ingenieurs-, Wirtschafts- und Naturwissenschaften wendet. Ich finde, das ist ein prima Einstieg für eine Geisteswissenschaftlerin in dieses Terrain, ein wunderbarer Ort für Experimente. Bevor ich losgehe, schaue ich mir die Aussteller so genau wie möglich an. Und tatsächlich, unter „400 renommierten Unternehmen" finde ich zwei, die offen für alle Disziplinen sind.

Sie suchen Sales Manager. Sales? Verkauf? Ich unterdrücke meinen ersten Impuls der Abneigung. Leute dazu überreden, etwas zu kaufen, ist so ziemlich das Letzte, was mir einfällt, wenn mich jemand nach Tätigkeiten fragt, die mir Spaß machen. Versicherungsvertreter*innen und andere arme Würstchen, die Leute zu einem Vertragsabschluss mit dem neuen Fitness-Studio kriegen wollen, kommen mir in den Sinn. Ich streife meine Vorurteile ab, so gut es geht, und unterhalte mich mit den Mitarbeiter*innen von Meltwater, einer norwegischen Big-Data-Insight-Firma, und von IQPC, einem US-stämmigen Unternehmen, das hochspezialisierte Fachkonferenzen für alle möglichen Branchen konzipiert, organisiert und vertreibt. Meine Gesprächspartner*innen haben eine anregende Wirkung auf mich. Innerhalb weniger Stunden erscheint mir das Profil einer Sales Managerin überraschend attraktiv. Sie muss verstehen, welches Problem die Kunden wirklich haben und erklären können, inwiefern das Produkt, das sie anbietet, dafür eine Lösung ist. Im Grunde geht es darum, anderen Menschen zu helfen! Es geht um gelungene Kommunikation! Um Psychologie! Um wirtschaftliche Zusammenhänge! Und nebenbei lerne ich als Sales Managerin eine der wichtigsten Grundlagen für erfolgreiches Unternehmertum: Umsatz und Gewinn generieren.

Plötzlich bin ich ganz begeistert. Das ist der beste Modus, um Bewerbungen zu schreiben. Und so bekomme ich noch am selben Tag, an dem ich meine Bewerbung an IQPC abschicke, eine Einladung zum Telefoninterview. Um mich optimal vorzubereiten, lese ich ein Buch mit dem ekelerregenden Titel *Heiß auf Kaltakquise* von Tim Taxis, mache mir eifrig Notizen für Fragen, die mir im Interview möglicherweise gestellt werden. Sogar ein Testinterview mache ich am Telefon mit meiner Freundin Bianca, die als Geschäftsführerin einer Finanzberatung Erfahrung als Interviewerin hat.

Zum Interviewtermin klingelt mit etwas Verspätung das Telefon. Ich bin nervös und etwas heiser. Der Personaler ist ein Kumpeltyp mit sonorer Stimme. Ohne langes Vorgeplänkel kommt er zur ersten entscheidenden Frage: „Warum haben Sie sich denn auf die Stelle als Sales Manager beworben?"

Ah! Wusste ich doch! Darauf habe ich mich natürlich vorbereitet. Ich erzähle von meiner Begeisterung für Kommunikationspsychologie und wie viel Freude es mir bereitet, Menschen dabei helfen zu können, ein Problem zu lösen, das für den Erfolg ihres Unternehmens ausschlaggebend ist. Wie spannend ich überhaupt die Geschichten anderer Menschen finde. Wie motiviert ich bin, dieses Verkaufen zu lernen als Grundlage für Entrepreneurship, ja, auch im sozialen Bereich. Ich erzähle eine ganze Menge.

Nach drei Minuten sagt der Personaler: „Sie sind gar keine Verkäuferin. Kennen Sie das Vier-Farbenmodell nach Max Lüscher? Im Recruiting wird damit recht viel gearbeitet. Ein typischer Verkäufer ist orange, eine Mischung aus Rot und ein bisschen Gelb. Der rote Denktyp hat den Willen, alle von seiner Idee zu überzeugen. Der gelbe Denktyp bringt den nötigen Charme dafür mit. Bei Ihnen sehe ich viel blau und grün: Sie haben eine soziale Ader, sind auf Harmonie aus, und nutzen Ihre ausgeprägte Kommunikationsfähigkeit dafür. Aber ich sehe auch Gelb in Ihnen. Sind Sie künstlerisch begabt?"

„Äh, na ja. Also. Ich habe früher gern geschrieben. Kurzgeschichten und so."

Ich bin mir sicher, dass mich dieses Geständnis als Sales Managerin disqualifiziert. Aber ich kann so schlecht lügen.

„Das überrascht mich nicht", sagt der Personaler jovial. „Wissen Sie, es ist gut, wenn Sie Ihre Stärken kennen. Wenn Sie wissen, was Sie wirklich gern machen. Was Sie motiviert. Verbiegen Sie sich nicht… das macht nur unglücklich. – Kommen wir doch noch einmal zurück dazu, was Sie motiviert, bei uns als Sales Manager zu arbeiten."

„Also, wie gesagt, ich finde es spannend, herauszufinden, was die Kunden überhaupt für ein Problem haben und dann mit ihnen gemeinsam eine Lösung dafür zu finden."

„Wie ist denn ihr Verhältnis zum Geld?"

„Na ja. Ich… ähm… also, im Vordergrund steht für mich auf jeden Fall, dass ich den Kunden etwas anbieten kann, was ihnen weiterhilft…"

„Und Geld?"

„Ja… also, ich kann mir schon vorstellen, dass das ja auch motiviert, wenn man weiß, dass das Gehalt mit der Anzahl der abgewickelten Verkäufe steigt."

Ich höre mich selbst wie aus der Ferne reden.

Der Personaler räuspert sich.

„Ich sag Ihnen mal, was unsere Sales Leute auszeichnet, was die antreibt: Ein erfolgreicher Verkäufer ist geil aufs Geld – und schämt sich auch nicht, das zuzugeben. Bei uns in der Sales-Abteilung, was denken Sie, wie die abgehen, wenn einer von denen eine Glückssträhne hat und einen Verkauf nach dem nächsten abwickelt? Die brechen alle in einen Goldrausch aus und mit jedem weiteren Abschluss kocht die Stimmung mehr. Klar, die quatschen auch gern mit den Kunden. Aber worauf es letztlich ankommt, ist, wie viele Konferenztickets sie verkaufen. – Für mich persönlich wäre das auch nichts. Mich würde das zu sehr stressen, der ständige Druck, KPIs zu erfüllen. Die Sales-Leute fühlen sich davon manchmal auch gestresst – aber in einem positiven Sinn."

Ich stelle mir vor, wie die Mitarbeiter*innen in der Sales-Abteilung sich die Headphones von den Köpfen reißen, von den Bürostühlen aufspringen und jubeln und grölen. Mir wird übel. Vielleicht merkt der Personaler das. Denn als nächstes sagt er: „Jeder kann seine Nische finden. Oft geht das nur über Umwege. Probieren Sie aus, was Ihnen Spaß macht. Haben Sie den Mut, auch Wege zu gehen, die Ihre Eltern oder Ihre Freunde nicht gehen würden. Sie sind kreativ. Machen Sie was draus. Wenn Sie dem, was Ihnen Erfüllung bringt, keinen Raum geben, werden Sie über kurz oder lang verkümmern."

Nach eineinhalb Stunden legen wir auf. Die Anspannung und auch die Übelkeit fallen von mir ab. Habe ich gerade tatsächlich durch ein Bewerbungsinterview für eine Vertriebsstelle meine verschüttgegangene Leidenschaft, das Schreiben, wiederentdeckt?

Eine Woche später jedenfalls schreibe ich die ersten Seiten für dieses Buch. Es tut mir gut. Selbst wenn dieses Buch nie jemand außer mir lesen wird, tut es gut. Das Schreiben ist ein wichtiger Teil von mir. Ich muss mit dem Schreiben kein Geld verdienen. Aber ausgeschlossen ist diese Möglichkeit auch nicht.

Ein knappes Jahr später arbeite ich an meinem ersten bezahlten Schreibauftrag. Weitere kommen dazu. Im Moment ist es noch zu früh, um festzustellen, welchen Anteil das Schreiben an meinem Einkommen haben wird. Allerdings ist es nicht zu früh, um festzustellen, dass es einen sehr großen Anteil an meinem Wohlbefinden hat. Das weiß ich im Grunde schon, seit ich schreiben kann. Nur war mir dieses Wissen vor lauter Jobfindungssorgen irgendwie abhandengekommen. Jetzt habe ich mich wieder daran erinnert.

Interviews: Was Geisteswissenschaftler*innen an ihren Jobs mögen

Übrigens gibt es tatsächlich Leute, die gerne im Vertrieb arbeiten – auch Geisteswissenschaftler*innen. Und das, obwohl sie nicht vordergründig geldgeil sind. Das hätte ich als Sales Managerin in einem Unternehmen, das vor allem die Geldgeilheit seiner Sales-Leute schätzt, nicht erfahren. Das hätte ich auch nicht erfahren, wenn ich dem, was ich wirklich gerne mache, dem Schreiben, keinen ausreichenden Platz eingeräumt hätte. Denn dann wäre dieses Buch nie entstanden. Dann hätte ich auch Angela nicht kennengelernt. Immer wieder in unserem Gespräch blitzt die Freude auf, mit der sie ihre Arbeit macht:

> *Ich bin mit so vielen Leuten im Austausch. Das macht mir am meisten Spaß. Ich erzähle gern, ich höre auch gerne zu und so habe ich mit den unterschiedlichsten Ebenen bei uns zu tun. Den Geschäftsführer sehe ich gern als Ratgeber, den Kollegen sowieso, dann habe ich die Partner, mit denen ich spreche, ich habe aber auch mit Endkunden direkt Kontakt, denn ich muss wissen, was sie brauchen, und ob unsere Lösung so überhaupt Sinn macht. Diese Kontakte pflege ich vornehmlich auf Messen und Partnerevents. Jetzt gerade bereite ich ein sehr großes Event vor, zu dem wir alle Partner einladen und wo wir es ihnen einfach schön machen wollen und sie ermuntern, die Geräte weiterhin bei uns und nicht woanders zu kaufen. Das macht mir riesig viel Spaß. (Angela Alliger – Sales- & Projektmanagerin)*

Woher wusste sie als Lehramtsstudentin in Germanistik und Grundschulpädagogik, dass ihr Herz eigentlich woanders schlägt? Sie entdeckte zufällig die Messe- und Promotionwelt: Parties, viele Leute kennenlernen, schöne Autos verkaufen – das alles belebte und beflügelte sie. Und gut bezahlt wurde sie obendrein. Der Grundstein war gelegt. Hierauf konnte Angela die Dinge, die sie gern tat, weiter ausbauen.

Auch Christian hätte ich ohne dieses Buchprojekt nicht kennengelernt. Der Geschäftsführer ist gleichzeitig Head of Sales and Business Development – während sein Partner die technische Leitung verantwortet. Dass Christian der Vertrieb Spaß macht, liegt nicht zuletzt daran, dass er diese Aufgabe mit derselben forschenden und neugierigen Haltung erfüllt, die er schon in seinem Geschichts- und Philosophiestudium kultivierte. Um die komplexen Probleme der Kunden zu verstehen und eine Lösung zu erarbeiten, hilft ihm das methodische Handwerkszeug seines Studiums.

Wie Angela und Christian frage ich auch meine anderen Interviewpartner*innen, was sie an ihrer Arbeit mögen. Mit dem Pessimismus, den ich aus Uni und Medien kenne, im Hinterkopf, erwarte ich viel Jammern und Wehklagen. Doch tatsächlich verbinden fast alle, die ich interviewe, mit ihrer Arbeit viel Freude. Sei es wegen der guten Sache...

> *Ich liebe meinen Job. Ich bin eine dieser Personen, die morgens mit dem Fahrrad zur Arbeit fahren und sich wirklich freuen. Denn ich glaube daran, was wir tun. Wir leisten einen wertvollen Beitrag zum interkulturellen Austausch zwischen Deutschland und Kanada. (Marta Neüff - Koordinatorin)*

... oder wegen der tollen Menschen...

> *Allem voran gefällt mir der wundervoll menschliche, immer wieder überraschende, sehr lebendige, und mich selbst ausschließlich bereichernde Kontakt zu den Schülern. Oft anstrengend, aber immer voller Lernmöglichkeiten für beide Seiten. Täglich gefühlt 10.000 Begegnungen, sehr enge Beziehungen, die man aufbauen darf zu Schülern, auch zu Kollegen. Dann die Arbeitsatmosphäre, würde ich sagen. Ich an meiner Schule habe das große Glück, mit tollen Kollegen in einem Team arbeiten zu können. Ich weiß, dass das in anderen Kollegien nicht so ist. Die Atmosphäre an unserer Schule ist sehr, sehr wohltuend. Eine sehr positive und angenehme Atmosphäre. Sehr professionell, aber zugleich auch humorvoll, entspannt, gelassen. Man freut sich, da rein zu gehen. Jeden Tag. (Oliver Hesselmann - Lehrer)*

Unter den 25 Menschen, die ich interviewe, gibt es keinen einzigen, der nichts an seiner Arbeit mag. Alle nennen mehrere Aspekte und Tätigkeiten, die sie an ihrer Arbeit schätzen. Nicht wenige sind geradezu überschwänglich. Maren Drewes zum Beispiel sagt:

> *Es gibt nichts, was ich lieber täte. (Maren Drewes - Beraterin, Trainerin & Moderatorin)*

Ist es also doch nicht so schwer, eine Arbeit zu finden, die Spaß macht? Muss ich meine bisherigen Annahmen grundsätzlich überdenken? Nämlich, dass Arbeit den meisten Menschen keinen Spaß macht? Diese Annahme ist ja fest in unserer Geschichte verankert. Die alt- und mittelhochdeutsche Bedeutung des Wortes wird mit „Mühsal", „Strapaze", und „Plage" wiedergegeben. Selbst im heutigen Sprachgebrauch meint Arbeit die „Tätigkeit des Menschen in Abhängigkeit von Natur und natürlicher Bedürftigkeit zum Zweck der Lebensunterhaltung und -verbesserung". (Höffe 1992 (4))Das klingt in meinen Ohren jetzt auch nicht so direkt nach Spaß. Doch auch abseits von Wortbedeutungen und mittelalterlichen Zuständen werden wir mit der Annahme konfrontiert, dass Arbeit in der Regel keinen Spaß macht. Eine ganze Flut an Selbsthilfebüchern scheint diese Annahme zu bestätigen. Sie wird mit einnehmender Rhetorik genährt. Eine prominente Person, die sich diese These auf die Fahnen geschrieben hat, ist Paul Graham. Ich habe seinen Essay „How to do what you love" gelesen (Graham 2006). Darin schreibt er schreibt zum Beispiel:

> *How many even discover something they love to work on? A few hundred thousand, perhaps, out of billions. (Paul Graham)*

Paul Graham ist Programmierer, Essayist, und Venture Capitalist. Er hat also viel Geld. Er ist erfolgreich. Und er behauptet: Die meisten Leute tun nur so, als würden sie ihre Arbeit lieben. Warum tun sie das? Nun ja, um in etwas gut zu sein, muss man es erst einmal gerne machen. Das Geständnis, die eigene Arbeit nicht zu mögen, kommt also Graham zufolge der Aussage gleich, seine Arbeit nicht gut zu machen. Niemand, der gern erfolgreich sein möchte, würde das öffentlich zugeben. Und wer will nicht erfolgreich sein, mit dem, was er arbeitet?

Es gibt noch einen anderen Grund, warum Grahams Behauptung so überzeugend scheint. Er präsentiert sich selbst als lebenden Beweis dafür, wie erfolgreich man sein kann, wenn man nur das tut, was man liebt. Und wie gern wollen wir glauben, dass es möglich ist, dieser Tätigkeit auf die Spur zu kommen, die unserem Wesen so ganz und gar entspricht, die uns zuverlässig in einen Flow befördert, der uns alles um uns herum vergessen lässt? Mit einem Mal wären alle unsere Probleme gelöst! Arbeit wäre nie mehr mühselig, denn es gäbe ja schließlich nichts, was wir lieber täten. Wir wären in einem andauernden Zustand spielerischer Produktivität. Wer von sich sagen kann, seine Arbeit aus ganzem Herzen zu lieben, übt eine anziehende Wirkung auf uns aus. Je größer die Widerstände waren, die diese Person überwinden musste, um diese Arbeit tun zu können, desto anziehender und beeindruckender sind sie in unseren Augen. Und auch wenn unter meinen Interviewpartner*innen niemand war, der oder die sich mit Kraft ihrer Liebe zur Arbeit ein Millionenvermögen erwirtschaftet hat, so gab es doch etliche, die ihrer inneren Stimme konsequent und mutig gefolgt sind.

Eine von ihnen ist Katharina Kunze. Sie hat nach ihrem Studium in Oxford und anschließend in der Bucerius-Law-School erst in einer Londoner Unternehmensberatung gearbeitet und danach Marketing für das Startup MyMüsli gemacht. So richtig glücklich war sie in keinem der beiden Unternehmen. Sie merkte, „dass das einfach nicht das Wahre war" und sie ständig überlegte, wo sie sich als nächstes bewerben sollte. In den Bewerbungsgesprächen, die folgten, stellte sie erneut fest, dass sie das alles gar nicht wollte. Irgendwann fasste sie sich ein Herz und setzte eine Idee um, die sie schon seit fünf Jahren mit sich herumtrug:

Ich finde, die erste beste Entscheidung meines Lebens war, nach Oxford zu gehen. Oxbridge-Bewerbung zu gründen war die zweite beste Entscheidung meines Lebens. Es macht mir so viel Spaß und gibt mir viel Freiheit. Ich bin komplett flexibel, leg die Termine so, wie es mir passt. Mein Sozialleben hat sich auch verändert, weil ich jetzt mit viel mehr Leuten zu tun habe, die sich auch selbständig gemacht haben. Ich find's viel interessanter. Ich bin jetzt total happy. (Katharina Kunze – Bewerbungsberaterin & Tutorin)

Katharina machte sich selbständig trotz der Vorbehalte ihrer Eltern und ihrer Schwester. Sie nahm das finanzielle Risiko in Kauf und auch die Anstrengungen, die es kostet, eine Geschäftsidee wirklich umzusetzen – statt sie einfach nur im Kopf hin- und her zu bewegen. Sowohl ihr Erfolg als auch ihre Zufriedenheit scheinen das Ergebnis von Katharinas Entschluss zu sein, das zu machen, worauf sie wirklich Lust hatte.

Katharinas Geschichte ähnelt in vielen Punkten der von Rafael Busch, der mit 18 seine Liebe zum Ballett entdeckte und wenig später den Tango. Neben dem Germanistik- und Soziologiestudium verdiente er Geld als Tangolehrer. Er investierte viel Zeit und Kraft, um von etablierten Tänzern zu lernen und um seine eigene Schülerschaft aufzubauen. Das Tangotanzen und -unterrichten machte ihm so viel Spaß, dass das Plakatekleben und Organisieren von Festivals ihm gar nicht wie Arbeit vorkamen.

> *Damals dachte ich noch nicht, das Tangotanzen wird jetzt mein Beruf. Überhaupt nicht. Aber ich habe schon gemerkt, da schwingt mein Herz mit. Und da, wo das Herz schwingt, da will man mehr. Da bin ich dem einfach gefolgt. (Rafael Busch – Tangolehrer & Tänzer)*

So einfach war es dann aber doch nicht. Denn mit einem Abschluss in Germanistik und Soziologie wird man doch nicht Tangolehrer! Überhaupt: Tangolehrer und Tänzer… das ist doch kein richtiger Beruf. Und so geht Rafael erst mal nach Berlin, arbeitet einige Jahre in einem Callcenter, wird schnell Teamleiter, ist erfolgreich – und fühlt sich immer ausgebrannter. Dem Burnout nahe kündigt er. Zwei Monate macht er erst mal gar nichts. Regeneriert sich. Kaum ist er wieder ein wenig bei Kräften, geht er nach langer Zeit zum ersten Mal wieder Tango tanzen. Erst jetzt erinnert er sich, wie gut es ihm tut, welche Kraftquelle der Tango für ihn ist. Er lernt Susanne Opitz kennen, Theaterschauspielerin und Tänzerin. Sie werden ein Liebespaar und Tanzpartner. Aber Susanne will noch mehr: Sie will mit Rafael ein eigenes Tanzstudio gründen. Rafael zögert. Er ist sich unsicher, ob er seine Beziehung mit Susanne dieser Belastungsprobe aussetzen will – ja, ob er überhaupt sein Berufsleben ganz und gar dem Tango verschreiben will.

> *Dann habe ich aber gemerkt, dass Susanne – wenn ich's mal kurz auf den Punkt bringen soll – einfach ein unglaublich reicher und toller Mensch ist. Sie ist eine wahnsinnig gute Pädagogin, sie hat eine tolle Körperwahrnehmung und dann ist sie auch so eine tolle Tänzerin… Dann habe ich gemerkt, dass ich also total beknackt wäre, diese Chance nicht zu ergreifen. (Rafael Busch)*

Und er ergreift die Chance. Mit ihrer neun Monate alten Tochter im Gepäck verbringen sie ein halbes Jahr in Buenos Aires. Lernen bei einem Tänzerpaar, das sie sehr bewundern. Dann kommen sie zurück nach Berlin. Wieder ein Neuanfang. Es spricht sich herum, dass Susanne und Rafael hervorragenden Unterricht machen. Immer mehr Leute kommen zu ihren Kursen. Dann machen sie den entscheidenden Schritt: Sie gründen mit einem befreundeten Tänzerpaar Tangotanzenmachtschön. Sie nehmen all ihre Rücklagen in die Hand, renovieren die Räume in einem Hinterhaus auf der Oranienstraße nach ihren Vorstellungen: Parkett, Lüftung, Wände, Möbel, Küche, Toiletten – alles in allem fast 100.000 Euro. Am Anfang fließt das erwirtschaftete Geld gleich zurück ins Studio. „Teilweise mussten wir auch einfach mal zwei Jahre unbezahlt ackern, ackern, ackern." Das betriebswirtschaftliche Knowhow kommt mit den Jahren. Heute können Susanne und Rafael gut von den Einnahmen leben.

Es sind Menschen wie Rafael und Katharina, die Paul Graham mit seinen immer wieder zitierten „people who do great things" wahrscheinlich meint. Sie folgen mit großem Einsatz und Durchhaltevermögen ihrem Herzen und lassen alle Zweifel fahren. Rafael und Katharina und Maren und all die anderen, die von ihrer Arbeit mit Leidenschaft und Überzeugung sprechen, die haben's geschafft. Die haben etwas gefunden, was sie lieben, was anderen gut tut, und sie verdienen damit ihren Lebensunterhalt. Sie sind erfolgreich und strahlen Selbstsicherheit und Zufriedenheit aus. Für sie hat sich Paul Grahams Versprechen erfüllt.

So zumindest könnte man ihre Geschichte erzählen. – Und wenn ich Paul Graham wäre, würde ich das auch tun. Denn sind das nicht Beispiele dafür, dass das Versprechen vom Erfolg aus Spaß an der Arbeit einlösbar ist? – Ich bin nicht Paul Graham. Vielleicht fällt mir deswegen auf, dass Rafaels und Katharinas Geschichten einfach Geschichten sind. Was bedeutet das?

Zunächst bedeutet das, dass sie keine objektive, unveränderbare Wahrheit darstellen. Rafael und Katharina könnten die Ereignisse in ihrem Leben auch ganz anders darstellen. Rafael könnte zum Beispiel bedauern, dass er nichts aus seinem Studium gemacht hat. So ähnlich wie Bernd:

Das ist so ein bisschen der Treppenwitz meiner Biographie: Vor 14 Jahren habe ich angefangen, aus ungelernten Arbeitstätigkeiten noch mal einen Bildungsweg zu gehen. Ich habe das Abi nachgemacht, und zwar ein richtig gutes Abi, habe studiert und richtig gute Studienabschlüsse gemacht. Und jetzt bin ich wieder in ungelernten, prekären Tätigkeiten gelandet – nur dass ich das jetzt auf akademischen Niveau mache.

> *Natürlich frage ich mich da manchmal: Wofür habe ich jetzt eigentlich studiert? Dafür, dass ich genauso rumkreuche wie vorher, als ich Plakate geklebt habe, nur, dass es jetzt ums Bücherschreiben geht? Oder jetzt diese Fahrradsache. Das Geschichtsstudium hat da nicht wirklich geholfen, außer dass ich mich vielleicht mit so einem gewissen Exotismus schmücken kann. (Bernd Kessinger – Fuhrparkmanager & Disponent)*

Dabei mag Bernd sehr vieles an seinem Job. Zum einen kann er seine Leidenschaft für Fahrräder hier voll ausleben. Zum anderen stimmt die Identifikation mit den Werten und Zielen des Unternehmens: Für die urbane Lebensqualität findet Bernd es sowohl unter ökonomischen als auch ökologischen Gesichtspunkten sinnvoll, den Lieferverkehr auf elektrische Lastenräder zu verlagern. Nicht zuletzt hat er bei Velogista ein berufliches Umfeld gefunden, in dem seine Talente und Neigungen zum Zuge kommen.

> *Ich kann viel Verantwortung selbst übernehmen. Ich eigne mir neue Arbeitsbereiche an, weil es noch ein Startup ist. Ich kann mich kreativ austoben. Ich kann total viel dazulernen. Ich mache ganz vorne mit in einer Sparte, die es eigentlich noch nicht gibt, die aber 100%ig eine Zukunft haben wird. Das finde ich saumäßig spannend. Das ist ganz viel Neuland und das macht mir einfach Spaß. (Bernd Kessinger)*

Das klingt doch eigentlich alles nach einer Arbeit, die Bernd wirklich gern macht, oder? Trotz all der Aspekte, die er an seiner Arbeit schätzt, bleiben mir vor allem seine Unzufriedenheit über die prekäre Arbeitssituation und der aus seiner Sicht geringe Nutzen seines Studiums für seinen jetzigen Job in Erinnerung. Liegt dieser Eindruck nur an meiner persönlichen Faszination an Krisen und Tristesse? Oder neigen alle Menschen dazu, vor allem die negativen Aspekte in Geschichten in Erinnerung zu halten? – Tatsächlich: Es gibt einen gut erforschten sogenannten „negativity bias", der die Formation unserer Eindrücke beeinflusst. Selbst bei vergleichbarer Intensität haben negative Aspekte, wie unangenehme Gedanken, Gefühle oder soziale Interaktionen oder auch traumatische Erlebnisse, einen stärkeren Einfluss auf unsere mentalen Zustände als neutrale oder positive Aspekte. Dieser Bias wirkt sich auf unser Lernverhalten aus ebenso wie auf unsere Entscheidungsfähigkeit. Im Zusammenhang mit der Fragestellung dieses Kapitels wirkt er sich auf fatale Weise darauf aus, wie gut es uns gelingt, unsere Arbeit zu lieben. Denn – so verstehe ich die Theorie – sobald wir einen negativen Aspekt an unserer Arbeit auch nur als solchen bewerten, können auch all die positiven und neutralen Aspekte das Steuer nicht mehr herumreißen.

Dann denke ich wieder an Rafael Busch. Wenn ich mir nur die Fakten seines Werdegangs ansehe, kann Rafael auf einen genauso großen Fundus an Negativaspekten zugreifen wie Bernd: Sein Studium war keine Voraussetzung für seinen Beruf. Er hat mehrere Jahre in den Aufbau einer Karriere investiert, für die er phasenweise auf Bezahlung verzichtet hat und in die er seine gesamten Ersparnisse gesteckt hat. Rafael deutet in seiner Erzählung an, dass es für ihn Zeiten gab, in denen ihm die negativen Aspekte zu schaffen machten. Irgendwie hat er es aber geschafft, das Steuer eben doch noch herumzureißen.

> *Ich stelle heute nicht mehr in Frage, ob ich das, was ich da mache, überhaupt machen will. Diese Zweifel waren in der Anfangsphase noch ganz stark. Das hat mich sehr gehemmt. Ich glaube, ein Teil unseres Erfolgs liegt darin begründet, dass wir keine Zeit mehr vergeuden mit dem Infragestellen, was das soll. (Rafael Busch – Tangolehrer & Tänzer)*

Rafael hat den Tango voll in seine Lebensgeschichte integriert. Sein Germanistikstudium sieht er als eine Erfahrung, die ihn immer wieder darin bestärkt, das zu machen und durchzuziehen, wofür er sich bewusst entschieden hat. Das bewusste Entscheiden in Übereinstimmung mit unseren Werten, Überzeugungen und Gefühlen – das ist wohl die Grundvoraussetzung, um eine Arbeit zu finden, die wir lieben. Es sind also zwei sehr große Künste, die wir beherrschen müssen. Einmal das Wissen um unser Selbst, das wortwörtliche Selbst-Bewusstsein. Wenn wir nicht wissen, was uns wirklich wichtig ist im Leben, dann treiben wir richtungs- und ziellos dahin. Und irgendwann sind wir tot. Doch auch wenn wir uns unseres Selbst bewusst sind, brauchen wir noch die Entschlusskraft, unsere Entscheidungen immer wieder an unserem Selbstbewusstsein auszurichten.

Das ist verdammt schwer. Man kann sich nicht einfach

so entscheiden, nur das zu arbeiten, was einem Spaß macht. Auch die Entscheidung, seine Arbeit zu lieben, wenn ein oder mehrere Aspekte daran einem immer wieder wie ein Dorn im Auge vorkommen, ist schwer. Wie groß der Dorn ist und ob es überhaupt ein Dorn sein muss, das ist allerdings auch eine Frage der Erzählperspektive. Ich habe in diesem Kapitel versucht, Ihnen anhand einiger Beispielgeschichten diese Beobachtung zu verdeutlichen. Die Art und Weise, wie wir von unseren Tätigkeiten erzählen, hat einen entscheidenden Einfluss darauf, wie andere, aber auch wir selbst, sie wahrnehmen. Natürlich sollten diese Erzählungen eine gewisse Kongruenz mit unserem tatsächlichen Erleben haben. Doch Sie haben vielleicht auch schon die Erfahrung gemacht, dass Sie dasselbe Ereignis sowohl negativ als auch positiv interpretiert haben – und dass beide Interpretationen sich „richtig" angefühlt haben. Machen Sie sich diesen Spielraum zunutze und probieren Sie aus, wie Sie sich fühlen, wenn Sie anderen vor allem davon erzählen, was Sie an Ihren Tätigkeiten wirklich gern mögen. Je häufiger und bewusster Sie das machen, desto mehr wird diese Erzählperspektive zu einem Teil Ihres Erlebens.

Ich halte Storytelling für ein sehr wirksames Mittel zum Glück. Und das liegt nicht nur daran, dass ich Literaturwissenschaftlerin bin. Storytelling ist nicht ohne Grund in den letzten Jahren zu einem Buzzword in der Unternehmenskommunikation geworden: Menschen mögen gute Geschichten. So funktioniert Markenbildung und erfolgreiche Öffentlichkeitsarbeit. Nun gibt es zwar viele bedeutende Unterschiede zwischen einem Unternehmen und einem Menschen. Aber beide interagieren mit ihrer Umwelt mittels Geschichten. Beide bauen sich mit diesen Geschichten eine Identität auf. Ihr persönlicher Vorteil: Sie haben es selbst in der Hand, wie Sie Ihre eigene Geschichte erzählen, wohingegen die Geschichten von Unternehmen von sehr viel mehr Menschen abhängen.

Bei all dieser Euphorie hilft es, auf dem Boden der Tatsachen zu bleiben. Ohne dass sie es wüsste, ist Annika mir dabei eine große Hilfe. Ich bin schon dabei, mir die Schnürsenkel zu binden, als ich sage: „Ich will auf keinen Fall etwas arbeiten, das ich nicht mag!"

Irgendwie glaube ich, dass meine entschiedene Absolutheit

bei ihr auf fruchtbaren Boden fällt und dass sie mir ein paar Worte der Ermutigung für meinen Weg mitgeben wird. Denn nach unserem Interview betrachte ich Annika als eine Frau, die resolute Entscheidungen getroffen hat, die im Einklang mit ihren Wünschen und Zielen stehen. Ein Satz ist mir besonders im Gedächtnis geblieben:

> *Ich möchte meine Zeit Dingen widmen können, wo mein ganzes Herz liegt. (Annika Buchheister – Sekretärin & Buchhalterin)*

Ist das nicht gleichbedeutend mit „Dingen, die ich liebe"? Offenbar nicht, zumindest nicht ganz. Denn nach meinem inbrünstigen Schwur gibt mir Annika einen kleinen, aber feinen Einblick in die Dinge, wie sie wirklich sind.

> *Eins muss ich dir noch sagen: Es ist ganz egal, was du tust. Du wirst immer, bei allen Tätigkeiten, die Anteile angenehm, unangenehm und neutral erfahren. (Annika Buchheister)*

In diesem Sinne: Es gibt wohl keinen Beruf auf der ganzen Welt, an dem wirklich alles, aber auch alles toll ist. Und wenn Sie doch einen solchen Beruf finden sollten, dann haben Sie das allein Ihrer Erzählkunst zu verdanken. (So könnten Sie es zumindest erzählen.)

Übung: Storytelling

Diese Übung eignet sich für alle, die dazu neigen, sich für ihre Vergangenheit andere Entscheidungen zu wünschen.

So geht's: Erzählen Sie Ihre Geschichte so, dass Ihre Interessen, Vorlieben und Talente als roter Faden erkennbar werden. Falls Sie schon Berufserfahrung haben, schlagen Sie Brücken zu Ihren Studieninhalten und -methoden. Stellen Sie Sinnzusammenhänge her. Besonders befriedigend ist diese Übung, wenn Sie sich für ein Berufsfeld interessieren, das keine offensichtlichen Zusammenhänge zu Ihrem Studium erkennen lässt.

Übung: Liebestest

Diese Übung eignet sich für alle Radikalen unter Ihnen und ist direkt einem Zitat aus Paul Grahams oben zitierten Essay entlehnt:

"The test of whether people love what they do is whether they'd do it even if they weren't paid for it – even if they had to work at another job to make a living." (Paul Graham)

So geht's: Beantworten Sie wahrheitsgemäß folgende Frage: Tun Sie, was sie lieben, auch dann, wenn Sie dafür kein Geld bekommen?

Übung: What do you love?

Diese Übung eignet sich für alle, die gar nicht wissen, was sie eigentlich gerne machen. Sie ist eine Zusammenführung einiger Übungen, die Ken Robinson in seinem Buch *Finding Your Element* entwickelt hat.

So geht's:

Schritt 1: Schreiben Sie alle Tätigkeiten auf, in denen Sie gut sind. Pro Tätigkeit ein Zettel.

Schritt 2: Zeichnen Sie drei große Kreise auf ein großes Blatt Papier und markieren Sie sie mit jeweils: „mache ich sehr gerne" – „macht mir nichts aus" – „mache ich ungern".

Schritt 3: Nun sortieren Sie die Zettel mit den Tätigkeiten dort hinein.

Schritt 4: Schauen Sie sich nun die Tätigkeiten im ersten Kreis „mache ich sehr gern" an. Was genau mögen Sie daran? Welche Gefühle löst die Vorstellung in Ihnen aus? Können Sie sich vorstellen, diese Tätigkeiten auf andere Weise oder in anderen Kontexten auszuüben, die Sie noch nicht ausprobiert haben?

Schritt 5: Sammeln Sie Ihre Ideen dazu!

Wichtig: As always: Probieren Sie Ihre Ideen aus! Die schönste Idee nützt nichts, wenn Sie nur auf dem Papier steht.

Lektüre

Das Flow-Konzept verdankt seinen Namen dem ungarischen Psychologen und Glücksforscher Csíkszentmihályi Mihály. Er beschreibt damit einen Zustand des völligen Einsseins mit sich selbst und der Umwelt, der Freude und Kreativität. Das Buch ist ein Klassiker der positiven Psychologie.

Csíkszentmihályi Mihály. *FLOW – Das Geheimnis des Glücks*. Klett-Cotta: 2007.

Außerdem empfehle ich einen sehr bekannten TED-Talk von Ken Robinson. Abgesehen davon, dass ich diesen Talk überaus witzig und unterhaltsam finde, bietet er eine aus meiner Sicht überzeugende Darlegung der Gründe, warum es den allermeisten Menschen so schwer fällt, ihren Neigungen zu folgen:

https://www.ted.com/talks/ken_robinson_says_schools_kill_creativity

Sowie sein Buch:

Ken Robinson. *Finding your element – How to discover your talents and passions and transform your life*. Penguin: 2014.

# Kinder, Kinder

Worum geht's?

Im Grunde sind die Fragen, Probleme und Anregungen in diesem Kapitel für alle berufstätigen Eltern und solche, die es werden wollen, relevant – völlig unabhängig vom Ausbildungshintergrund. Was also hat dieses Kapitel überhaupt mit Geisteswissenschaftler*innen zu tun?

Gestern antwortete ich meiner Freundin auf diese Frage: „Kinder und Geisteswissenschaften und dann auch noch als Frau, das kommt mir manchmal vor wie eine Mehrfachbehinderung. Deswegen muss das auch in mein Buch."

Okay, okay, sowas darf man natürlich nicht sagen. Also, sagen vielleicht schon – aber auf keinen Fall öffentlich. Und wenn Sie mir jetzt vorwerfen wollen, dass so eine Aussage echt nicht geht, haben Sie völlig recht. Andererseits meine ich damit weder eine körperliche noch eine geistige Behinderung, sondern eher eine strukturelle. „Behinderung" im wörtlichen Sinn lässt sich mit „Hindernis" in Verbindung bringen. Wenn ich den gesellschaftlichen Diskursen folge, werden die Zuschreibungen Geisteswissenschaftler*in, Frau und Eltern im Zusammenhang mit Zufriedenheit im Beruf öfter als Hindernis denn als Vorteil dargestellt. Und es ist schwierig, wenn nicht gar unmöglich, sich als Individuum von diesen Zuschreibungen loszulösen. Als wären diffuse Gesellschaftsnarrative nicht schon übel genug, gibt es noch jede Menge handfeste Alltagsschwierigkeiten.

Was bringt's?

Ich lade Sie ein, darüber nachzudenken, was Ihnen im (Berufs-)Leben mit Ihren Kindern wirklich wichtig ist. Sie werden einige

Geschichten lesen, die Sie hoffentlich dazu ermutigen, Ihren Erkenntnissen Taten folgen zu lassen.

Episode: Willkommen im Lebensabschnitt der begrenzten Möglichkeiten

7. September 2015. Vor einer Woche habe ich mich entschlossen, bei *My Impact* einzusteigen und gemeinsam mit Marco, Kevin und Oleg dieses Startup aufzubauen. Marco hat große Pläne, die er in schillernden Farben auszumalen weiß. Der Plattform-Launch steht kurz bevor. Die nächste Finanzierungsrunde ist bereits in den Startlöchern. In spätestens einem Jahr möchte er mit der Firma nach San Francisco umgesiedelt sein, ins Startup-Paradies. Mir wird etwas schwindelig bei der Vorstellung. Einerseits spricht Marco mit seinen Plänen meine wiederkehrenden Fantasien vom zeitweiligen Leben im Ausland an. Auch meine Lust auf unternehmerische Abenteuer kommt auf ihre Kosten. Andererseits sind meine liebsten Menschen mit Beruf und Familien fest in Berlin verankert. Und damit bin auch ich fest in Berlin verankert und glücklich hier – meistens jedenfalls.

Denn manchmal – und diese Tage häufen sich in letzter Zeit – bin ich auch ziemlich unglücklich mit den eingeschränkten beruflichen Möglichkeiten, die ich als Mutter und Partnerin habe. Schon längst bin ich nicht mehr nur für mein eigenes Leben verantwortlich. Mein Alltag gestaltet sich in großen Teilen nach den Bedürfnissen und Wünschen meiner Kinder. Bisher ist mir das oft als eine positive Veränderung in meinem Leben aufgefallen. Denn die festen Betreuungszeiten der Kita waren gleichzeitig meine festen Arbeitszeiten. Diese Struktur half mir sehr dabei, zielgerichtet und konzentriert an meiner Promotion zu arbeiten. Außerdem verbringe ich seit der Geburt meines Sohns viel weniger Zeit damit, über den flüchtigen Sinn des Lebens zu verzweifeln.

Doch mit meinem Berufseinstieg sehe ich mich mit allen möglichen Fragen konfrontiert, die ich bisher dank meines Doktorandinnen-Status' unbescholten vor mir herschieben konnte. Kann ich meinen Kindern zumuten, dass ich in Vollzeit arbeite? Kann ich mir selbst das zumuten? Wie weit weg darf mein Arbeitsort sein, damit noch genug Zeit für Familienalltag bleibt?

Bei einer imaginären 40-Stunden-Woche und einem Arbeitsweg von optimistischen 30 Minuten wäre ich jeden Tag 9 Stunden weg. Davon ziehe ich noch einmal eine Stunde für den Weg von zu Hause bis zur Kita bzw. Schule und zurück ab. Dann bleiben ungefähr drei Stunden wache Zeit mit meinen Kindern jeden Tag. In dieser Zeit finden Frühstück, Abendessen, Baden, Zähneputzen, An- und Ausziehen, Wäschewaschen, Küche aufräumen, Kochen, Einkaufen, Schulsachen in Ordnung halten, ins Bett bringen statt. Das sind die Basics. Das allernötigste. Mit Ach und Krach könnten wir das in diese drei Stunden stopfen. Zeit für echte Begegnung bleibt da nur noch am Wochenende. Wenn ich da nicht halbtot von der Woche auf dem Sofa vor mich hinvegetieren muss, um mich zu erholen.

Die Vorstellung, das Abholen unserer Kinder und die zwei Stunden vor dem Abendessen regelmäßig an Freund*innen oder Nannys abzugeben, behagt mir nicht. Diese Erkenntnis erstaunt mich. Ich hatte mir immer eine berufliche Tätigkeit in Vollzeit vorgestellt. Anders kenne ich das gar nicht. Meine Mutter hat immer voll gearbeitet, genauso wie die Mütter und Väter fast aller meiner Schulfreund*innen. In Ostdeutschland war das normal. Heute in Berlin ist das nicht normal. Die allerwenigsten Eltern, die ich kenne, arbeiten beide in Vollzeit. Natürlich macht das etwas mit meiner Vorstellung von mir als tougher Karrierefrau, die alles im Griff hat: Beruf, Haushalt, Kinder. Diese Vorstellung reiht sich inzwischen ein neben eine andere Vorstellung, in der es wichtiger und wertvoller ist, wirklich da zu sein für die eigenen Kinder. Ich erinnere mich an Joana Breidenbach, die erst so richtig loslegte mit ihrer Karriere, als ihre Kinder schon fast aus dem Haus waren (mehr dazu im Kapitel „Geld").

Aber ich will nicht warten, bis ich Mitte vierzig bin. Ich will beides und zwar sofort. Mit vollem Einsatz arbeiten und dabei genauso viel Zeit mit meinen Kindern verbringen wie während meiner Promotion. Das muss doch zu schaffen sein. Die Flexibilität, die ich als zunächst freie Mitarbeiterin bei *My Impact* habe, kommt mir dabei entgegen. Meine Tage stelle ich mir so vor: Um mein Buch zu schreiben, stehe ich jeden Morgen um fünf auf. Wenn ich meine Kinder wecke, habe ich also schon eineinhalb Stunden geschrieben. Nach dem Frühstück bringt Mo sie in die

Kita und die Schule und ich fahre dreimal die Woche ins Büro, wo ich bis 16 Uhr arbeite. Die restlichen zwei Tage werde ich von zu Hause aus arbeiten. Freitags könnte ich auch länger im Büro bleiben, denn da ist Mo zu Hause. Ich schreibe Marco in einer E-Mail von meinen zeitlichen Constraints, um ihm die Planung zu erleichtern. So müsste das doch alles gut klappen.

Nun lese ich aber eine E-Mail von ihm. Er präsentiert seinen Wochenplan: Dreimal wöchentlich, nämlich am Montag, Dienstag und Donnerstag wird es zwischen 16 und 20 Uhr eine „learning and synch session" für das Team geben. Das ist der Wochenplan. Mit keinem Wort lässt er erkennen, ob er meine Nachricht überhaupt zur Kenntnis genommen hat. Aber das kann doch nicht sein! Ich hatte sogar mit ihm darüber *gesprochen*, dass ich von Montag bis Donnerstag meine Kinder abhole und dass ich zwischen 16 und 20 Uhr an diesen Tagen nur ausnahmsweise für Arbeitseinsätze verfügbar sei. Er hatte sich sehr verständnisvoll gezeigt. Und nun legt er die einzigen regelmäßigen Teamtermine in genau dieses Zeitfenster? Warum? Es fällt mir schwer zu glauben, dass er unser Gespräch und meine E-Mail einfach vergessen hat. Ich steigere mich hinein in die Vorstellung, dies sei ein Versuch, mich gezielt zu benachteiligen. Aber das macht doch alles keinen Sinn. Ist Marco möglicherweise einfach zu fokussiert auf sein Business und hat deshalb keinen Sinn für meine familiäre Situation? In diesem Moment wird mir bewusst, dass ich die Einzige im Team mit einer *familiären Situation* bin. Die Männer, mit denen ich vorhabe zu arbeiten, haben überhaupt keine Vorstellung davon, was es bedeutet, Kinder zu haben. Kann das gut gehen?

Interviews: Den Schwierigkeiten ins Auge blicken

Eigentlich wollte ich in diesem Kapitel zeigen, dass es möglich ist, als Geisteswissenschaftler*in mit Kindern bewusste berufliche Entscheidungen zu treffen und mit der Kraft positiven Denkens die eigenen Geschicke zu lenken. Ich wollte schreiben, dass wir *immer* eine Wahl haben. Ich wollte betonen, wie sehr unser Glück mit unseren Kindern in unserer Hand liegt. Wie sehr es auf unsere Initiative und Findigkeit ankommt. Ich wollte Ihnen

Übungen ans Herz legen, die Ihnen den Alltag in der Berufsfindungsphase mit Kindern erleichtern sollten. Die Ihnen Kraft und Trost spenden sollten.

Stattdessen mache ich ein Eingeständnis: Es ist verdammt schwer, den Anforderungen, die wir uns selbst und die die Gesellschaft an uns als Eltern stellen, gerecht zu werden. Wir wollen uns liebevoll um unsere Kinder kümmern und sie beim Großwerden unterstützen und begleiten. Das allein ist ein Rund-um-die-Uhr-Job. Gleichzeitig wollen wir arbeiten – und zwar so, dass wir uns beruflich weiterentwickeln können und finanziell abgesichert sind. Entsprechende Perspektiven gibt es allzu oft nur in Vollzeitbeschäftigung. Natürlich möchten wir in unseren Partnerschaften eine ausgewogene Verteilung von Fürsorgearbeit, Haushaltsarbeit und Erwerbsarbeit. Und dann wollen (brauchen!) wir dringend Zeit, um mit unseren Partner*innen in Kontakt zu bleiben. Denn wie leicht geht der verloren! Wir sind perfekt geworden in der Organisation reibungsloser Abläufe, logistischer Optimierungsprozesse und nutzenorientierter Absprachen. Es funktioniert doch alles prima. Wir funktionieren. Unsere Kinder funktionieren (meistens).

Aber wann haben wir das letzte Mal zusammengesessen und einfach nur ausgesprochen, welcher enormen Belastung wir täglich standhalten? Zugegeben, dass wir erschöpft sind? Dass wir mehr Unterstützung brauchen von der Politik? Von Unternehmen? Wann haben wir uns das letzte Mal bewusst gemacht, wie wertvoll die Zeit und die Aufmerksamkeit ist, die wir unseren Kindern schenken? Für unsere Kinder, für uns und nicht zuletzt für unsere Gesellschaft.

Für mich war die schwierigste Lektion überhaupt, meine Fürsorge- und Haushaltsarbeit als Mutter anzuerkennen und als wertvoll zu beurteilen. Hausfrau und Mutter – das sind Etiketten, die ich mir auf keinen Fall aufkleben wollte. Abhängigkeit vom Partner, Altersarmut, klischeebehaftetes Rollenverhalten… die feministische Lektüre meiner Teenagerjahre hatte sich glanzvoll in meinem Hirn entfaltet und machte mir ganz schön zu schaffen. Ehrlich gesagt, macht sie mir immer noch zu schaffen. Und ehrlich gesagt, finde ich es immer noch manchmal schwer, mich ohne Wenn und Aber auf meine Kinder einzulassen.

Meine Identität als Mutter habe ich noch als Randerscheinung wahrgenommen, als mein älteres Kind schon fünfeinhalb Jahre alt war. Fünfeinhalb Jahre lang definierte sich mein Selbstverständnis viel mehr über meine Tätigkeiten an der Uni und über meine Stipendien – denn das war es, wofür ich Anerkennung (in Form von Geld und Lob) von außen bekam. Mutter sein? Pah, das macht man doch so nebenbei. Die Kinder laufen einfach mit. Die werden doch von ganz alleine groß. Klar ist das Leben anstrengender als ohne Kinder. Aber sie sind ja auch sehr süß und lustig. Und außerdem wollte ich doch unbedingt Kinder haben. Also kein Grund zu klagen!

„Irgendetwas stimmt mit diesem Kapitel nicht", sagte ich eben zu meiner Freundin, die seit zehn Jahren Erzieherin ist und gerade ihren berufsbegleitenden Bachelor in Erziehung und Bildung im Kindesalter an der Alice-Salomon-Hochschule abschließt. „Irgendetwas Grundlegendes stimmt damit nicht. Aber ich weiß nicht genau, was."

„Was ist denn die Kernaussage?" fragt sie mich.

„Ich möchte das Bewusstsein dafür wecken, dass die Fürsorgearbeit, die wir leisten, mindestens genauso wertvoll ist wie Erwerbsarbeit. Wenn nicht sogar wichtiger. Und dass wir als einzelne Eltern so viel von uns erwarten, was wir als Einzelne gar nicht alles erfüllen können. Eltern-Kind-Beziehung, Partnerschaft, Erwerbsarbeit, Haushalt. Wir denken, wenn wir das nicht alles perfekt hinkriegen, liegt es an unserer persönlichen Unzulänglichkeit. Besonders zum Kotzen finde ich, dass vor allem Frauen das denken. Also ich. Dabei liegt ganz viel an den gesellschaftlichen, wirtschaftlichen und politischen Strukturen."

Sabine sieht mich an mit diesem Blick, den sie hat, wenn sie etwas Bestimmtes denkt, aber noch nicht mit der Sprache rausrücken will.

„Also, du siehst, es ist noch ein großes Kuddelmuddel in diesem Kapitel", gebe ich schnell zu. „Einerseits finde ich, dass gerade Frauen dafür Sorge tragen müssen, dass sie sich beruflich und finanziell auf eigene Füße stellen. Denn Männer machen das ja sowieso. Andererseits habe ich in den letzten zwei Jahren vor allem von dir gelernt, wie unglaublich wichtig und eben auch zeitintensiv ein stabiler Bindungsaufbau zu den eigenen Kindern ist.

Und in unserem gegenwärtigen System wird diese Arbeit primär von den Müttern geleistet. Zumindest wird das erwartet. Und aus verschiedenen gesellschafts- und firmenpolitischen Gründen ist es für Mütter ja auch tatsächlich leichter, diese Arbeit zu machen, als für Väter. Das ist doch scheiße. Frauen versuchen deswegen, beides gleichzeitig unter einen Hut zu kriegen. Aber wie soll das gehen?"

Und jetzt sagt Sabine doch etwas.

Mach deinen Leser*innen Mut. Die Zeit, in der die Kinder noch sehr klein sind, ist eine Phase, die ziemlich schnell vorbei ist – die aber unglaublich wichtig ist für die Bindung zum Kind. Sie ist das Fundament für das gesamte weitere Leben des Kindes. Sie ist auch für das zukünftige Verhältnis zwischen Eltern und Kindern grundlegend. Es gibt so viele Kinder mit einem unsicher vermeidenden Bindungsverhalten. Die Eltern freuen sich natürlich, weil die Eingewöhnung so schnell klappt, weil das Kind überhaupt nicht weint und so selbständig ist. Dabei haben diese Kinder vor allem gelernt, dass ihre Eltern sehr oft erst einmal kurz noch etwas anderes, vermeintlich Wichtigeres erledigen mussten, bevor sie sich um den Ruf nach Aufmerksamkeit von ihren Kindern gekümmert haben. Noch mal eben ein Telefonat beenden oder eine E-Mail rausschicken, ja nicht den Auftraggeber verlieren... So läuft es in vielen Familien. Dabei lohnt es sich so sehr, und im ersten Jahr noch einmal ganz besonders, sich voll und ganz auf das Kind einzulassen. (Sabine Hiller)

Ich fühle mich ertappt. Ich habe die Arbeit für das Exposé meiner Doktorarbeit begonnen, als mein Sohn vier Wochen alt war. Er war ein sehr unkompliziertes Baby, das selten geweint und gut geschlafen hat. Es war leicht, nebenbei noch Forschungsliteratur zu lesen und Notizen zu machen. Die Eingewöhnungszeit kurz vor seinem ersten Geburtstag verlief schnell und ebenfalls unkompliziert. Bei meiner Tochter war es ähnlich. Bei einem Entwicklungsgespräch neulich sagte ihre Bezugserzieherin, wie außergewöhnlich selbständig Clara sei. Und dass sie so gut wie nie weint. Das ist zu Hause zum Glück anders. Warum zum Glück? Sabine, die sich mit Bindungstheorien auskennt, sagt, dass unsicher vermeidend gebundene Kinder eher Schwierigkeiten hätten, ihre eigenen Gefühle zu äußern oder sie überhaupt wahrzunehmen. Die Wahrnehmung der eigenen Gefühle und die

Fähigkeit, sie auszudrücken, sind wiederum die Grundlage, um die eigenen Bedürfnisse zu kennen und im Laufe der Kindheit und Jugend zu lernen, wie sie erfüllt werden können. Wer das nicht gelernt hat, hat's echt schwer im Leben.

Habe ich es versäumt, meinen Kindern diese Grundlage zu geben? Bin ich eine schlechte Mutter? Diese Frage stelle ich mir nicht zum ersten Mal. Und nur weil ich gelesen habe, dass viele Mütter sich diese Frage stellen, gebe ich hier öffentlich zu, dass ich eine von ihnen bin. Aber was bringt diese Art der Selbstbewertung? – Richtig: nichts. Im Gegenteil. Viel hilfreicher ist es, wenn ich mir bewusst mache, wie erfüllend ich es jedes Mal finde, wenn ich mir wirklich Zeit für meine Kinder nehme, wenn ich ihnen zuhöre und neugierig auf sie bin. (Auch und gerade dann, wenn ich eigentlich viel lieber etwas Anderes machen würde.) Hilfreich finde ich auch, wenn ich mir außerdem bewusst mache, dass ich jeden Tag aufs Neue die Gelegenheit habe, die Zeit mit meinen Kindern bewusst mit ihnen zu gestalten. Zeit ist natürlich das Stichwort unserer, nun ja, Zeit.

Zeit ist das, womit die meisten meiner Interviewpartner*innen mit Kindern Schwierigkeiten verbinden. Zum Zeitpunkt der Interviews haben zehn meiner Interviewpartner*innen Kinder. Ein knappes Jahr später sind zwei weitere von ihnen Eltern geworden. Für fast alle hat sich mit der Geburt des ersten Kindes ihre berufliche Situation und der Stellenwert, den die Arbeit für sie einnimmt, grundlegend verändert. Wir können rütteln und zerren und planen, so viel wir wollen, es ändert nichts: Der Tag hat nur 24 Stunden. Je mehr wir in diese 24 Stunden reinquetschen, desto anstrengender wird es. Für Selbständige ist die Herausforderung besonders groß, vor allem, wenn sie den Großteil ihrer Arbeit zu Hause machen. Als freiberuflicher Historiker und Schriftsteller fühlte Bernd sich oft am Rande seiner Belastungsgrenze. Projektaufträge mit eng getakteten Fristen und 50 bis 60-Stunden-Wochen und das alles zu Hause und bei schlechter Bezahlung.

Als freischaffender Historiker und Autor war für mich das Schwierigste, in dieser prekären Situation genug Geld zu verdienen zum Leben und gleichzeitig ein Kind zu haben. Das wenige Geld allein wäre gar nicht das

> *Problem gewesen. Aber ein Kind bindet viel Kraft: Irgendwann schläft es nicht mehr so viel, wird krank. Das hat meine berufliche Flexibilität enorm eingeschränkt. Ich konnte nicht mehr jederzeit zu Hause in Ruhe am Schreibtisch sitzen und schreiben. Meine Projektarbeiten hatten oft einen extrem engen Zeitrahmen und in der Zeit musste ich rödeln wie blöde, um das zu schaffen. Mit Kind fand ich das total schwierig. (Bernd Kessinger – Fuhrparkmanager & Disponent)*

Irgendwann ging es nicht mehr und er nahm sich eine Auszeit. Heute arbeitet er angestellt in einem Startup für Elektro-Fahrradlogistik und ist mit den zeitlichen Strukturen sehr viel zufriedener als vorher.

Mit erhöhtem Schwierigkeitsgrad geht Rafael Busch, Inhaber und Tanzlehrer eines Tangostudios, mit derselben Herausforderung um, denn nicht nur er, sondern auch seine Frau steckt mittendrin in dem Geschäft.

> *Ich finde es unheimlich schwierig, das Arbeitspensum nicht überborden zu lassen. Vielleicht ist das bei allen Selbständigen so. Bei uns ist das besonders extrem: Wir nehmen das Geschäft von der Tanzschule immer mit nach Hause. Aber für uns als Familie ist es lebenswichtig und nicht immer einfach, den Laptop auszumachen und Freizeit zu planen. Wenn wir das vergessen, läuft der Akku leer. (Rafael Busch – Tangolehrer & Tänzer)*

Die Verantwortung für den Erfolg des Unternehmens, Umsatz und Gewinne, haben Angestellte nicht. Trotzdem ist auch für sie die zeitliche Belastung enorm. Angela Alliger hat offiziell eine Teilzeitstelle mit erst 32, seit kurzem 36 Stunden. Ihre tatsächliche Arbeitszeit liegt jedoch regelmäßig bei über 40 Stunden, inklusive regelmäßiger Geschäftsreisen nach Wien und auf Messen in ganz Deutschland – auch am Wochenende. Ohne die Großeltern im Nachbarhaus wäre diese Arbeit für Angela nicht möglich. Ihr Mann arbeitet in Vollzeit. Das Netzwerk und die meist ortsgebundene Arbeit des Partners oder der Partnerin ist für Menschen mit Kindern überlebenswichtig. Manager und Personaler haben daher leichtes Spiel, wenn sie eine schwangere Mitarbeiterin loswerden wollen.

Ich habe eine sehr negative Erfahrung bei meinem früheren Arbeitgeber gemacht, obwohl ich da so erfolgreich war. Mit meiner Schwangerschaft hat mein Chef dann aber plötzlich den Kontakt zu mir abgebrochen und meine Stelle während der Elternzeit gestrichen. Natürlich hat der nicht gesagt, ich streiche das, weil du schwanger bist – aber ich wusste von einem Kollegen, dass das der Grund war – sondern er hat gesagt, wir brauchen keine Berliner Außenstelle mehr. Wenn ich möchte, könne ich nach Frankfurt kommen in die Zentrale. Das kam natürlich mit einem kleinen Kind, und mit Mann, Eltern und Haus in Berlin, nicht in Frage. (Angela Alliger – Sales- & Projektmanagerin)

Als dann einige Jahre später Angelas neuer Manager bei Philips ihr ihre bisherigen Verantwortungsbereiche entzog, war es schwer für sie, das nicht als Diskriminierung von Müttern in Teilzeit zu werten. Aber sie hielt durch und lernte, die Entscheidungen ihres Vorgesetzten vor allem auf der Sachebene zu bewerten und nachzuvollziehen. Es liegt sicher nicht zuletzt an ihrer strategischen Ausdauer und auch an ihrer Bereitschaft, ihren Stolz runterzuschlucken, dass sie auch heute von ihren Kolleg*innen als eine der wichtigsten Schnittstellen zwischen der Entwicklungs-, der Vertriebsabteilung und dem Chef geschätzt wird – zu dem sie inzwischen ein sehr gutes Verhältnis hat.

Selbst wenn das Jobangebot in einer anderen Stadt ernst gemeint ist, und nicht, wie bei Angela, getarntes Mobbing, können Eltern damit nicht unbedingt etwas anfangen:

Es gab einen Verlag in Basel, der mir ein Jobangebot machte, aber natürlich unter der Bedingung, dass ich auch meinen Wohnort nach Basel verlagere. Aber ich habe Familie hier, ich ziehe jetzt nicht nach Basel. (Stephanie von Liebenstein - Lektorin & Publizistin)

Stephanie erzählt an anderer Stelle, dass 70 Stunden-Wochen im Verlag die Regel seien – zumindest, wenn man diesen Job wie sie auf hohem Niveau betreiben möchte und auf verantwortungsvollem Posten sitzt. Das heißt auch, dass selbst ein Angebot von einem Berliner Verlag für eine Stelle als Akquise-Lektorin für Stephanie nicht in Frage käme. Denn mit ihrer Entscheidung, eine Familie zu gründen, fiel gleichzeitig die Entscheidung, Zeit mit ihren Kindern zu verbringen. Ist ja irgendwie auch logisch.

Warum Kinder bekommen, wenn man sie höchstens am Wochenende mal zu Gesicht bekommt? – Obwohl... so logisch offenbar auch wieder nicht. Denn, so sagt Stephanie, es gibt schon ein paar Männer im Lektorat, die Kinder haben, aber Frauen mit Familie habe sie noch nie erlebt.

Doch auch für Stephanie war es anfangs nicht leicht, ihrem Wunsch nach Zeit mit ihrem kleinen Sohn gerecht zu werden. Nach der Geburt ihres ersten Sohnes versuchte Stephanie noch eine ganze Weile, Arbeit und Muttersein unter einen Hut zu bekommen.

> *Weil ich selbständig war, hatte ich keinen Mutterschaftsurlaub und habe bis zu den Wehen gearbeitet. Fünf Monate nach der Geburt habe ich wieder angefangen, hatte eine Nanny und habe zehn bis zwanzig Stunden die Woche gearbeitet, weil ich meinen Hauptauftraggeber nicht verlieren wollte. Dem konnte ich ja schlecht sagen, dass ich sein Buchprogramm nicht mehr machen will. (Stephanie von Liebenstein)*

Dann wurde der Verlag von einem anderen aufgekauft, mit dem Stephanie nicht weiter zusammenarbeiten wollte. Zu diesem Zeitpunkt war sie bereits hochschwanger mit ihrem zweiten Sohn. Die äußeren Umstände erleichterten ihr die Entscheidung, sich nun voll und ganz auf ihre Kinder zu konzentrieren.

> *Seit mein zweiter Sohn auf der Welt ist, habe ich richtig das Muttersein genossen. Anderthalb Jahre habe ich mich um diesen Sohn und nachmittags, wenn ich meinen anderen Sohn aus der Kita abgeholt habe, um beide Kinder gekümmert. Mittlerweile ist der Kleine auch in der Kita und ich überlege, welche beruflichen Schritte ich jetzt als nächstes gehe. (Stephanie von Liebenstein)*

Inzwischen, ein knappes Jahr nach unserem Interview, sitzt Stephanie an einem Buchprojekt. Darin geht es um die Frage, wie dicke Körper in unserer Gesellschaft gelesen werden. Damit setzt sie ihre Arbeit als Vorreiterin gegen Gewichtsdiskriminierung in Deutschland fort. Wenn dieses Buch auch nur halb so viel Aufmerksamkeit wie die von ihr gegründete Gesellschaft gegen Gewichtsdiskriminierung erhält, wird es wohl ein Bestseller. Noch viel toller finde ich aber, dass sie dabei ist, sich mit diesem

Buch einen ihrer langgehegten Wünsche zu erfüllen, nämlich gesellschaftskritische Texte zu schreiben und als Autorin Einfluss zu nehmen zum Beispiel auf Diskurse über Natürlichkeit und Künstlichkeit. Und dass sie damit gewartet hat, bis ihre Kinder beide in die Kita gehen und sich bis dahin vor allem ihren Kindern gewidmet hat, das finde ich auch toll.

Im Grunde geht es genau darum: Zu erkennen, was möglich und was nötig ist, um mit dem, was ist, zufrieden zu sein. Das sagt sich so leicht. Aber die gute Nachricht ist: Es kann tatsächlich gelingen. So sieht Robert, der an sich mit seiner Selbständigkeit eher unzufrieden ist, durchaus Vorteile darin:

> *Im Prinzip ist es völlig egal, ob ich Mitternacht in der Bibliothek sitze oder mittags. Meine Partnerin hat als Lehrerin sehr fixe Arbeitszeiten. Und durch meine Selbständigkeit können wir uns da zeitlich gut ergänzen. Mit unseren drei Kindern ist das schon eine sehr glückliche Fügung.*
> *(Robert Parzer - Historiker)*

Auch Rafael Buschs Geschichte finde ich ermutigend. Statt sich mit ihrem neunmonatigen Kind eingeschränkt zu fühlen, gehen er und seine Partnerin für ein halbes Jahr nach Buenos Aires, um ihre tänzerischen Qualitäten weiterzuentwickeln. Dafür investieren sie ihr gespartes Geld. In den folgenden Jahren wird es noch etliche Male geben, in denen Susanne und Rafael ihre Ersparnisse in den Ausbau ihrer Geschäftsidee investieren. Ihre Tochter ist dabei kein Hindernis, sondern im Gegenteil ein wichtiger Motor. Statt zu sagen: Wir müssen unserem Kind finanzielle Sicherheit bieten um jeden Preis, scheint bei Susanne und Rafael eine andere Überzeugung zu überwiegen: Sie wollen die Leidenschaft und Freude an ihrer Arbeit weitergeben – nicht nur an ihre Schüler*innen, sondern auch an ihre Tochter. Es ist auch ihrer Tochter zu verdanken, dass sie einen Raum im Tangostudio in ein Spielzimmer umwandeln, wo es jeden Sonntagnachmittag Kinderbetreuung gibt, damit die Eltern tanzen können. Soweit ich weiß, gibt es kein anderes Tanzstudio in Berlin mit diesem Angebot.

Für etliche weitere Interviewpartner*innen waren ihre Kinder ein wichtiger Anstoß, um über Sinn und Ziel ihrer Arbeit nachzudenken. So war für Torsten die Geburt seines Sohns ein wesentlicher Impuls, um die Ausrichtung seiner Firma neu zu überdenken.

Als mein Sohn geboren wurde, dachte ich viel darüber nach, was ich ihm eigentlich mitgeben möchte. Wie möchte ich eigentlich, dass die Welt ist, in die er da reinwächst? Welche Verantwortung habe ich da? – Natürlich trage ich nicht die Verantwortung für die Welt. Das wäre ein bisschen viel! Aber es gibt eben schon unterschiedliche Möglichkeiten. Meinen Beruf als Unternehmensberater kann ich unterschiedlich ausfüllen. Mit dem Radius1-Team haben wir nun einen Weg definiert, den wir sinnvoll finden. Wir möchten mit unserer Beratung dazu beitragen, dass die Welt ein Stück besser wird, dass die Lebensqualität in den Unternehmen besser wird, dass weniger Leid dort entsteht. (Torsten Breden - Unternehmensberater)

Auch für Johannes und Anne waren ihre Kinder ein wichtiger Grund für eine neue Lebens- und Berufsausrichtung. Ähnlich wie Stephanie dauerte es auch bei Johannes eine Weile, bis er entsprechend seiner Überzeugungen handelte.

Dass ich doch noch so lange bei meiner Anstellung bei Teach First blieb, hing auch mit meinem Sicherheitsbedürfnis zusammen, das sich durch meine Kinder verstärkt hatte. Irgendwie konnte ich das da noch nicht anders machen. Aber ich merkte immer deutlicher, dass ich da weder froh wurde noch die Welt veränderte – und dass ich außerdem meine Werte verriet. Die kristallisierten sich durch meine Unzufriedenheit aber auch stärker heraus: Freiheit, Respekt vor den Einzelnen, Schulen, die ziemlich anders funktionieren. Irgendwann war mir klar, dass Teach First nicht mehr mein Ort war. (Johannes Terwitte – Prozessbegleiter u.v.a.)

Johannes' Ort ist jetzt die Gemeinschaft in Klein Jasedow. Seine Umgebung macht es ihm leichter, seine Werte und Überzeugungen wirklich zu leben. So beteiligt er sich mittlerweile an der Gründung einer demokratischen Schule, in der Kinder vollkommen selbstgesteuert lernen können und wo dem Spiel und der Freiheit eine wesentliche Rolle zukommt. Auch die Gemeinschaft selbst ermöglicht vieles. Zum Beispiel, dass Johannes' Töchter tatsächlich frei entscheiden können, ob sie zu Hause bleiben oder lieber in die Kita gehen wollen. Denn dadurch, dass Johannes und seine Frau wenig Erwerbsarbeitsstunden haben, sind sie oft zu Hause und verbringen viel mehr Zeit mit ihren Töchtern, als das in ihrer vorherigen beruflichen Situation in Berlin möglich gewesen wäre. Wenn sie mal nicht da sind, kümmert sich jemand anders in der dreißigköpfigen Gemeinschaft um die Kinder.

Nun habe ich in diesem Kapitel vor allem Selbständige zu Wort kommen lassen. Tatsächlich haben sich die Angestellten mit Kindern seltener zu diesem Thema geäußert als die Selbständigen. Ob das daran liegt, dass Angestellte einen höheren gesetzlichen Schutz genießen, zum Beispiel, wenn die Kinder krank werden? Und dass das Leben mit Kindern entspannter ist, wenn man eine feste Stelle hat? Annes Erzählung legt eine solche Vermutung nahe.

Vor der Geburt meines Kindes habe ich durchschnittlich 60 Stunden die Woche gearbeitet. Seit ich aus der Elternzeit zurückgekommen bin, arbeite ich nicht so fürchterlich viel mehr als 40 Stunden. Als Angestellte im öffentlichen Dienst genieße ich das Privileg, dass ich alle Vorteile solcher Stellen auch wirklich in Anspruch nehmen kann. Dazu gehört zum Beispiel pro Tag eine Stunde Stillzeit. Ich gehe dann diese eine Stunde eher nach Hause oder fange später an. (Anne Mihan – Wissenschaftliche Mitarbeiterin)

Die Vorteile, von denen Anne spricht, beziehen sich zwar explizit auf den öffentlichen Dienst, aber auch Angela deutet an, dass ihr jetziger Arbeitgeber ihr als Mutter eines Grundschulkindes in einigen wichtigen Punkten entgegenkommt – nicht zuletzt mit der Möglichkeit, in Teilzeit zu arbeiten. Außerdem erzählt sie mir, dass sie auch mal früher von der Arbeit nach Hause gehen kann, zum Beispiel, wenn sie mit ihrem Sohn etwas für die Schule vorbereiten muss. Angelas Mobbing-Erfahrung bei ihrem früheren Arbeitgeber zeigt aber auch, wie unterschiedlich die Bereitschaft in Unternehmen sein kann, den Bedürfnissen und Wünschen seiner Mitarbeiter*innen mit Kindern entgegenzukommen.

Übung: Anerkennung

Diese Übung eignet sich für alle, die wie ich dazu neigen, ihre Fürsorgearbeit unter den Teppich zu kehren.

So geht's:

Schritt 1: Nehmen Sie sich jeden Abend vor dem Schlafengehen fünf Minuten Zeit.

Schritt 2: Schreiben Sie alles auf, was Sie heute gemacht haben und in die Kategorien Beziehungspflege, Fürsorge- und Haushaltsarbeit einsortiert werden kann.

Schritt 3: Versuchen Sie, sich vorzustellen, was wäre, wenn Sie all diese Dinge nicht gemacht hätten.

Schritt 4: Werden Sie sich bewusst darüber, wie wertvoll all diese Handlungen sind.

Schritt 5: Werden Sie sich bewusst darüber, für wen diese Handlungen wertvoll sind.

Schritt 6: Erinnern Sie sich an kleine und große Momente, in denen Sie heute zufrieden mit sich waren oder für die Sie dankbar sind.

Variation I: Machen Sie diese Übung von Anerkennung gemeinsam mit Ihrem Partner oder Ihrer Partnerin. Erzählen Sie sich, was Sie an diesem Tag alles füreinander und für Ihre Kinder geleistet haben und schenken Sie sich Anerkennung dafür.

Variation II: Sagen Sie den Erzieher*innen und Lehrer*innen Ihrer Kinder, was für großartige Arbeit sie leisten.

Variation III: Sagen Sie allen Personen in Ihrem Familien- und Freundeskreis, die sich ab und zu oder regelmäßig um Ihre Kinder kümmern, wie wertvoll ihre Unterstützung ist.

Übung: Verbündete suchen

Diese Übung eignet sich für alle, die sich mehr Unterstützung in ihrem Arbeitsalltag wünschen – egal, ob an der Uni, im Unternehmen, oder zu Hause.

So geht's:

Schritt 1: Finden Sie andere Menschen in Ihrem (Berufs-)Umfeld, die auch Kinder haben.

Schritt 2: Setzen Sie sich zusammen und überlegen Sie gemeinsam, welche Entlastungen Sie sich idealerweise wünschen. Lassen Sie sich von Best Practice Beispielen inspirieren.

Schritt 3: Legen Sie ein bis drei Punkte fest, an deren Umsetzung Sie arbeiten wollen.

Schritt 4: Erstellen Sie einen Aktionsplan: Welche Schritte müssen in welcher Reihenfolge getan werden für eine erfolgreiche Umsetzung? Wer übernimmt welche Aufgaben?

Übung: Aufstand wagen

Diese Übung eignet sich für alle, die sich nicht damit begnügen wollen, ihren Unmut im stillen Kämmerlein auszubreiten.

So geht's: Ehrlich gesagt, weiß ich nicht, wie das geht. Wann sollen wir in unserem vollen Leben auch noch Zeit für die organisierte Revolte finden? Trotzdem finde ich es wichtig, die enorme Belastung, die sich durch ein Berufsleben mit Kindern ergibt, nicht als Privatangelegenheit abzustempeln, sondern in die Politik und die Unternehmenskultur zu tragen. Denn nur dort können die Strukturen verändert werden, die diese Belastungen verursachen. Aber wie soll das gehen? – Als Anregung hier drei Inspirationsquellen:

Inspiration 1: Meine Freundin Janine beteiligt sich aktiv an Debatten, indem sie Zeitungsbeiträge, Blogartikel und Social-Media-Kampagnen zu politischen Themen, die ihr am Herzen liegen, kommentiert, weiterleitet und teilt.

Inspiration 2: Christine Finke, Alleinerziehende von drei Kindern, Geisteswissenschaftlerin und freie Texterin, vereint ihre publizistische Tätigkeit mit ihrem politischen Anliegen, die politischen und rechtlichen Strukturen für Alleinerziehende zu verbessern. Sie schreibt einen Blog (http://mama-arbeitet.de/) und hat schon häufiger ein großes Medienecho erzeugt. Unterstützen Sie sie. Lassen Sie sich von ihr ermutigen.

Inspiration 3: Wenn Sie angestellt sind, suchen Sie sich Gleichgesinnte (Frauen und Männer!). Bilden Sie ein Netzwerk und machen Sie gemeinsam die Übung „Verbündete suchen"

Lektüre

Die meisten Bücher zum Thema, die mir bisher begegnet sind, befassen sich mit den gesellschaftspolitischen Strukturen rund um Kinderbetreuung und sind mal mehr, mal weniger zynisch oder zumindest doch tendenziös. Kritik an den Arbeitsbedingungen für junge Eltern, insbesondere Mütter, ist natürlich durchaus berechtigt und der Handlungsbedarf akut. Wer sich dazu informieren möchte, sollte dies unbedingt tun – darf aber in diesen Büchern keine praktische Anleitung erwarten, wie der Berufsalltag mit Kind denn nun zu meistern ist.

Jesper Juul. *Wem gehören unsere Kinder? Dem Staat, den Eltern oder sich selbst?* Beltz: 2012.

Susanne Garsoffky und Britta Sembach. *Die Alles-ist-möglich-Lüge – Wieso Familie und Beruf unvereinbar sind.* Pantheon: 2014.

Etwas hilfreicher in puncto Alltagspraxis ist das folgende Buch, das die altbekannte Weisheit, sich stets nur auf eine Sache zu konzentrieren, auf viele Beispiele aus dem Berufsleben mit Kindern überträgt:

Felicitas Richter. *Schluss mit dem Spagat – Wie Sie aufhören, sich zwischen Beruf und Familie zu zerreißen.* Südwest: 2015.

Unternehmergeist

Worum geht's?

Unternehmergeist ist nicht nur wichtig für Unternehmer*innen und andere Selbständige. Gerade Geisteswissenschaftler*innen können mit ihrer vorbelasteten Theorievergangenheit enorm vom unternehmerischen Drive zur Praxis profitieren.

Was bringt's?

In diesem Kapitel finden Sie besonders viele Übungen, um vom Denken ins Tun zu kommen. Und Sie lernen, dass Sie keine Unternehmerin sein müssen, um unternehmerisch zu handeln.

Episode: Social Entrepreneurship

Prolog: Meine erste und gleichzeitig folgenreiche Begegnung mit Unternehmertum ereignete sich während einer Augustwoche im Jahr 2011. Ich nahm teil an einer Arbeitsgruppe aus dem Programm der Studienstiftung, die den Titel „Social Entrepreneurship in der Bildung" trug. Um ein Haar hätte ich mich dort gar nicht erst angemeldet, denn die Rahmenveranstaltung hieß „Management-Akademie". Zu dieser Zeit gab es wenig, wovon ich mich weniger angesprochen fühlte als vom Begriff „Management". Außer vielleicht Unternehmertum. Das war dann auch der Begriff, zu dem wir in der Kennenlernrunde frei assoziieren sollten. Mir fiel dazu ein: Profitmaximierung, Wirtschaftshaie, Machtgier, Wettbewerb, Kapitalismus. Mal abgesehen von meinen pauschalisierenden und platten Negativassoziationen war ich überzeugt, dass Unternehmertum als Berufsperspektive für mich als Geisteswissenschaftlerin als Berufsperspektive nicht in Frage kommt. Vielleicht war es die englische Bezeichnung „Entrepreneurship" mit dem Zusatz „Social", die dem Ganzen seinen Schrecken nahm – die Verbindung zur Bildung war es letztlich, die meine Neugier weckte. Was für ein Glück!

Es war eine kleine Offenbarung: Ich lernte, dass wirtschaftliche Mechanismen genutzt werden können, um soziale Missstände zu beheben. Das war Wirtschaft von einer ganz anderen Seite. Unsere großartigen Kursleiter Jonathan Fischer und Lars Stein forderten uns noch vor Akademiebeginn auf, in unserer unmittelbaren Umgebung die Augen aufzuhalten nach gesellschaftlich relevanten Dingen, die nicht ganz rund laufen, die wir gern verbessern würden oder die offensichtliche Probleme mit sich ziehen. In der einen Woche, in der wir zusammenarbeiteten, ging es darum, für einige dieser Probleme eine unternehmerische Lösung zu finden. In Teams entwickelten wir ein Geschäftsmodell, analysierten in Ansätzen den Markt, identifizierten mögliche Kundengruppen, und entwarfen Ideen für Marketing und Vertrieb.

Ich lernte Menschen kennen, die unternehmerisch denken und handeln und damit einen positiven gesellschaftlichen Wandel bewirken wollen. Ich war fasziniert von dieser mir bis dahin völlig unbekannten Spezies. Diese Faszination hält bis heute an. Ich erfuhr von Ashoka, einer international tätigen Organisation, die eigens für die Förderung nachhaltig wirkender Sozialunternehmer*innen gegründet wurde. Weltweit gibt es inzwischen 3.000 Ashoka Fellows. In Deutschland sind es 51. Eine davon ist Katja Urbatsch. Fellows werden nach international einheitlichen Kriterien ausgewählt:

(1) Neue Idee – hat der Kandidat/die Kandidatin einen neuen und wirksamen Weg gefunden, um ein gesellschaftliches Problem zu lösen?

(2) Gesellschaftliche Wirkung – Ist diese Lösung skalierbar?

(3) Unternehmerische Umsetzung – Hat die Person den Unternehmergeist und die Leidenschaft, um die Idee großflächig umzusetzen und sich ihr Vollzeit zu widmen?

(4) Kreativität – Hat die Person die nötige Kreativität, um

Hindernisse zu überwinden, Ressourcen zu mobilisieren und die Zielgruppe(n) zu erreichen?

(5) Integrität – Ist die Person integer und ohne versteckte oder ideologische Agenda?

Im Februar 2015 half ich auf der Ashoka-Konferenz in Berlin als Volunteer bei der Veranstaltungsorganisation und lernte Katja Urbatsch am Kuchenbuffet kennen. Ich erlebte aufs Neue, wie wohltuend ich die Motivation von Sozialunternehmer*innen finde. Sie werfen nicht die Hände in die Luft und sagen, wie schlimm es steht um die Welt. Sondern sie sagen: Es steht schlimm um die Welt, und deswegen entwickeln wir Lösungen, wir packen an und wir bewirken Veränderung für eine gerechtere, ökologisch und ethisch nachhaltigere Welt. Zu diesem Zeitpunkt spielten sich in meinem Kopf aufregende Fantasien von mir als Sozialunternehmerin ab.

11. Juni 2015. Ich besuche die Entre.Fem, eine Netzwerkveranstaltung für Gründerinnen und gründungswillige Frauen. In einigen Panels sprechen bekannte Gründerinnen, wie Claudia Helming von Dawanda, Joana Breidenbach von betterplace, und Maxie Matthiesen und Eva Brandt von Ruby Cup. In anderen Panels gibt es Input zu funktionierenden Geschäftsmodellen, zu Finanzierungsmöglichkeiten und zur Verhandlungsführung. Ich bin ganz aufgekratzt und nutze jede Gelegenheit, um mit den Teilnehmerinnen ins Gespräch zu kommen. Nach einem Vortrag über den perfekten Elevator Pitch drehe ich mich nach hinten um. Unter normalen Umständen würde ich das nie tun, aber heute fühle ich mich ein bisschen wie ein anderer Mensch, und ich spreche die beiden Frauen an.

„Ich bin Ulli. Wer seid ihr?"

Mit geschickten Small-Talk-Eröffnern habe ich mich noch nicht auseinandergesetzt. Aber so funktioniert es offenbar auch.

„Ich bin Jennifer" sagt die eine und übt gleich an mir ihren Elevator Pitch. „Ich bin Co-Founder von Coachimo, einer Vermittlungsplattform für Coaching…" Sie redet noch mindestens fünf Minuten. Ich übe, interessiert auszusehen. Mit halbem Hirn denke ich darüber nach, ob ich nicht schon zu viel Input für heute hatte, denn ich bin gar nicht mehr aufnahmefähig. Irgendwann macht Jennifer eine Pause. Das bekomme ich gerade so noch mit.

„Und wer bist du?" frage ich schnell die andere Frau, die ein bisschen so aussieht, als hätte sie auch geübt, interessiert auszusehen.

„Ich bin Sabine Stengel, die Ideenretterin", sagt sie und drückt mir im gleichen Atemzug ihre Visitenkarte in die Hand.

„Ideenretterin? Was für ein toller Name!" rufe ich aus und finde mich ein bisschen unheimlich in meinem Enthusiasmus – dabei ist der ganz echt. „Der Name ist so bildhaft. Aber was genau kann ich mir darunter vorstellen?"

„Ich arbeite als Innovationsmanagerin für Unternehmen. Davor habe ich zwanzig Jahre lang ein Kartografie-Unternehmen geleitet. Aber vor drei Monaten habe ich gemerkt, wo mein Herz eigentlich schlägt. Ich habe ein ehrenamtliches Projekt an einer Sekundarschule in Kreuzberg angefangen und begleite dort Jugendliche mit Innovationsmethoden, um ihre eigenen Geschäftsideen zu entwickeln. Und jetzt möchte ich aus diesem Projekt gern etwas Größeres machen – vielleicht irgendwann ein Social Enterprise…"

Während Sabine erzählt, merke ich, wie mein Herz schneller schlägt. Von meinem vorübergehenden Informationsaufnahmestopp spüre ich nichts mehr.

„Kann ich bei dir mitmachen?" frage ich ohne zu überlegen.

„Ja!" ruft Sabine. Die Begeisterung steht ihr ins Gesicht geschrieben. Wir verbringen den Rest der Pause damit, uns ein kleines bisschen kennenzulernen.

Gleich am nächsten Tag treffen wir uns wieder und verabreden zunächst eine lockere Zusammenarbeit, in der ich sie mit der Moderation der Schul-Workshops unterstütze. Dann erfahre ich von einer Ausschreibung von *startsocial* für ein Beratungsstipendium und mache mich an die Arbeit für die Bewerbung. Viel mehr als eine Konkretisierung von Sabines Projekt für unsere eigenen Zwecke erhoffe ich mir nicht, denn die Initiative ist noch so klein. Tatsächlich passiert auch erst einmal nichts. In der Zwischenzeit fange ich bei *My Impact Education* an und ich merke neben vielen anderen Dingen, dass *My Impact* aus meiner Sicht mit *Education* nicht viel zu tun hat. Der Anruf von *startsocial* ein paar Monate später kommt für mich dann völlig überraschend.

„Herzlichen Glückwunsch, Sie gehören zu den diesjährigen *startsocial*-Stipendiaten!"

Mein Herz macht Freudensprünge und ich will am liebsten sofort loslegen. Einer unserer Beratungswünsche ist die Finanzierung des Projektes. Es sieht so aus, als würde ich wirklich Sozialunternehmerin werden. In den kommenden Monaten konzentriere ich mich auf die Arbeit für die Ideenretter. Ich genieße diese neue Zusammenarbeit. Sabines Begeisterung und Wertschätzung für meine Ideen und Beiträge setzen ungeahnte Kräfte in mir frei. Ich fühle mich von Sabine gesehen und anerkannt. Die wöchentliche Beratungssession gibt unserer Arbeit eine Struktur, die ich sehr willkommen heiße. Trotz all dieser positiven Faktoren habe ich immer häufiger den Eindruck, dass meine Bemühungen ins Leere laufen. Ich bin ungeduldig und wünsche mir mehr Tempo und schnellere Erfolge. Meine Ungeduld stresst Sabine. Wir sprechen einige Male über unsere Kommunikation und über unsere Arbeitsorganisation, machen Pläne, verteilen Aufgaben und Rollen. Doch zum Jahreswechsel merken wir beide, dass uns die Zusammenarbeit immer mehr anstrengt. Scheinbar passen wir doch nicht so gut zusammen, wie wir beide anfangs geglaubt hatten. Im Januar 2016 beschließen wir einvernehmlich, getrennte Wege zu gehen. Wir wünschen uns alles Gute und viel Erfolg für unsere Unternehmungen und bleiben in Kontakt.

Waren die letzten sechs Monate umsonst? Erst das Scheitern im Startup, dann das Scheitern als Fundraiserin und Projektmanagerin bei den *Ideenrettern*… Ich könnte sagen: Das ist ja eher suboptimal gelaufen, jetzt muss ich mir aber endlich eine Anstellung suchen! Sage ich aber nicht. Stattdessen sehe ich diese Erfahrungen als eine große Bereicherung. Ich weiß jetzt, wie befriedigend und beflügelnd ich es finde, mit meinen Ideen und Fähigkeiten ein Projekt gestalten zu können, hinter dem ich voll und ganz stehe. Und wie frustrierend ich es finde, wenn ich weder die inhaltliche Überzeugung habe noch die Freiheit, den Inhalt und die Herangehensweise umzugestalten. Eine bedeutende Erkenntnis, die ich daraus mitnehme: Ich kann, wenn ich es wirklich will, so arbeiten, dass ich sowohl überzeugt bin von der Sache als auch gestalterisch frei. Zu dieser Erkenntnis hat mir meine Zusammenarbeit mit Marco Borchers und Sabine Stengel sehr geholfen. Sie sind zwei sehr verschiedene Unternehmertypen, die trotz aller Unterschiede etwas ganz Wesentliches eint: Ihre Begeisterung und absolute Überzeugung für ihre Sache – und die Bereitschaft, dafür lange Durststrecken und Risiken in Kauf zu nehmen.

Interviews: Unternehmerische Tugenden

Unternehmergeist – das ist in meinen Augen in erster Linie eine mentale Haltung, die das Umsetzen von Ideen als Ziel verfolgt. Und so geht es in diesem Kapitel nicht darum, wie Geisteswissenschaftler*innen erfolgreich ein Unternehmen gründen, sondern um unternehmerische Handlungen, die, wenn sie regelmäßig geübt werden, zu Eigenschaften und Gewohnheiten werden können.

Von meinen 25 Interviewpartner*innen arbeiten aktuell neun als Angestellte. Neun weitere, die inzwischen selbständig sind, waren vorher angestellt. Zum Zeitpunkt der Interviews waren sechzehn selbständig tätig. Ich konnte keine Zahlen darüber finden, wie viel Prozent aller Geisteswissenschaftler*innen selbständig arbeiten, aber ich bin mir ziemlich sicher, dass meine Stichprobe nicht repräsentativ ist. In den Gründungsberatungen der Universitäten zählen Geisteswissenschaftler*innen mit lediglich fünf Prozent zu den Exoten (Uhtenwoldt 2008). Dem statistischen Bundesamt zufolge waren 2013 lediglich 11% aller Erwerbstätigen selbständig. Es ist also sehr unwahrscheinlich, dass 60% aller Berufstätigen mit geisteswissenschaftlichem Studienhintergrund sich irgendwann selbständig machen.

Unabhängig davon, wie repräsentativ meine Stichprobe mit Blick auf die Zahlen ist, denke ich, dass zumindest die Herangehensweise der Selbständigen an ihre Arbeit repräsentativ für alle Berufseinsteiger*innen sein *sollte*. Warum?

In den Interviews habe ich verschiedene Aspekte dieser Haltung identifiziert. Was sie alle gemeinsam haben, ist der Fokus auf die Wirksamkeit der eigenen Handlungen. Die Erfahrung von Selbstwirksamkeit ist jedoch eine, die sehr viele Berufseinsteiger*innen zumindest phasenweise schmerzlich vermissen. Sie fühlen sich machtlos der riesigen Arbeitsmarktmaschine ausgeliefert. Sie verbringen viele trübselige Monate ohne Antwort auf ihre unzähligen Bewerbungen. Sie nehmen zähneknirschend Arbeitsverhältnisse in Kauf, die sie unbefriedigend finden. Ich finde das ungeheuerlich. Das muss doch nicht sein!

Ich hoffe, wenn Sie dieses Kapitel zu Ende gelesen haben, werden Sie derselben Meinung sein. Im Folgenden stelle ich eine Reihe von Aspekten gegenüber, die ich klischeetypisch als jeweils geisteswissenschaftlich und als unternehmerisch etikettiere. Verstehen Sie das als Einladung und als Provokation, darüber nachzudenken, ob diese Aspekte tatsächlich so eindeutig zugeordnet werden können – und in welchem von beiden Sie sich mehr wiedererkennen.

(Be-)Denken | Machen

Als Studierende der Geisteswissenschaften üben wir uns jahrelang im Denken. Denken heißt hier in der Regel: Das kritische Auseinanderpflücken und Zerlegen von Texten in ihre einzelnen Bestandteile und deren Auslegung in Bezug auf bestimmte Aussagen über gesellschaftliche Mechanismen. Was passiert, wenn wir die akademische Welt verlassen? Wir machen weiter mit diesen eingeübten Verhaltensweisen! Wir zerpflücken und zerlegen eifrig und oft ohne es zu merken alles, was uns begegnet: Stellenanzeigen, unsere eigenen Bewerbungen, das (fehlende) Feedback dazu, Medienberichte über die desolate Lage für Geisteswissenschaftler*innen auf dem Arbeitsmarkt oder über Skandale aus der Wirtschaft, mit der wir höchstens als Kritiker*innen etwas zu tun haben wollen.

Das Machen aus eigenem Antrieb gerät dabei völlig in den Hintergrund. Dabei ist es genau dieses Machen, mit dem wir den Sprung vom gefühlten Ausgeliefertsein zu mehr Gestaltungsfreiheit schaffen können. Völlig unabhängig davon, ob wir unternehmerisch tätig werden wollen oder eine feste Stelle suchen.

Viele meiner Interviewpartner*innen erzählen mir von Phasen in ihrem Berufsleben, in denen sie mit den äußeren Gegebenheiten unzufrieden waren. Der Schritt in die Selbständigkeit liegt hier besonders nahe. Tatsächlich geht es aber gar nicht darum, welche konkrete Veränderung unzufriedene Menschen verfolgen, sondern darum, dass sie überhaupt eine Veränderung verfolgen. Für Bernd zum Beispiel war der Übergang von der Selbständigkeit in die Anstellung das erstrebenswerte Ziel. Das, worum es eigentlich geht, ist der Entschluss, trotz empfundener Ablehnung zu handeln. Ein Satz, der diese Haltung besonders einprägsam widerspiegelt, kommt von Maren. Erinnern Sie sich? Maren hatte einen Praktikumsplatz in einer NGO und hatte die Idee, mit den Grundlagen kritischen Denkens zu einer gelungeneren Kommunikation innerhalb des Teams und zu einer wirkungsvolleren Kommunikation nach außen beizutragen. Ihre Idee stieß auf wenig Gegenliebe. Aber statt sich mit den für sie unbefriedigenden Gegebenheiten zu arrangieren, dachte sie:

> *Gut, wenn ihr das alles nicht wollt... dann mache ich es eben trotzdem!*
> *(Maren Drewes - Beraterin, Trainerin & Moderatorin)*

Und sie machte es tatsächlich. Sie zog los und schrieb sechs Organisationen an, die sie spannend fand, und bot ihnen an, diese Idee kostenlos mit ihr auszuprobieren. Drei von ihnen ließen sich auf ihr Angebot ein – und sind heute regelmäßige, zahlende Kunden, und wichtige Knotenpunkte in Marens Netzwerk.

Übung: Machen

Diese Übung eignet sich für alle, die dazu neigen, Ideen und Wünsche zu zergrübeln. Voraussetzung: ein Ziel.

So geht's:

Schritt 1: Sie formulieren ein Ziel. (Eins von Marens Zielen – ob bewusst oder unbewusst – war es, herauszufinden, wie viele von den sechs Organisationen an ihrer Idee Interesse zeigen würden.)

Schritt 2: Sie schreiben auf, welche Zwischenschritte Ihrer Einschätzung nach zu Ihrem Ziel führen könnten. Hier können Sie sich kreativ austoben.

Schritt 3: Überlegen Sie sich jetzt schon alternative Zwischenschritte, falls Ihr Plan nicht aufgeht. (Risikomanagement ist ein Grundbaustein jeder Projektplanung.)

Schritt 4: Sie entwerfen einen Umsetzungsplan, auf dem Sie festlegen, wann Sie welchen Schritt erledigt haben wollen.

Nützliche Hinweise:

Ein gutes Ziel hat folgende Eigenschaften:

- Es stimmt mit Ihren tatsächlichen Bedürfnissen und Werten überein.
- Es ist nicht zu hoch und nicht zu tief gesteckt, d.h. es ist realistisch. Die Überzeugung, dass Sie es mit etwas Anstrengung erreichen können, ist ausschlaggebend für Ihre Motivation.
- Es gibt messbare Faktoren, an denen Sie erkennen können, ob Sie das Ziel erreicht haben, z.B. Zeit- und Mengenangaben.

Ständige Selbstzweifel | Vertrauen in die eigene Stärke

Um überhaupt im Angesicht von Ablehnung und Absagen handeln zu können, braucht es jede Menge innere Kraft – und eben Überzeugung. Es lohnt sich also unbedingt, diese innere Kraft zu pflegen oder aufzubauen. Menschen wie Rafael, die trotz hoher Risiken diese Kraft in sich spüren und nach ihr handeln, können wie Leuchttürme für uns sein:

> *Die Räume für unser eigenes Tangostudio haben wir mit erheblichem finanziellen Aufwand umgebaut. Wir haben fest daran geglaubt, dass wir das Geld irgendwie wieder erwirtschaften, aber ohne zu wissen, ob das wirklich klappen würde. Wir hatten nur das Vertrauen in die eigene Stärke. Mit der Zeit haben wir gelernt, betriebswirtschaftlich zu denken. Teilweise hatten wir Glück mit unseren Entscheidungen. Aber teilweise mussten wir auch einfach mal zwei Jahre unbezahlt ackern, ackern, ackern. (Rafael Busch – Tangolehrer & Tänzer)*

Woher hat Rafael dieses Vertrauen genommen? Hatte er vielleicht einfach nur Glück mit seinen Eltern? Frühe Bindungserfahrungen spielen natürlich eine nicht zu unterschätzende Rolle für das Vertrauen in uns selbst. Zu einem gewissen Grad müssen wir mit dem zurechtkommen, was wir aus unserer Kindheit mitgenommen haben.

Ich habe keine Ahnung, ob Rafael tatsächlich Glück mit seinen

Eltern hatte. Aber mir fällt in unserem Gespräch auf, dass er mehrmals über das Lob von seinen Schüler*innen spricht, das ihn enorm in seinem Plan, ein Tangostudio aufzubauen, bestärkt hat.

Wie lässt sich Rafaels Erfahrung auf die Situation von jobsuchenden Geisteswissenschaftler*innen übertragen? Wer hundert Bewerbungen schreibt und nur Absagen erhält, wird es schwer haben, in seinem Glauben an sich selbst nicht ins Wanken zu geraten. Wenn Sie die Bestätigung Ihrer Fähigkeiten nicht von der Personalabteilung bekommen, dann suchen Sie sich eben bei anderen Personen diese Bestätigung. Oder, noch besser und eigentlich am besten überhaupt: Sie suchen diese Bestätigung in sich selbst.

Übung: Vertrauen in die eigenen Stärken

Diese Übung ist eher eine Sammlung von Ideen und eignet sich für alle, die insgeheim von sich denken, sie können ja nix.

Idee 1: Schreiben Sie einige Ihrer (berufsrelevanten) Stärken auf. Schreiben Sie daneben, bei welchen Tätigkeiten diese Stärken sichtbar werden. Üben Sie ein paar dieser Tätigkeiten. Schenken Sie sich selbst Anerkennung und Wertschätzung dafür.

Idee 2: Bitten Sie Menschen in Ihrer Umgebung um stärkendes Feedback.

Idee 3: Schulen Sie Ihre eigene Aufmerksamkeit dafür, was andere gut können und teilen Sie Ihre Beobachtungen und Ihre Wertschätzung mit diesen Menschen.

Probleme analysieren | Lösungen finden

Ich war als Geisteswissenschaftlerin vor allem mit Textanalyse beschäftigt. Sehr häufig habe ich Texte daraufhin gelesen, welche gesellschaftlichen Missverhältnisse sie auf welche Art und Weise darstellen. Die Texte transportieren also immer eine Art Problem. Ihre Funktion besteht in der Regel nicht darin, eine Lösung anzubieten. Meine Aufgabe als Literaturwissenschaftlerin war es, dieses Problem möglichst genau zu durchleuchten und seine Bestandteile mit dem größeren Kontext in Verbindung zu bringen.

Unternehmer*innen sehen auch Probleme. Was sie allerdings antreibt, ist, Lösungen dafür zu finden. Dafür müssen sie zunächst in der Lage sein, diese Probleme zu analysieren und zu interpretieren. Das ist die Grundlage. Die gute Nachricht: Für diesen ersten Teil bringen Geisteswissenschaftler*innen beste Voraussetzungen mit. Die bessere Nachricht: Auch für den zweiten Teil sind Geisteswissenschaftler*innen gut ausgestattet – wenn sie bereit sind, sich auf die Herausforderung einzulassen. Wer unternehmerisch tätig werden will, solo oder mit anderen zusammen, startet in der Regel mit einer Idee, die eine Lösung für ein bestimmtes Problem oder einen bestimmten Bedarf darstellt: Hannah beobachtete vor fünf Jahren, dass es in der gesamten Nachbarschaft keinen unabhängigen, individuellen Buchladen gab, obwohl immer mehr Menschen dort hinzogen, die gerne in einem solchen Buchladen einkaufen gehen würden. Katharina sah, dass es in Deutschland – im Gegensatz zu Großbritannien – so gut wie keine professionelle Beratung für junge Menschen gibt, die an einer ausländischen Spitzenuniversität studieren wollen. Torsten erlebte als Berater die Organisationskultur sehr vieler Unternehmen als schädlich für die Einzelnen und für das Unternehmen als Ganzes. Diese Liste könnte ich jetzt für jede*n Selbständige*n aus meinen Interviews fortführen. Die Lösung zu einem Problem steht für Unternehmer*innen am Anfang ihrer Tätigkeit. Sie ist der Antrieb zur Handlung.

Was ich aber auch gemerkt habe: Viele meiner angestellten Interviewpartner*innen betonen ebenfalls den Stellenwert, den das Finden von Lösungen in ihrer Arbeit hat. Zum Beispiel Oliver, der den Quereinstieg ins Lehramt gemacht hat.

> *Man muss lösungsorientiert sein und improvisationsfreudig. Der Schulbetrieb und der Schulalltag laufen nie so, wie man das geplant hat und man muss eigentlich ständig Probleme lösen und auch Freude dran haben, sie jetzt zu lösen, statt sie zu zergrübeln. (Oliver Hesselmann - Lehrer)*

Der Berufseinstieg ist für viele Geisteswissenschaftler*innen ein Problem. Es gibt in der Innovationsforschung den wunderbaren Begriff des *wicked problem*. Hierbei handelt es sich um ein Problem, das schwer oder unmöglich zu lösen ist, weil die Grundlagen für eine Lösung unvollständig, widersprüchlich, wandelbar und schwer zu erkennen sind. Ursprünglich wurde dieses Konzept für Probleme in der Sozialpolitik entwickelt. Inzwischen wird dieses Konzept auch für Designprozesse eingesetzt, weil es hier viele Überschneidungen gibt: Das „Problem" ist oft schlecht definiert in dem Sinne, dass es keinen vorgeschriebenen Weg nach „vorne" gibt; es gibt keine „richtige" oder „optimale" Lösung; und verschiedene Stakeholder mit verschiedenen, oft widersprüchlichen Perspektiven auf das Problem. Mal abgesehen davon, dass ich das Wort „wicked" im Zusammenhang mit Berufsfindung großartig finde, bietet dieser Mini-Exkurs in die Innovations- und Managementkultur noch einen weiteren Vorteil. Es gibt gute Ideen dafür, wie wir solchen Problemen begegnen können. So schreibt Rob Knapp in dem Artikel „Wholesome Design for Wicked Problems":

> *The first [way in dealing with wicked problems] is to shift the goal of action on significant problems from "solution" to "intervention." Instead of seeking the answer that totally eliminates a problem, one should recognize that actions occur in an ongoing process, and further actions will always be needed. (Knapp kein Datum)*

Das Problem, eine sinnvolle und bezahlte Arbeit zu finden, ist ebenso wie ein *wicked problem* von Komplexität, Unsicherheit und Konflikten gekennzeichnet. Und ebenso wie ein *wicked problem* können Sie auch Ihr Berufsfindungsproblem mit Kreativität und Lösungswillen angehen. Das Beste aber ist: Wenn Sie erst einmal herausgefunden haben, was *wicked problems* noch alles kennzeichnet, werden Sie vermutlich erleichtert sein, wie überschaubar und zahm das Problem, einen passenden Job zu finden doch ist im Vergleich zu den *wirklich wicked problems...*

Übung: Wicked Problems

Diese Übung eignet sich für alle, die gern über den Tellerrand schauen und sich dort für ihr eigenes Tun inspirieren lassen.

So geht's:

Schritt 1: Googeln Sie die Stichworte *wicked problem, issue-based information system* oder *ganz simpel: problem solving*.

Schritt 2: Lesen Sie, was Sie interessiert.

Schritt 3: Überlegen Sie, ob und was davon Sie verwenden können.

Risiken | Chancen

Chance *Sf* „günstige Gelegenheit" *std.* (17. Jh.). Entlehnt aus frz. *chance*, das zurückgeht auf früh-rom. **cadentia*, eine Ableitung des *PPräs.* von 1. *cadere* „fallen". So benannt nach einem Ausdruck des Würfelspiels, der den (guten) Fall der Würfel bezeichnet.

Die Selbständigen, die ich interviewte, haben alle eine starke Tendenz, Ereignisse und Bekanntschaften in ihrem Leben als Chancen zu sehen und diese zu nutzen. Schnell kann da der Eindruck entstehen, dass es nun einmal Menschen gibt, die vom Glück mehr gesegnet sind als andere. Die einfach alles haben: Gesundheit, tolle Arbeit, Anerkennung, liebevolle Beziehung, glückliche Kinder. Und natürlich ist für die alles einfacher. Natürlich fällt es denen leicht, überall Chancen zu sehen. Weil sie nun einmal objektiv mehr Chancen haben. Das will ich nicht bestreiten. Jemand, der gesund und gut ausgebildet ist, hat tatsächlich und nachweislich mehr Chancen (z.B. auf soziale Teilhabe und beruflichen Erfolg). Das ist aber nur die eine Seite.

Die andere Seite: Wer diese Chancen zwar objektiv hat, aber subjektiv nicht wahrnimmt, hat rein gar nichts davon. Die subjektive Wahrnehmung spielt, so scheint mir, eine weitaus größere Rolle. Ein extremes Beispiel hierfür ist Annika, die ihre lebensbedrohliche Krebserkrankung, in deren Folge sie mehrere Jahre lang arbeitsunfähig war, als die Chance ihres Lebens begreift. Diese kleine zierliche Frau, die heute längst nicht mehr so belastbar ist wie früher, als sie als Steinmetzin auf dem Bau schwere Lasten schleppte, hat durch die Krankheitserfahrung eine Kraft in sich entwickelt, mit ihrer Lebenszeit das zu tun, was ihr wirklich am Herzen liegt. Ihre Chance auf berufliche Erfüllung und soziale Teilhabe mit zwei gering bezahlten Teilzeitstellen ist aus meiner Sicht eher klein. Sie selbst nimmt das allerdings ganz anders wahr. Sie spricht von Möglichkeiten, von „günstigen Gelegenheiten", die immer das Ergebnis von Entscheidungen sind. Und diese

Gelegenheiten nutzt sie.

So extrem Annikas Beispiel auch sein mag, es verdeutlicht, dass „Chancen" und „günstige Gelegenheiten" zeitgleich mit unangenehmen und deshalb schwierigen Bedingungen einhergehen können. Ein glücklicher(er) Mensch, der es schafft, in den Widrigkeiten eine Chance zu sehen!

Katja Urbatsch erzählt von den Herausforderungen der Anfangszeit mit *arbeiterkind.de*, die durch den plötzlichen und unerwarteten Medienrummel entstanden.

> *Das war eine Riesenchance aber auch immer wieder ein Kraftakt, ich musste wahnsinnig viel lernen, ich musste an mich glauben, ich musste immer wieder ins kalte Wasser springen, musste Sachen machen, die ich mir eigentlich gar nicht zugetraut habe, Radio, Fernsehen, Buch schreiben. Ich habe viele Chancen bekommen, aber es war schon auch eine harte Zeit. (Katja Urbatsch - Sozialunternehmerin)*

Und à propos Glück: Die Etymologie des Begriffs „Chance" (siehe oben) stellt einen klaren Zusammenhang zum Würfel-, also Glücksspiel her. Wem es gelingt, den Wurf zu seinen Gunsten zu deuten, der hat das Glück auf seiner Seite:

> *Ich glaube, man kann das gar nicht unterschätzen, wie viel Glück man haben muss. Zum Beispiel hatte ich das große Glück, dass ich von Anfang an mit Christoph zusammenarbeiten durfte. Wenn das nicht gewesen wäre, wäre ich nie so weit gekommen. Wenn wir uns nicht begegnet wären, wäre das nicht passiert. Und wo würde ich da jetzt stehen? Ich weiß es nicht. (Torsten Breden - Unternehmensberater)*

Anders als bei einem tatsächlichen Würfelspiel, haben die „Zahlen" des Lebens keine festgeschriebene Bedeutung. Jeder „Wurf" kann aufs Neue als günstige Gelegenheit gewertet und genutzt werden.

Übung: Chancen erkennen

Diese Übung eignet sich für alle, die sich gern als Verlierer*innen sehen.

So geht's:

Schritt 1: Schreiben Sie einen tagebuchähnlichen Text über Ihre momentane Lebenssituation und stellen Sie dabei ganz bewusst Begegnungen und Ereignisse als mögliche Chancen dar – auch wenn Sie das gar nicht glauben.

Schritt 2: Versuchen Sie, in Gesprächen mit anderen einzelne Elemente Ihres Textes einzuweben.

Schritt 3: Schauen Sie, ob und was sich im Laufe einiger Wochen, in denen Sie das üben, etwas an Ihren inneren Überzeugungen ändert.

Wankelmut | Beharrlichkeit

Eine Eigenschaft, die besonders in den Geschichten der Unternehmer*innen und Selbständigen immer wieder zutage tritt, ist Ausdauer. Es waren ihre Geschichten, die mich erkennen ließen, wie ungeduldig ich mit mir selbst oft bin und wie schnell ich mir von ausbleibendem Erfolg den Wind aus den Segeln nehmen lasse. Es sind ihre Geschichten, die mir jetzt als Anker dienen.

> *Im Nachhinein bin ich froh, dass ich einfach immer weitergemacht habe. Das ist eine Lehre, die ich nur weitergeben kann. Wenn es mal nicht so gut läuft, oder wenn man eine Niederlage hat, lohnt es sich, einfach weiterzumachen. Das ist das, was erfolgreiche Unternehmer*innen von anderen unterscheidet. Auch wenn sie sich mal schlecht fühlen und sie denken, dass etwas nicht gut gelaufen ist, fragen sie sich: Wie geht es jetzt weiter? Wenn man Ausdauer beweist, dann wird das. (Katja Urbatsch - Sozialunternehmerin)*

Aus Katja Urbatschs Geschichte klingt hervor, dass es Zeiten gab, in denen sie Zweifel hatte, ob sie weitermachen wollte. Ich hatte mich vorher nie gefragt, ob Menschen, die als besonders erfolgreich gelten, auch solche Unsicherheiten und Zweifel kennen. Ich ging, ohne es zu wissen, davon aus, dass solche Menschen einfach so überzeugt von sich und ihrer Idee sind, dass Aufgeben für sie nicht in Frage kommt. Offensichtlich lag ich da ziemlich falsch. Alle Selbständigen, mit denen ich gesprochen habe, erinnern sich an Phasen der Selbstzweifel, ob sie mit dem, was sie da machen, auch wirklich Erfolg haben können.

Gleiches gilt für die Zeit zwischen Studienabschluss und erster Stelle. Auch Absolvent*innen mit sehr gutem Abschluss gleiten oft nicht übergangslos in eine Anstellung. Rafael Ugarte Chacón und Max Seeger haben beide fast ein Jahr gebraucht, bis sie eine Stelle hatten. Damit nicht genug: „Eine Stelle haben" heißt für die meisten Menschen, mit denen ich gesprochen habe, bessere Bedingungen zu schaffen für die nächste Stelle, die dem, was sie eigentlich machen wollen, näherkommt. Auch dann also sind Ausdauer und Beharrlichkeit hilfreiche Gefährten.

Lektüre

Folgendes Buch richtet sich vordergründig an Menschen, die etwas gründen wollen. Aber tatsächlich erfahren Sie hier sehr viel über die unternehmerische Grundhaltung, die allen, die berufliche Veränderung anstreben zugute kommt. Lutz Langhoff ist Soziologe und war viele Jahre Straßen- und Varietékünstler, bevor er Unternehmensberater wurde.

Lutz Langhoff. *Die Kunst des Feuermachens – Motiviert leben. Unternehmerisch denken. Tatkräftig handeln.* Gabal: 2014.

Schwierigkeiten

Worum geht's?

Im Grunde geht es ja im ganzen Buch um Schwierigkeiten. Warum also ein eigenes Kapitel dafür? Um darüber nachzudenken, was es mit diesen Schwierigkeiten auf sich hat und ob sie vielleicht sogar für etwas gut sein können.

Was bringt's?

Dieses Kapitel ist eine Sammlung aller Schwierigkeiten, die bisher noch nicht genügend Aufmerksamkeit gefunden haben. Eine Art offener Kummerkasten, der sagt: Sie sind nicht allein. Außerdem lädt dieses Kapitel Sie dazu ein, sich Ihre Schwierigkeiten und Ihren Umgang damit genauer anzuschauen.

Faszinierende Schwierigkeiten

schwierig (15. Jh.), *swaerec, swaeric*, mndd. *swerich*. Bedeutet eigentlich "schwärend" (*schwären*). Im 17. Jh. wird das Wort bildlich für „aufrührerisch" verwendet, woraufhin es seinen Zusammenhang mit dem Grundwort verliert und zu *schwer* gezogen wird.

schwären mhd. *swern*, ahd. *sweran*, mndl. *sweren*. „Wunde, Körperverletzung", „Gebrechlichkeit, Krankheit"

Wenn man mittendrin steckt, sind Schwierigkeiten vor allem eins: unangenehm. Ich zumindest fand nichts faszinierend an meiner Orientierungslosigkeit, an meiner fehlenden Identifikationsgrundlage, an meinen Versagensängsten. Ich wollte das alles nicht. Ich wollte wissen, wo es lang geht – so wie ich immer gewusst hatte, wo es lang geht. Ich wollte wissen, welche beruflichen Tätigkeiten mein Selbstbild bestimmen – so wie meine universitären Tätigkeiten vorher mein Selbstbild bestimmt hatten. Ich wollte erfolgreich sein – so wie ich immer erfolgreich gewesen war. Mein Wollen half nicht viel: Die Schwierigkeiten gingen davon nicht weg. Im Gegenteil: Alles wurde nur noch schwieriger. Ehe ich mich versah, steckte ich in einer mittelschweren Depression. Ich habe den Verdacht, dass das nicht selten ist bei Menschen, die in solchen Übergangsphasen stecken und keinen Boden mehr unter den Füßen spüren. Es spricht nur niemand drüber. Und das macht es nicht gerade leichter. Zu dem ohnehin schon blöden Gefühl, nichts wert zu sein, kommt dann auch noch der Eindruck, als einzige Person weit und breit so überzogen zu reagieren. So ein paar kleine Schwierigkeiten, das kann ja wohl nicht so schwer sein…

Ist es aber. Für manche mehr als für andere. Auf meine Frage nach den größten Schwierigkeiten meiner Interviewpartner*innen auf ihrem beruflichen Weg habe ich besonders aufmerksam auf die Antworten gelauscht. Ich fand sie nicht nur tröstend, sondern oft auch inspirierend. Denn die Tatsache, dass meine Interviewpartner*innen überwiegend von überwundenen Schwierigkeiten sprachen, stimmte mich etwas hoffnungsfroher, dass es auch mir gelingen würde, zumindest einige dieser Schwierigkeiten eines Tages zu überwinden.

Noch etwas wurde mir klar: Manche Schwierigkeiten haben nur oberflächlich gesehen etwas mit Berufsorientierung und Übergangsphasen zu tun. Sie deuten eigentlich auf innere Hindernisse, zu deren Überwindung wir selbst aktiv beitragen können. Passend zu dieser Erkenntnis stelle ich heute, einige Tage, bevor ich das Manuskript zur Probelektüre freigebe, fest, dass ich alle Schwierigkeiten, die ich als „äußerlich" klassifiziert habe, überwunden habe. Die als „innerlich" gekennzeichneten Schwierigkeiten hingegen treiben mich immer noch um. An einigen Tagen mehr, an anderen weniger. Und weil das so ist, weil Schwierigkeiten offenbar zum Leben dazugehören und nicht aufhören, bis wir tot sind, finde ich es lohnenswert, mir diese Schwierigkeiten immer wieder anzuschauen. Denn sie gehen schließlich nicht weg, nur weil ich nicht hingucke. Wahrscheinlich werden sie dadurch eher größer. Ich stelle mir vor, dass sie beleidigt sind, wenn ich sie ignoriere, wenn ich mich nicht um sie kümmere, so, wie ich mich um eine Wunde kümmern würde.

Deswegen habe ich mir vorgenommen, mich regelmäßig zu fragen: Was möchte ich an meinem Umgang mit meinen Schwierigkeiten verändern? Was *kann* ich verändern? Was muss ich dafür tun? Was kann ich über mich lernen, indem ich mich damit auseinandersetze? Bisher ist es vor allem ein Vorhaben. Ehrlich gesagt kommt mir das sogar vor, wie eine Lebensaufgabe. Davon wird mir etwas schwindelig. Falls es Ihnen genauso geht, hilft Ihnen hoffentlich die feinsäuberliche Aufgliederung in äußere und innere Schwierigkeiten. Leider werden Sie wahrscheinlich ebenso schnell wie ich merken, dass auch die äußeren Schwierigkeiten sich bei genauerem Hinsehen als innere entpuppen werden – womit die ganze schöne Ordnung hinfällig ist. Trotzdem hilft sie vielleicht. Denn immerhin kann ich so ganz akkurat und zielgerichtet auf verschiedene Übungen hinweisen, die bereits in diesem Buch aufgetaucht sind und die sich eignen, um sich mit der jeweiligen Schwierigkeit auseinanderzusetzen.

Äußere Schwierigkeiten

Fehlende Anerkennung fürs geisteswissenschaftliche Studium

Wie Inken wurde auch ich den Eindruck nicht los, dass ein geisteswissenschaftliches Studium auf dem Arbeitsmarkt folgende nicht überprüfte Wertung wachruft: Die Kandidatin ist untauglich für die Praxis in Unternehmen und Organisationen – denn was auch immer sie da an der Uni gelernt hat, es bringt den Arbeitgeber*innen ganz sicher nichts.

> *Die größte Schwierigkeit war für mich, dass ein geisteswissenschaftlicher Studiengang für viele Leute etwas sehr Abstraktes ist. Es ist nicht so unmittelbar verständlich, wo man überall einsetzbar ist. Ich fand es schwer, die Leute zu überzeugen, was ich alles kann. Das liegt auch daran, dass mein Lebenslauf nicht so geradlinig ist. Er ist nicht wie der Lebenslauf einer BWL-Studentin, die dann als Manager einsteigt und*

dann immer so weitermacht. Während des Studiums habe ich verschiedene Praktika gemacht: im Bundestag, im Journalismus. Dann war ich in Italien und in Russland, habe als Sprachassistentin vom DAAD in St. Petersburg gearbeitet. Zwischendurch habe ich Grundstücke verkauft und fand auch diese neue Herausforderung toll. Durch all diese unterschiedlichen Stationen habe ich sehr viele wichtige Fähigkeiten erworben. Ich bin sehr neugierig und lerninteressiert. Aber ich habe den Eindruck, das ist nicht, was der klassische Personaler sucht. Das ist eine Schwierigkeit für mich. (Inken Marei Kolthoff - Projektmanagerin)

Inken schildert einen Eindruck, der mir sehr vertraut ist. Ich habe ihn explizit von meinen Workshop-Teilnehmer*innen gehört. Ich habe ihn implizit von den Mitarbeiterinnen verschiedener Career Centers gehört. Und ich habe auch die fehlenden Zusagen auf meine Bewerbungen als eine Bestätigung dieses Eindrucks gewertet.

Eine interessante Frage ergibt sich hieraus für mich: Wie kann es uns als Geistes- und Sozialwissenschaftler*innen gelingen, diese scheinbare Wertung von außen nicht zu internalisieren? Denn es ist natürlich ein Wechselspiel: Je empfänglicher wir für äußere Bewertung sind, desto mehr neigen wir dazu, diese Bewertung auch selbst auf uns anzuwenden. Dazu kommt, dass wir als Menschen verdammt anfällig für Fehlschlüsse sind: Wir bekommen haufenweise Absagen auf unsere Bewerbungen und folgern daraus, dass wir als Geisteswissenschaftler*innen nun einmal weniger wert sind auf dem Arbeitsmarkt als – meinetwegen – Biolog*innen. Dabei vergessen wir, dass es zehntausend andere Gründe gibt, warum ausgerechnet unsere Bewerbung es nicht geschafft hat.

Übungen, die helfen: Drei Gründe (S. 105); Vertrauen in die eigenen Stärken (S. 238)

Fehlende Anerkennung für die Promotion

Rafaels Erfahrung ist sehr ähnlich, nur auf die Promotion bezogen. Er fand es schwierig,

überhaupt einen Fuß in die Tür zu kriegen. Ich fand es sehr frustrierend, dass eine Doktorarbeit in vielen Bereichen, die mich interessierten,

> wie Stiftungs- und Kulturarbeit, überhaupt nicht als Berufserfahrung angesehen wird. Ich hatte den Eindruck, dass meine Chancen direkt nach dem Magister genau gleich gewesen wären. Gleichzeitig wusste ich nicht, wie ich besser hätte kommunizieren können, was ich während der Doktorarbeit gelernt habe – selbst in Bereichen, die dem akademischen Betrieb sehr nahestehen und wo die Leute eigentlich wissen müssten, was während einer Promotion passiert. Gerade am Anfang wurde ich nur eingeladen, wenn in der Personalabteilung Leute saßen, die selber promoviert hatten. (Rafael Ugarte Chacón - Koordinator)

Schließlich fasste Rafael Fuß im Wissenschaftsmanagement, wo eine Promotion für viele Stellen von Vorteil ist, für manche sogar Pflicht. Für ihn hat sich das Problem der fehlenden Anerkennung für die Promotion also gelöst. Bei mir sieht das anders aus.

Ich kann mich noch sehr gut daran erinnern, wie ich im Masterstudium meinem Vertrauensdozenten bei der Studienstiftung erzählte, dass ich darüber nachdachte, ob ich promovieren sollte. Würde mir das als Geisteswissenschaftlerin, die wahrscheinlich nicht an der Uni bleiben will, nicht eher Nachteile bringen? Würde ich dann auf dem Arbeitsmarkt nicht überall als überqualifiziert und ohne richtige Arbeitserfahrung abgestempelt werden? Der Vertrauensdozent, der Mathematiker war, fand meine Bedenken unbegründet. Er war fest überzeugt, dass eine Promotion immer von Vorteil ist.

In manchen, auch außerakademischen Berufsfeldern, ist das sicher so. Zum Beispiel hätte ich beinahe eine Stelle als Großspenden-Fundraiserin bekommen, weil sich manche Menschen aus bestimmten gesellschaftlichen Kreisen, in denen es viel Geld gibt, von Personen mit Doktortitel eher beeindrucken lassen. So blöd ich das auch finde, hätte ich nichts dagegen gehabt, auch aus diesem Grund diesen Job zu bekommen. Habe ich aber nicht, weil eine Mitbewerberin auch noch ein Jurastudium vorweisen konnte und die Organisation damit auch im juristischen Bereich unterstützen konnte.

Stattdessen arbeite ich jetzt als Autorin, Trainerin und Beraterin. Toll. Hätte ich damit nicht direkt nach meinem Master anfangen können? – Nein. Auch wenn meine Promotion keine Voraussetzung für meine jetzige berufliche Tätigkeit ist, habe ich währenddessen vieles gelernt, worauf ich heute aufbaue. Ich habe gelernt, meinem Gespür für Forschungsfragen zu vertrauen und wie ich diese Fragen ergründen und attraktiv aufbereiten kann. Ich habe gelernt, dass ich auch ohne nennenswerte Kontrolle von außen über Jahre hinweg am Ball bleiben und ein Ziel verfolgen kann. Und ich habe gelernt, dass der rote Faden im Lebenslauf vor allem in meiner Hand liegt: Ohne meine Promotion wäre ich nie im Leben auf die Idee gekommen, Monster zu meiner Marke zu machen.

Absagen

Marc Halder beschreibt Schwierigkeiten, mit denen die allermeisten von uns entweder schon konfrontiert waren oder mit sehr hoher Wahrscheinlichkeit in naher Zukunft konfrontiert sein werden:

> *Eine Schwierigkeit war nach dem Studium eine Finanzierung für meine Promotion zu bekommen. Ich wollte gern promovieren, also brauchte ich entweder eine Stelle oder ein Promotionsstipendium. Ich musste also aktiv werden und zum ersten Mal damit leben, dass mir auch so einige Absagen ins Haus flatterten und dass ich auf einige Sachen, auf die ich mich beworben hatte, kein positives Feedback bekam. Die gleiche Schwierigkeit kam nach der Promotion natürlich noch mal, weil es dann darum ging, in den Beruf einzusteigen. Ich glaube, die Schwierigkeiten liegen immer an diesen Übergangsmomenten. (Marc Halder - Referent)*

Ich selbst hatte das Glück, bis zum Ende meiner Promotion immer nur Zusagen zu bekommen. Das Glück – oder auch das Pech. Denn da ich nie Absagen bekommen hatte, wusste ich auch nicht, wie ich damit umgehen sollte. Das Gemeine an diesen Absagen ist ja, dass sie so eng verknüpft sind mit fehlender Bestätigung und Anerkennung. In einer Absage sehen die wenigsten Menschen einfach nur die Tatsache, dass ein anderer Kandidat als besser geeignet eingestuft wurde. Viele interpretieren und bewerten Absagen als einen Beweis, dass ihre eigenen Fähigkeiten und Erfahrungen nicht gut genug sind. Diese Schlussfolgerung als Interpretation und als Fehlschluss zu enttarnen ist die dahinter verborgene Schwierigkeit.

Aber was tun, wenn mit den Absagen die Finanzierung der Promotion oder einer anderen zeitintensiven und einkommenslosen Tätigkeit einhergeht? Sie können es machen wie Marta, die mit den Absagen auf ihre Bewerbungen auf Promotionsstipendien sehr pragmatisch umging. Sie betrachtete sie nüchtern als Finanzierungsproblem, das auch anders gelöst werden konnte.

Ich glaube, es wissen alle Amerikanist*innen in Deutschland, wie schwierig es ist, eine Promotion in diesem Fach zu finanzieren. Ich habe mich um viele Stipendien beworben, aber keins bekommen. Wir haben an der HU leider keine Graduate School, die das finanzieren könnte. Vom Unterrichten an der HU alleine kann man natürlich auch nicht leben. Für die ersten eineinhalb Jahre habe ich deshalb eine Büroassistenzstelle angenommen, in Teilzeit, nur um meine Promotion zu finanzieren. In der Zeit habe ich auch die Stipendienanträge geschrieben. Das war sehr aufwändig, ich konnte mich nicht auf meine Dissertation konzentrieren, weil ich stattdessen meine Ideen an die der Stiftungen angepasst habe. Irgendwann wollte ich das nicht mehr. Das soll nicht heißen, dass man es nicht zumindest probieren sollte. Aber oft bekommt man dann einfach nur einen Einzeiler zurück und das ist sehr, sehr frustrierend. Auch wenn einem alle sagen: Sie dürfen das nicht persönlich nehmen – man nimmt das immer persönlich. Das ist eine schreckliche Erfahrung und das mag keiner. Aber trotzdem, um das positiver zu drehen: Man kann eine Promotion auch machen, wenn man in Teilzeit arbeitet und das Promotionsthema liebt. Durch meine Arbeit bei Philips habe ich viel über die Funktionsweisen großer Unternehmen gelernt. Das war eine wertvolle Erfahrung. (Marta Neüff - Koordinatorin)

Mit einer gesunden Portion Pragmatismus und Liebe zu dem, was man tut, können Finanzierungsschwierigkeiten also durchaus überwunden werden. Die eigentliche Schwierigkeit, das deutet auch Marta an, liegt darin, Absagen nicht als persönliche Ablehnung zu erfahren.

Übung: Absagen sammeln

Diese Übung eignet sich für alle, die Angst vor Misserfolgen haben. Leadership-Berater und Coach Jonathan Fischer hat sie mir empfohlen. Das Ziel ist, wiederholt die Erfahrung zu machen, dass Absagen nicht nur kein Weltuntergang sind, sondern nicht selten sogar ein Türöffner sein können.

Schritt 1: Suchen Sie sich eine Veranstaltung, auf der sich potenzielle Arbeitgeber*innen tummeln: Fachkonferenzen, Podiumsdiskussionen, öffentliche Vorträge, etc.

Schritt 2: Setzen Sie sich zum Ziel, auf eine bestimmte Frage eine bestimmte Anzahl an Neins zu kassieren. Mögliche Fragen:

- Darf ich Sie einen Tag lang bei Ihrer Arbeit begleiten?
- In Ihrem Unternehmen wollte ich immer schon mal arbeiten – bieten Sie mir einen Job an?
- Ich sehe, Sie haben gerade keine Zeit, aber dürfte ich Sie vielleicht einmal in Ruhe über Ihre Arbeit ausfragen? Zum Beispiel am Telefon oder bei einem Kaffee?

Fehlendes Zugehörigkeitsgefühl

Für die meisten Studierenden der Geistes- und Sozialwissenschaften gehört fehlendes Zugehörigkeitsgefühl zu den seltenen Erfahrungen. Ich glaube, das trifft umso mehr bei Studiengängen zu, die die Menschen in erster Linie wählen, weil sie sich dazu hingezogen fühlen, und nicht, weil sie sich damit bessere Chancen auf dem Arbeitsmarkt ausrechnen, aber wenig inhaltliches Interesse am Fach haben. In den „Liebhaberfächern" hingegen ist die Wahrscheinlichkeit, über die Studieninhalte auf ähnlich gepolte Artgenoss*innen zu treffen, recht hoch. Und selbst, wenn man an der Uni nicht sofort sozial andockt, bietet die Studienzeit genügend Schlupflöcher und Ausweichmöglichkeiten, um außerhalb der Seminare Anschluss zu finden.

Für viele ändert sich das mit dem Einstieg in die Arbeitswelt schlagartig. Fehlende Zugehörigkeit ist einer der häufigsten Gründe, warum Menschen eine berufliche Veränderung anstreben. Auch für meine Interviewpartner*innen war das sehr häufig der Auslöser, um sich beruflich neu zu orientieren. Besonders deutlich sagt das Katharina. Eineinhalb Jahre versuchte sie, in einem Startup Fuß zu fassen. Sie fuchste sich in immer neue Aufgabenbereiche ein, vielleicht auch, um über ihre inhaltlichen

Erfolge einen Ausgleich für ihr fehlendes Zugehörigkeitsgefühl zu schaffen.

> *Die Zeit bei My Müsli war für mich bisher die schwerste Zeit, weil ich da überhaupt nicht reingepasst habe. So gar nicht. Die Rolle hat nicht gepasst. Ich habe nicht in die Firma gepasst. Meine Kollegen und ich konnten nur wenig miteinander anfangen. Ich war anderthalb Jahre da. Erst danach wurde mir klar, wie emotional anstrengend das für mich war. Dabei finde ich die Gründer toll, die sind mir alle sehr sympathisch. Trotzdem war das so ein kontinuierlicher Kampf für mich – und halt ohne Ergebnis. (Katharina Kunze – Bewerbungsberaterin & Tutorin)*

Das mit dem fehlenden Ergebnis würde ich so nicht unterschreiben. Aber natürlich bezieht sich Katharinas Fazit auf ihre Ideen und ihre Projekte im Unternehmen. Sie deutet an dieser Stelle auch an, dass ihr die Erfahrung von Selbstwirksamkeit fehlte. Doch vor allem spricht sie von fehlender Zugehörigkeit, die für sie so groß war, dass sie kündigte und sich als Bewerbungsberaterin für ausländische Top-Universitäten selbständig machte. Ihre Klient*innen sind zwar jünger als sie – und der Altersabstand wird sich logischerweise immer weiter vergrößern – trotzdem höre ich aus Katharinas warmherziger Beschreibung heraus, dass sie ihre jungen Klient*innen mag und dass sie sich in ihnen wiedererkennt. Sie fühlt sich ihnen verbunden.

Letztlich war diese Schwierigkeit für Katharina der Anlass, sich beruflich zu verändern. Mit dieser Veränderung ist sie heute sehr zufrieden. Mir fällt auf, dass viele meiner selbständigen Interviewpartner*innen sich während ihrer Zeit als Angestellte mit ihren Kolleg*innen oder Vorgesetzten unwohl fühlten. Mit anderen Worten: Ihr fehlendes Zugehörigkeitsgefühl war für sie eine wichtige Motivation, den Schritt in die Selbständigkeit zu wagen. Auf der anderen Seite sehe ich, dass die Angestellten unter meinen Interviewpartner*innen sehr häufig hervorheben, wie gern sie ihre Kolleg*innen mögen und wie angenehm die Arbeitsatmosphäre ist.

Wir sind nicht dazu verdammt, unser berufliches Leben mit Leuten zu verbringen, die uns ängstlich, wütend oder frustriert machen. Die Schwierigkeit besteht darin zu entscheiden, ob wir unsere Umgebung ändern müssen oder uns selbst.

Fehlende Zeit

Es lässt sich nichts daran rütteln: Der Tag hat nur 24 Stunden. Die meisten Menschen, die ich kenne, finden das zu wenig. Wo soll man die Zeit hernehmen für all die Menschen und Tätigkeiten, die wichtig sind? Vor allem, wenn es die Arbeit ist, die immer wieder am lautesten schreit und dabei mitunter sogar das Geschrei der eigenen Kinder übertönt? Oder das Geschrei des eigenen Körpers, der auch endlich mal Aufmerksamkeit geschenkt haben will?

> *Ich musste erst mal lernen, dass ich Zeiten brauche, in denen ich Sport mache, meine Gesundheit und meinen Körper pflege. Dass, je älter ich werde, Ernährung immer wichtiger wird. Dass ich aus der Ernährung Kraft und Gesundheit tanke und nicht noch irgendeinen Mist in mich reinstopfe, wenn ich drei Uhr nachts hundemüde von der Tangonacht nach Hause komme. Letztendlich geht es darum, an einem gewissen Punkt der Arbeit nicht mehr diese Wichtigkeit zu geben. (Rafael Busch – Tangolehrer & Tänzer)*

Dass die Selbständigen unter meinen Interviewpartner*innen besonders häufig die knappe Zeit ansprechen, liegt vielleicht nahe. Denn statistisch gesehen arbeiten Selbständige deutlich mehr Stunden pro Woche. Gleichzeitig haben sie eine größere Freiheit, ihre Zeit nach ihrem Willen zu gestalten.

> *Die größten Schwierigkeiten sind so diese Sachen mit der Selbständigkeit: mit dem Stress klarkommen, abschalten können. Es hat eine Weile gedauert, bis ich da einen Weg gefunden habe, der für mich funktioniert. Dass ich nicht ständig mit Selbstoptimierung und Arbeitsoptimierung beschäftigt bin... Dazu gibt es ja massenhaft Ratgeber. Mittlerweile könnte ich Arbeitscoach sein. (Maren Drewes - Beraterin, Trainerin & Moderatorin)*

Maren lacht bei diesem letzten Satz. Tatsächlich hat sie aber gelernt, Prioritäten zu setzen. Sie hört auf ihr Bedürfnis nach Schlaf, nach Erholung, nach Sport und nimmt sich regelmäßig Auszeiten.

Übung: Reduktion

Diese Übung eignet sich für alle, die in ständiger Zeitnot sind.

So geht's:

<u>Schritt 1</u>: Werden Sie sich bewusst darüber, was Ihre körperlichen Grundbedürfnisse sind.

<u>Schritt 2</u>: Räumen Sie jedem dieser Bedürfnisse angemessen viel Zeit ein: Schlaf, regelmäßige und ausgewogene Mahlzeiten, Bewegung.

<u>Schritt 3</u>: Haben Sie auch an Zeit für sich allein gedacht? Zum Zur-Ruhe-Kommen, Sich-Besinnen?

<u>Schritt 4</u>: Wenn Sie Kinder oder pflegebedürftige Angehörige haben, räumen Sie ihnen genügend Zeit ein.

<u>Schritt 5</u>: Erst jetzt überlegen Sie, welches eine berufliche Projekt Ihnen am wichtigsten ist.

Innere Schwierigkeiten

Minderwertigkeitsgefühle

Zuzugeben, etwas nicht zu können, scheint eines der größten Hindernisse für beruflichen Erfolg zu sein. Sehr viele Menschen quer durch alle Berufe verbringen Teile ihres Arbeitsalltags damit, so zu tun, als könnten sie es – und insgeheim davon überzeugt zu sein, es nicht zu können. Oder sie erhalten Feedback von Kolleg*innen oder Vorgesetzten, das diese Überzeugung bestätigt. So gesehen handelt es sich hierbei kaum um ein spezifisch geistes- und sozialwissenschaftliches Problem. Andererseits leiden tatsächlich viele Geistes- und Sozialwissenschaftler*innen unter dem Glauben, nichts unmittelbar wirtschaftlich Profitbringendes zu *können*. Dieses Problem spitzt sich für diejenigen zu, die in einen Job einsteigen, dessen Aufgabenprofil mit ihrem Studium überhaupt nichts mehr zu tun hat. Sie können nicht einmal vom Selbstbewusstsein zehren, das ein erfolgreicher und jobrelevanter Studienabschluss für gewöhnlich mit sich bringt.

Über dieses Problem spricht Max Seeger mit einer Offenheit, die ich bewundere. Als promovierter Philosoph ohne spezifische IT-Kenntnisse stellt er fest, wie schwer ein Quereinstieg sein kann.

Ich hätte nie gedacht, was das mit meinem Ego macht, aber nach einer gewissen Zeit habe ich mich wirklich minderwertig gefühlt. Ich kam aus der Philosophie und war sehr gut in dem, was ich gemacht habe. Und jetzt war ich plötzlich der totale Anfänger in diesem Job. Ich habe nichts mitgebracht, konnte nichts, musste bei allem fragen. Dann habe ich mitbekommen, dass es für die Firma anfangs schwierig war, für mich ein Projekt zu finden und mich an Kunden zu vermitteln. Ich hatte mehrere Interviews und Bewerbungssituationen, nachdem die Firma mich auf ein Projekt beworben hatte, und wo ich den Eindruck erwecken sollte, ich könnte viele Dinge schon viel besser, als ich sie in Wirklichkeit konnte. Das hat dann nicht geklappt und war für mich mit der Zeit ziemlich frustrierend und belastend. Ich dachte: Jetzt haben die mich hier eingestellt und kriegen mich gar nicht unter. Das war doch alles ein großer Fehler und total blöd. (Max Seeger – Business Intelligence Consultant)

Minderwertigkeitsgefühle entspringen der inneren Überzeugung, dass man das, was man tut, in Wirklichkeit gar nicht kann. Diese Überzeugung steht in einem nicht auflösbaren Spannungsverhältnis zu der scheinbaren Notwendigkeit, so zu tun, als ob man es doch könne. Das So-tun-als-ob erzeugt die Angst, dass die Kolleg*innen und Vorgesetzten die (eingebildete) Inkompetenz jederzeit entdecken könnten.

In seiner extremen Ausformung haben Minderwertigkeitskomplexe dieser Art sogar einen klinischen Begriff: das Hochstapler-Syndrom. Ungelogen. Wikipedia beruft sich auf die Forschung: „Psychologische Studien aus den 1980ern schätzen, dass zwei von fünf erfolgreichen Menschen sich selbst als Hochstapler einstufen. Andere Studien gehen davon aus, dass 70 Prozent aller Menschen sich unter bestimmten Umständen oder Zeiten als Hochstapler fühlen."

Ich persönlich finde diese Zahlen sehr beruhigend. Sie sagen mir, dass ich davon ausgehen kann, in geselliger Runde zu sein mit dieser sporadisch aufflackernden Überzeugung, dass spätestens, wenn dieses Buch erscheint, allen, die es lesen, klar sein wird, dass ich in Wirklichkeit gar nichts zu sagen habe. Dass ich in Wirklichkeit gar nicht schreiben kann. Und dass ich in Wirklichkeit weder die Fähigkeiten noch das Wissen noch die Erfahrung mitbringe, um als Trainerin Workshops für den Berufseinstieg von Geistes- und Sozialwissenschaftler*innen zu leiten.

Übung: Körpersprache

Diese Übung eignet sich für alle, die gerne TED-Talks gucken und heimlich vor dem Spiegel posieren.

So geht's:

Schritt 1: Schauen Sie sich den Vortrag von Amy Cuddy an: *Your Body Language Shapes Who you Are*.

Schritt 2: Probieren Sie aus, was mit Ihrem Selbstbewusstsein passiert, wenn Sie Ihre Körpersprache entsprechend Amy Cuddys Vorschlägen ändern.

Der Glaube an sich selbst

Der Glaube an sich selbst ist die andere Seite der Minderwertigkeitskomplexe. Alex beschreibt beide Seiten: einmal das Gefühl, nicht das Recht zu haben, diese Arbeit auszuüben und dafür bezahlt zu werden – und dann die Überwindung dieses Gefühls. Das erfordert kontinuierliche Arbeit an sich selbst. Alex' Geschichte zeigt, dass diese Arbeit sich lohnt.

> *Das Schwierigste war, mir zuzugestehen, dass ich diesen Weg einschlagen darf und dass es okay ist, Geld für Dinge zu verlangen, die ich gut kann. Ich musste mir zugestehen, dass ich die Selbständigkeit angehen darf und mich dabei nicht zu viel mit anderen vergleiche, die das auch machen und die alle möglichen Aufträge kriegen. Ich musste lernen einfach auf mich zu schauen und zu sagen: Ich mache das, ich kann das, ich kriege einigermaßen Geld dafür, das passt so. Also, einfach cool und ruhig zu bleiben, ist für mich die größte Schwierigkeit. Das meiste, das an Schwierigkeit stattfindet, findet sowieso in meinem Kopf statt. Von außen ist das eigentlich okay. (Alex Burkhard – Autor, Slam Poet & Moderator)*

Diese letzten zwei Sätze finde ich besonders spannend. Sie laden geradezu ein, sich mit der Frage zu beschäftigen: Was sind eigentlich äußere Schwierigkeiten? Wo hören die äußeren Schwierigkeiten auf und wo fangen die inneren an? Ist es überhaupt möglich, eine Grenze zu ziehen zwischen inneren und äußeren Schwierigkeiten? Je mehr ich die Schwierigkeiten, die ich in einer bestimmten Situation empfinde, als innere Schwierigkeiten wahrnehme, desto mehr Veränderungspotenzial kann ich nutzen. Beispiel: Ich habe bereits 156 Bewerbungen geschrieben und bisher nur Absagen erhalten (äußere Schwierigkeit). Ich habe aufgrund dieser Erfahrung ein sinkendes Selbstwertgefühl (innere Schwierigkeit). An ersterem kann ich nichts ändern. An letzterem schon. Natürlich ist das schwer, sonst wär's keine Schwierigkeit.

Zweifel an der Richtigkeit bestimmter Entscheidungen

Ich würde lügen, wenn ich behaupten würde, ich hätte nie daran gezweifelt, ob die Wahl meiner Studienfächer die richtige war. Auch jetzt gibt es Tage, an denen ich mir einfach nicht sicher bin, ob dieser Weg, den ich hier gehe, der richtige ist. Meistens dauert es nicht allzu lange, bis mir wieder einfällt, dass es bei Entscheidungen so gut wie nie um „richtig" oder „falsch" geht. Wie gut oder schlecht ich mich mit einer Entscheidung fühle, hängt vor allem damit zusammen, wie bewusst ich sie treffe – und natürlich, wie hilfreich oder hinderlich die Bedingungen dafür in meinem Leben sind. Freund*innen, Familie, liebevolle Beziehungen, Unterstützung, körperliche und seelische Gesundheit, Raum für Entfaltung – das sind alles Dinge, denen ich genügend Aufmerksamkeit schenken will. Je mehr ich mir über meine Bedürfnisse und Werte im Leben klar bin, desto bewusster kann ich Entscheidungen treffen.

Das klingt erst mal gut. Aber Bedürfnisse und Werte sind komplexe Angelegenheiten, spätestens dann, wenn man versucht, davon ein „richtiges" Handeln abzuleiten. Johannes versucht es trotzdem und fragt sich immer noch,

> *ob das richtig ist, hier ein Leben in relativem Zeitwohlstand zu führen. Stattdessen könnte ich mit einer vordergründig nicht weniger sinnvollen Tätigkeit viel Geld verdienen und einen Teil davon spenden, oder ihn mit jemandem teilen, der es wirklich dringend braucht. Es gibt genug Leute auf der Welt, die dieses Geld sehr viel dringender brauchen als ich. Ich könnte das gleiche Einkommensniveau halten wie jetzt und x Euro mehr verdienen und die spenden. Das ist eine große moralische Frage für mich,*

> *die mich aber inzwischen nicht mehr kaputt macht. Ich leide nicht mehr besonders darunter. Aber die Frage ist nach wie vor sehr präsent und manchmal denke ich, ich sollte mehr drunter leiden, einfach weil ich sie für total relevant halte. (Johannes Terwitte – Prozessbegleiter u.v.a.)*

Johannes stellt sich immer wieder die Frage nach seiner moralischen Verantwortung in der Welt und für die Welt. Ich bin sehr froh, dass er nicht mehr allzu sehr darunter leidet. Denn was wäre gewonnen, wenn er mehr leiden würde? Wem würde es helfen? Und vor allem: Ist Leid eine gute Entscheidungsgrundlage? Und was, wenn es mehrere „richtige" Arten zu handeln gibt? Johannes deutet das an einer anderen Stelle in unserem Gespräch an: Wenn er nicht überzeugt wäre, dass das, was er tut und wie er lebt, grundsätzlich gut und richtig ist, dann würde er es nicht tun.

Auch Hannah fragt sich hin und wieder, ob es nicht besser gewesen wäre, auf eine Angestelltenposition hinzuarbeiten.

> *Manchmal denke ich auch, ich habe diesen Laden aufgemacht, weil ich nicht in der Lage war, mich auf dem Berufsmarkt durchzusetzen. Das empfinde ich manchmal ein bisschen als Niederlage. So als wär's besser, wenn jemand mich dafür bezahlen würde, was ich mache – als wenn ich das selbst mache. (Hannah Wiesehöfer - Buchhändlerin)*

Mich erstaunt Hannahs Bekenntnis. In meinen Augen ist sie eine erfolgreiche Unternehmerin, die es geschafft hat, mit ihrer Geschäftspartnerin einen Buchladen aufzubauen, der seit nun fast sechs Jahren eine feste Größe im Reuterkiez ist. Außerdem mag Hannah ihren Job. Das merken die Leute und deswegen kommen sie auch immer wieder.

Doch was liegt Zweifeln dieser Art zugrunde? Ich erinnere mich, dass ich in der allerersten Zeit meiner beruflichen Orientierung verzweifelt war, weil ich plötzlich erkannte, dass ich mich für einen Weg entscheiden musste. Dass ich nicht mehrere Wege gleichzeitig gehen kann. Und auch nur eine begrenzte Zahl verschiedener Wege hintereinander. Vielleicht, dachte ich, war ein Grund für mich, Geisteswissenschaften zu studieren, dass ich mir möglichst viele Wege offen halten wollte. Ich glaube immer noch, dass ein geisteswissenschaftliches Studium diese Offenheit bietet. Und dass wir sie uns zum Vorteil machen können. Denn mehr Lebenserfahrung bringt gleichzeitig eine solide Entscheidungsgrundlage. Mit fünfundzwanzig weiß ich mit größerer Wahrscheinlichkeit, was mir wichtig ist, als mit neunzehn. Mein Horizont hat sich erweitert und ich habe mehr berufliche Möglichkeiten kennengelernt. Darauf aufbauend kann ich kompetentere Entscheidungen treffen.

Aber ganz egal, welche Entscheidung ich treffe, sie bedeutet immer, dass ich eine andere Entscheidung dafür nicht treffen konnte. Anders ausgedrückt: Eine Entscheidung *für* etwas ist gleichzeitig immer eine Entscheidung *gegen* etwas Anderes. Und so liegt die Schwierigkeit vielleicht gar nicht hauptsächlich in der Entscheidung an sich, sondern darin, mir immer wieder aufs Neue darüber bewusst zu werden, warum ich sie getroffen habe und die Aktualität der Gründe zu überprüfen.

Übung: Drei Gründe (S. 105)

Das erreichte Ziel ist nicht länger attraktiv

Wenn Sie regelmäßig die Aktualität der Gründe für bestimmte wichtige Entscheidungen überprüfen, kann es passieren, dass Sie feststellen, dass diese Gründe nicht länger aktuell sind. Vielleicht gibt es mittlerweile andere Gründe, die für diese Entscheidung sprechen. Vielleicht aber auch nicht. Was dann?

Erinnern Sie sich an Stephanie? Ich muss jedenfalls gerade an sie denken. Mit zwölf Jahren hatte sie sich bereits das berufliche Ziel gesetzt, Verlagslektorin zu werden. Sie setzte alles daran, dieses Ziel zu erreichen und absolvierte während ihres Studiums konsequent Praktika in Verlagen. Sie tat also genau das, was Uta Glaubitz, eine bekannte Berufsberaterin und studierte Philosophin, empfiehlt:

> *Gehen Sie in keine Vorlesung, machen Sie kein Praktikum, ehe Sie Ihr Berufsziel definiert haben. (Uta Glaubitz in: (Kirsten 2009))*

Tatsächlich hatte Stephanie mit dieser Strategie Erfolg. Ihr Weg in die Verlagswelt war geradlinig und sie arbeitete sich auf immer verantwortungsvollere Posten hoch: Eine Geisteswissenschaftler*innen-Karriere, wie sie im Buche steht. Stephanie hatte ihr Ziel erreicht. Doch nach und nach stellte sie fest, dass dieses Ziel nicht länger attraktiv für sie war. Andere Wünsche in ihrem Leben wurden stärker und stellten sich als unvereinbar mit ihrer damaligen Arbeit heraus. Statt die Augen davor zu verschließen und aus Angst vor möglichen Risiken, wie einem erschwerten Wiedereinstieg in den Arbeitsmarkt oder dem Verlust der finanziellen Selbständigkeit, einfach weiterzumachen, zog sie die Konsequenz, nahm sich die Zeit, die sie als junge Mutter für sich und ihre Kinder brauchte, und ist nun dabei, sich eine neue berufliche Perspektive aufzubauen.

Uta Glaubitz' Ansatz hat aus meiner Sicht insofern eine Berechtigung, als dass Geradlinigkeit und Effizienz im Berufsleben häufig als Erfolgsfaktoren wahrgenommen und auch als solche verkauft werden. Wie zufriedenstellend eine solche Strategie jedoch langfristig sein kann, hängt unter anderem davon ab, ob das einmal definierte Ziel seine Attraktivität behält, und zwar unabhängig davon, ob es bereits erreicht wurde oder noch nicht. Abgesehen davon, dass die von Glaubitz verfochtene Taktik nicht zu allen passt und bei vielen Menschen Leistungsdruck und Stresssymptome hervorruft, gibt es natürlich auch noch das andere Extrem auf dem Spektrum der idealen Berufsbiographie: An diesem werden Umwege, Geschichten des Scheiterns und Neuorientierungen besonders geschätzt – vorausgesetzt, sie werden im Nachhinein gewinnbringend reflektiert.

Ich glaube, viele Menschen machen in ihrem Leben die Erfahrung, dass sie mit den beruflichen Entscheidungen, die sie einmal getroffen haben, nicht mehr zufrieden sind. Viel weniger Menschen haben wie Stephanie den Mut und die Kraft, diese Unzufriedenheit als Motivation für Veränderung zu nutzen und sich neue Ziele zu suchen. Dabei können bewusst und intelligent definierte Ziele vielleicht helfen, diesen Mut und diese Kraft zu entfalten.

Was hat es denn nun mit diesen Zielen auf sich? Offenbar ist es doch so, dass es nicht möglich ist, zu wissen, ob wir mit einem Ziel zufrieden sind, wenn wir es erreicht haben. Vielleicht ist es in Wirklichkeit gar nicht so toll wie in unserer Vorstellung. Lohnt sich bei so viel Ungewissheit die Anstrengung, eigene Ziele zu finden? Und die noch viel größere Anstrengung, diese Ziele auch umzusetzen?

Ziele sind ein wichtiger Handlungsmotor. Das behaupten jedenfalls Motivationstrainer*innen und die gesamte Coachingliteratur. Dennoch wissen viele Menschen auf die Frage, was ihre Lebensziele oder auch ihre beruflichen Ziele sind, keine klare Antwort. Trotzdem liegen diese Menschen ja nicht reglos und handlungsunfähig in der Ecke. Das heißt, der Begriff „Ziele" in der Motivationspsychologie muss sehr weit gefasst sein. Tatsächlich gibt es eine ganze Reihe verschiedener Kategorien von Zielen, die meisten davon sind uns gar nicht bewusst. Es sei denn, wir *wollen* sie uns bewusst machen.

Sie merken schon, wir kommen zum alles entscheidenden Kapitel: Motivation. Genauer gesagt: Die Motivation von Geistes- und Sozialwissenschafter*innen für ihre jeweiligen beruflichen Tätigkeiten. Was bewegt sie? Warum tun sie, was sie tun? Welche Ziele verbergen sich hinter ihren Handlungen? Und was sind eigentlich gute Ziele?

Motivation

Worum geht's?

Dies ist das Kapitel aller Kapitel. Es geht um die entscheidende Frage: Wie finden Sie einen Job, der sinnvoll ist und trotzdem bezahlt wird? Das ist das große Ziel.

Auf dem Weg dahin lohnt es sich allerdings, Antworten auf eine andere Frage zu finden: *Warum* wollen Sie einen solchen Job? Mit anderen Worten: Was ist Ihre Motivation? Und genau darum wird es in diesem Kapitel aller Kapitel gehen.

Motivation ist eine trickreiche Kiste. Wikipedia sagt dazu:

> **Motivation** *bezeichnet das auf emotionaler und neuronaler Aktivität (Aktivierung) beruhende Streben des Menschen nach Zielen oder wünschenswerten Zielobjekten. Die Gesamtheit der Beweggründe (Motive), die zur Handlungsbereitschaft führen, nennt man Motivation. Die Umsetzung von Motiven in Handlungen nennt man Volition oder Umsetzungskompetenz. Die Bezeichnung Motivation ist auf das lateinische Verb movere (bewegen, antreiben) zurückzuführen.*

Das heißt also, dass unsere (potenzielle) Motivation, einen Job zu finden, der unseren Ansprüchen genügt, nur einen winzig kleinen Teil der Motivation für unser gesamtes Handeln ausmacht. Deswegen bezeichne ich Motivation als „trickreich". Denn wir verfolgen immer viele Ziele gleichzeitig und sind uns über die wenigsten davon bewusst. Aber auch die unbewussten Ziele wirken sich auf unsere Motivation aus und stehen nicht selten im Widerstreit mit unserem vermeintlichen Hauptziel. Das macht die Definition und die Umsetzung von Zielen ziemlich schwer.

Was bringt's?

Sie lesen in diesem Kapitel über die Arbeitsmotivation einiger meiner Interviewpartner*innen und erkennen sich vielleicht bei der einen oder dem anderen wieder. Wenn Sie wissen, was Sie auf Ihrer eigenen Jobsuche motiviert, können Sie zielgerichteter suchen und experimentieren.

Episode: I would prefer not to

22. Juli 2016. Ich sitze mit meinen Workshopteilnehmer*innen in einem stickigen Raum im Hauptgebäude der Humboldt-Uni. Bis zum Workshopbeginn sind es noch ein paar Minuten und ich versuche, das als eine prima Gelegenheit wahrzunehmen, um meine unterentwickelten Smalltalk-Fähigkeiten zu perfektionieren. Mit unübertroffener Originalität frage ich die Anwesenden, an welchem Punkt in ihrem Studium sie gerade stehen. Die Antworten reichen von „im vierten Semester im Bachelorstudium", bis „nur noch die Masterarbeit schreiben". Bis ich Sebastian frage.

„Ich bin schon seit einiger Zeit fertig mit dem Studium."

„Echt? Schon?" Sebastian sieht mit seiner großen Brille, die ihm etwas die Nase runterrutscht, sehr jungenhaft aus.

„Schon ist gut..." Sebastian lächelt verschämt.

„Wieso? Wie alt bist du denn?" (Autsch, denke ich kurz und bezweifle, dass das eine angemessene Smalltalk-Frage ist.)

„38."

Ich versuche, meine Verlegenheit darüber, dass ich so unhöfliche Fragen stelle, zu überspielen, aber mir fällt nicht ein, wie, und es entsteht eine peinliche Pause. Sebastian rettet mich.

„Seit einem Jahr bin ich Hartz IV-Empfänger. Eigentlich gefällt mir das ganz gut. Ich komme gut mit dem Geld klar und auch der Behördenkram fällt mir nicht schwer. Aber so auf Dauer ist das ja auch nichts. Ich weiß nur nicht, warum ich überhaupt arbeiten sollte. Mir fallen keine wirklich guten Gründe ein."

Ich finde seine Selbstoffenbarung mutig. Gleichzeitig bemerke ich, wie ich ihn insgeheim verurteile für sein scheinbar fehlendes gesellschaftliches Verantwortungsgefühl. Haben wir alle nicht die Pflicht, mit unserer Arbeitskraft die Wirtschaft, den Staat und damit das gesamte soziale Gefüge zu unterstützen? Und letztendlich natürlich mit unseren Steuern überhaupt erst den Sozialstaat zu ermöglichen? Müssen wir uns nicht schlecht fühlen, wenn wir Sozialleistungen empfangen, ohne bedürftig zu sein? Sollen wir nicht arbeiten *wollen*?

Ich weiß nichts über Sebastian. Vielleicht hat er pflegebedürftige Angehörige. Vielleicht hat er eine schwere Krankheit. Vielleicht gibt es andere gute Gründe für seine fehlende Arbeitsmotivation. Doch auch ungeachtet der möglichen Gründe für Sebastians scheinbare Motivationslosigkeit beschließe ich, seine Frage ernst zu nehmen. Sie ist, wie mir nach und nach bewusst wird, eine Schlüsselfrage auf der Suche nach einer erfüllenden Arbeit: *Warum* sollte ich überhaupt arbeiten?

Sebastians Frage beschäftigt mich. Sie ruft eine Erinnerung wach, die ich verdrängt hatte, ohne es zu merken. In den sechs Monaten zwischen der Abgabe meiner Doktorarbeit und meiner Disputation stellte ich mir selbst diese Frage immer mal wieder – allerdings eher auf rhetorisch-sarkastische Weise. Ich weiß nicht genau, ob es daran lag, dass meine wenigen Bewerbungen alle erfolglos waren und ich eine Art Trotzhaltung entwickelte oder ob ich diese Haltung auch bei erfolgreicher Einstellung gehabt hätte, jedenfalls gab es einen großen Teil in mir, der eigentlich gar nicht arbeiten wollte. Jedenfalls nicht so, wie ich mir das vorstellte: Auf einer Stelle innerhalb eines Unternehmens oder einer Organisation mit etablierten Hierarchien und entsprechend wenig Gestaltungsfreiraum auf den unteren Rängen. Mit einem hohen Anteil an Aufgaben, die ich von selbst nicht und wenn, lieber anders machen würde. Mit fehlender Überzeugung für die Sache. Mit dem ständigen Druck, Überstunden zu machen oder von oben vorgegebene Ziele zu erreichen. Mit Kolleg*innen, die mir fremd bleiben würden. Warum sollte ich das wollen?

In dieser Zeit entwickle ich ausgereifte Einsiedlerinnen-Fantasien. Ich lebe in einer kleinen Hütte auf dem Land, ernähre mich von Haferflocken, Kohl und Äpfeln, verbringe meine Tage lesend und schreibend, verdiene hier und da ein bisschen Geld mit diesem oder jenem und in meiner Fantasie geht es mir dabei sehr gut. An einem bestimmten Punkt in dieser Fantasie schaltet sich zum Glück mein Verstand wieder ein. „Aber jetzt mal im

Ernst", sagt mein Verstand. Dann kommt erst mal nichts. Aber ich weiß schon, was er meint: „Es kann ja wohl nicht dein Ernst sein, dass du dein gesamtes Streben an der Maximierung deines individuellen Wohlbefindens ausrichtest!" Andererseits, halte ich dagegen, ist mein Wohlbefinden ja wohl die Grundlage für eine erfüllende Arbeit. Oder ist es andersherum? Ich gebe zu, ich bin hochgradig verwirrt. Deswegen lande ich bei meinen Überlegungen immer wieder in der Hütte auf dem Land. Dort ist alles einfach.

Mir ist schon bewusst, dass ich mir die Arbeitswelt absichtlich schlecht redete. Andererseits finde ich überall Indizien dafür, dass die Arbeitswelt tatsächlich sehr unattraktiv ist. Zum Beispiel in einem Artikel in der ZEIT über Hendrik Sodenkamp, der als *der Karriereverweigerer* porträtiert wird. Er hat sein Literaturstudium abgebrochen und auch seine selbstausbeuterischen Engagements an Theaterhäusern der Republik verfolgt er nicht weiter. Heute ist er aktives Mitglied im Haus Bartleby, dem Zentrum für Karriereverweigerer. Bartleby ist natürlich der Protagonist der gleichnamigen Kurzgeschichte von Herman Melville und berühmt und gefeiert für den Satz: „I would prefer not to."

Der Einfluss dieser literarischen Figur ist nicht zu unterschätzen. Sogar meine Tochter hatte, als sie drei war, eine ziemlich lange Bartleby-Phase. In vorhersehbarer Regelmäßigkeit antwortete sie auf meine Aufforderungen, sich doch bitte die Schuhe auszuziehen oder zu mir zu kommen, mit: „Lieber nicht." Woraufhin sie sich entweder interessanteren Dingen als mir zuwandte oder aber mich scheinbar teilnahmslos noch eine Weile beobachtete – um sich dann interessanteren Dingen als mir zuzuwenden. Freilich gab sie mir niemals eine Erklärung für ihre Verweigerungshaltung. Auch darin hielt sie Bartleby die Treue.

Im Gegensatz dazu sind die Betreiber*innen des Hauses Bartleby auskunftsfreudig und – überraschenderweise – alles andere als unmotiviert. Sie erklären ihre Gründe in einer Art Online-Manifest:

> *Das „Haus Bartleby" ist ein Zentrum für Karriereverweigerung. Eine Lobby für Demokratie in der Wirtschaft und Ressourcenverteilung. Ein vielstimmiger Chor über das Ende der Diät. [...] Arbeit, wie wir sie definieren,*

ist eine Krankheit. Politik, wie wir sie kennen, eine Geriatrie. Eigentum, wie wir es vorfinden, ist ein Verbrechen in historischer Dimension. Bevor wir handeln können, müssen wir uns kennen. Bevor wir forschen können, müssen wir uns bilden. Bevor wir wirksam werden, dürfen wir uns verschwören.

„Karriere" im Sinne der Bartlebys bedeutet weniger eine Arbeit mit hohem Einkommen, als vielmehr eine Auffassung von Arbeit als selbstauferlegte Zwangsmaßnahme für die Ausbildung einer sozial anerkannten Identität. In diesem Denk-System haben individuelle Bedürfnisse nach Freiheit, Selbst- und Mitbestimmung keinen Platz. Wer wie Hendrik Sodenkamp im Theater arbeiten und aufsteigen will, muss dafür in Kauf nehmen, immer wieder die Stadt zu wechseln und Familie und Freunde zurückzulassen. Reihenweise unter- oder unbezahlte Praktika machen und trotzdem jederzeit verfügbar sein. In diesen Praktika Arbeiten verrichten, die mit der eigentlich angestrebten Tätigkeit nichts oder wenig zu tun haben. Zusätzliche Ausbildungen absolvieren, deren Kosten natürlich selbst zu tragen sind.

Menschen, die im kulturellen Sektor arbeiten, scheinen diese Art von Erfahrung besonders häufig zu machen. Darunter befinden sich sehr viele Geistes- und Sozialwissenschaftler*innen – ebenso wie Künstler*innen, Musiker*innen, Schauspieler*innen. Mir ist klar, dass Menschen anderer Bildungs- und Berufsgruppen ebenso stark und häufig noch stärker von prekären Arbeitssituationen betroffen sind. Ebenso ist mir klar, dass die unbedingte Bereitschaft zu Mobilität und die selbstverständliche Akzeptanz von Überstunden von sehr vielen Arbeitnehmer*innen aus allen möglichen Fachrichtungen und ganz verschiedenen Branchen vorausgesetzt werden. Dennoch kommen unter Geistes- und Sozialwissenschaftler*innen all diese Aspekte besonders oft zusammen und verschmelzen zu einem Profil mit charakteristischen Eigenschaften: Sie sind hervorragend ausgebildet und arbeiten trotzdem für Niedriglöhne – in der Hoffnung, dass sie in absehbarer Zukunft auf diese Zeit als ihre prekäre Berufseinstiegsphase zurückblicken können, die dann in einer langfristig geregelten und angemessen bezahlten Arbeitssituation mündet. Aber für viele scheint diese Zeit nie zu kommen. Sie nehmen die geringe Bezahlung in Kauf, um etwas arbeiten zu können, was ihnen wirklich am Herzen liegt. –

Müssten sie ja nicht und selber schuld, schallen mir die Unkenrufe der Neoliberalen entgegen. Doch tatsächlich richtet sich die Kritik der Bartlebys, wenn ich sie richtig verstanden habe, gar nicht ausschließlich gegen die finanzielle Ausbeutung zu vieler Arbeitnehmer*innen in unserem Wirtschaftssystem. Sondern sie richtet sich gegen die Ausbeutung und Missachtung *aller* persönlicher Ressourcen und somit gegen eine systematische Entmenschlichung.

Für Hendrik Sodenkamp sind diese Missstände eine große Motivation, sich für das Haus Bartleby zu engagieren. Diese Motivation ist so groß, dass er dafür seine Theaterkarrierebestrebungen, inklusive Studium, an den Nagel gehängt hat und sich seinen Lebensunterhalt mit Jobs in der Gastronomie und bei den Berliner Verkehrsbetrieben verdient. Er hat genauso wenig Geld wie vorher. Dabei gehört er nicht zu denen, die bewussten Verzicht als Lebensideal praktizieren. Im Gegenteil, eine der Forderungen der Bartlebys ist Luxus für alle. Der entscheidende Unterschied zu vorher ist, dass Hendrik Sodenkamp sich seiner Motivation klar ist und er seine Handlungsantriebe auch in tatsächliche Handlungen umsetzt und umsetzen kann.

Interviews: Leidensdruck als Motivationskraft

Was tun, wenn die Unzufriedenheit mit systemischen Arbeitsverhältnissen zu hartnäckigen Fragen nach der Motivation führt? Letztlich läuft diese Frage hinaus auf: Wie will ich meine *Lebenszeit* verbringen? Die Frage „Wie will ich *arbeiten*?" ist nichts anderes als eine Teilmenge der Frage „Wie will ich *leben*?" Das macht eine Antwort nicht gerade leichter, verdeutlicht aber, wie wichtig es ist, sich damit (immer wieder) auseinanderzusetzen. Schließlich haben wir nur dieses eine Leben. Und ich zumindest will nicht, dass mir das erst einfällt, wenn ich auf meinem Sterbebett liege. Ich möchte nicht, wenn ich sterbe, bedauern, was laut Palliativpflegerin und Autorin Bronnie Ware die meisten Sterbenden bedauern:

1. *Ich wünschte, ich hätte den Mut gehabt, mein eigenes Leben zu leben.*
2. *Ich wünschte, ich hätte nicht so viel gearbeitet.*
3. *Ich wünschte, ich hätte den Mut gehabt, meine eigenen Gefühle auszudrücken.*
4. *Ich wünschte, ich hätte den Kontakt zu meinen Freunden aufrechterhalten.*
5. *Ich wünschte, ich hätte mir erlaubt, glücklicher zu sein. (Ware 2015)*

Warum fällt das den Leuten erst ein, wenn es zu spät ist? Merken sie nicht, was sie brauchen, so lange sie noch die Zeit haben, ihre Wünsche und Bedürfnisse zu erfüllen? Merken sie nicht, wenn sie leiden? Oder glauben sie nicht, dass sie etwas daran ändern können? Ich weiß nicht, wie repräsentativ Bronnie Wares Thesen sind. Irgendwo habe ich gelesen, dass sie vor allem sehr wohlhabende Menschen beim Sterben begleitet hat. Darunter waren vermutlich viele, die sehr viel gearbeitet haben, weil sie damit sehr viel Geld verdienen konnten. Möglicherweise war die Gruppe dieser Menschen nicht repräsentativ für alle Menschen.

Meine Interviewpartner*innen jedenfalls erzählen mir von Leidensdruck, Krisenzeiten und Konflikten zwischen Beruf, Familie und persönlichen Werten – und davon, wie sie aus diesem Bewusstsein heraus ihr berufliches Leben veränderten. Vielleicht haben Geisteswissenschaftler*innen eine größere Bereitschaft, sich unangenehmen Fragen zu stellen als die Sterbenden, die Bronnie Ware befragte. Vielleicht habe ich auch nur zufälligerweise besonders mutige Geisteswissenschaftler*innen getroffen. Doch selbst für die Mutigen ist es unbequem, sich ernsthaft zu fragen: Warum und wie will ich arbeiten (und leben)? Antworten auf diese Frage sind besonders schwer, wenn sie von der Feststellung begleitet werden: Im Angesicht der Arbeitswelt, so wie ich sie erlebe, will ich nicht auf dieselbe Weise weiterarbeiten.

Für einige meiner Interviewpartner*innen war die Konsequenz aus dieser Feststellung, sich selbständig zu machen und eine schlummernde Geschäftsidee zum Leben zu erwecken: Katharina Kunze, die nicht länger in einem Umfeld arbeiten wollte, in dem ihre Leistung nicht wahrgenommen wurde. Karin Windt, die unter der Mitarbeiterführung in ihrer Firma litt. Maren Drewes, die die misslungene Kommunikation an ihrem Arbeitsplatz beobachtete und wenig tun konnte, um sie zu verbessern. Oder Torsten Breden, der eine eigene Beratungsfirma gründete, weil aufgrund der Wirtschaftskrise keine Anstellung zu kriegen war.

Die Konsequenz kann auch sein, einen radikalen Schnitt zu machen, so wie Bernd Kessinger und Rafael Busch, die beide an einem bestimmten Punkt festgestellt haben, dass sie, wenn sie so weiterarbeiten, völlig ausbrennen und dass diese Aussicht wesentlich schmerzhafter ist als die Aussicht (zunächst) arbeitslos zu sein und einer völlig ungewissen beruflichen Zukunft entgegen zu blicken. Bernd ist heute in einem Startup für Fahrradlogistik angestellt und er stellt viele positive Veränderungen fest: Seine Teilzeitstelle ermöglicht ihm, mehr Zeit mit seinem Sohn zu verbringen als vorher. Er hat ein regelmäßiges Gehalt. Seine Arbeit fordert seine Kreativität und seine Problemlösungskompetenz heraus ebenso wie sein handwerkliches Know-How und seinen Bewegungsdrang.

Ebenso wie für Bernd waren auch für Rafael die Arbeitsbedingungen so unerträglich, dass er kündigte. Und auch für Rafael gab dieser Absprung den nötigen Impuls für eine berufliche Neuorientierung, mit der er heute sehr zufrieden ist.

> *Ich habe als frisch gebackener Absolvent diese Stelle in einem Callcenter, einer Tochterfirma von E-Plus, angenommen, weil ich das Assessment bestanden hatte. Das war eine der Möglichkeiten, als Geisteswissenschaftler in Brot zu kommen in der Wirtschaft. Ich habe dort angefangen mit dem Wunsch, das zu packen und dort erfolgreich zu sein. Drei, vier Jahre lang hat mich dieser Wunsch getragen, obwohl die Arbeit eigentlich Gift für Körper und Geist war. Trotzdem habe ich dort gearbeitet, bis ich selber so leer war, dass ich mich schützen musste, indem ich dort aufgehört habe. (Rafael Busch – Tangolehrer & Tänzer)*

Annikas Entscheidung, ihr Leben grundsätzlich zu ändern, erfolgte ebenfalls aus ihrer Erfahrung heraus, dass die Art und Weise, wie sie bisher gearbeitet hatte, ihrem körperlichen und seelischen Wohlbefinden abträglich waren.

> *Nach meiner Krebserkrankung und im Zuge meiner Heilung habe ich grundsätzlich entschieden: Ich möchte nie mehr in meinem Leben so viel*

arbeiten für Geld. Und ich möchte auch nicht, dass mich das anstrengt.
(Annika Buchheister – Sekretärin & Buchhalterin)

Auch Johannes' Motivationsgrundlage für seine Lebensveränderung lässt sich von einer vergleichbaren Perspektive ausleuchten: Das Leid, das Johannes empfand über die fehlende Werteübereinstimmung und die fehlende Selbstwirksamkeit machte sein Bedürfnis nach der Erfüllung dieser Aspekte immer stärker.

So wie ich die Geschichten hier wieder aufgegriffen und erzählt habe, war der Auslöser für die herbeigeführten Veränderungen eine tief empfundene Unzufriedenheit mit den vorherrschenden Bedingungen, sowie der Wunsch, diese Bedingungen umzugestalten. Man könnte sagen, die Handlungsgründe entstanden aus einer Mangelsituation heraus: ein Mangel an selbstbestimmter Zeit, ein Mangel an Geld, ein Mangel an Zeit *und* Geld, ein Mangel an Überzeugung, ein Mangel an Zugehörigkeitsgefühl.

Erkennen Sie sich wieder? Speist sich Ihr Antrieb, einen Job zu finden, auch hauptsächlich aus dem *Mangel* an einem Job? Leiden Sie unter dem Zustand, *keinen* oder *keinen befriedigenden* Job zu finden? Die Geschichten vieler meiner Interviewpartner*innen zeigen, dass der Wunsch, etwas *nicht* oder *nicht mehr* zu wollen, eine starke Antriebsfeder sein kann. Auch in dieser Haltung stecken Ziele. In der Motivationspsychologie nennt man sie Vermeidungsziele. Allerdings finde ich die Forschungsergebnisse plausibel, denen zufolge Vermeidungsziele weniger glücklich machen als Annäherungsziele.

Das Tolle daran ist, dass wir Vermeidungsziele in Annäherungsziele umwandeln können. Im Grunde dreht sich unsere Motivation ja immer um die Erfüllung unserer Bedürfnisse. Vielleicht kennen Sie die Maslowsche Bedürfnispyramide, die auch heute noch als Grundstein für die Motivationspsychologie gilt. Den Sockel der Pyramide bilden die körperlichen Grundbedürfnisse (Essen, Trinken, Schlafen, körperliche Nähe). Darauf folgen materielle und berufliche Sicherheitsbedürfnisse (Wohnen, Arbeit), soziale Bedürfnisse (Freundschaft, Liebe, Gruppenzugehörigkeit), Ich-Bedürfnisse (Anerkennung/Geltung) und schließlich das Bedürfnis nach Selbstverwirklichung.

Inwiefern diese Bedürfnisse tatsächlich aufeinander aufbauen und voneinander abhängig sind, war und ist Gegenstand kontroverser Debatten. Fakt ist: Wenn diese Bedürfnisse nicht erfüllt sind, fühlen wir uns auf vielfältige Weise schlecht. Dann können wir versuchen mit verschiedenen Taktiken wie Ablenkung oder eben der Vermeidung von Auslösern, diesen unangenehmen Gefühlen, die uns auf bestimmte unerfüllte Bedürfnisse aufmerksam machen, aus dem Weg zu gehen.

Oder aber wir schauen uns diese Bedürfnisse genauer an und stellen uns vor, wie gut es sich anfühlt, wenn sie erfüllt sind. In der von Marshall Rosenberg entwickelten gewaltfreien Kommunikation ist die Rede von der *Schönheit der Bedürfnisse*. (Mehr dazu in der Übung am Ende des Kapitels.) Ich finde das schon allein deshalb gut, weil hier ausdrücklich ermuntert wird zu ausschweifenden Fantasien. Am besten daran ist aber, dass diese Vorstellung uns helfen kann, Ideen und Strategien zu entwickeln und umzusetzen, um uns dieser Vorstellung anzunähern.

Interviews: Vom Ziel einer guten Arbeit

Das ist die richtige Stelle, um ein paar Worte darüber zu verlieren, was ein gutes Ziel ausmacht. Es gibt Tonnen von Büchern über Ziele. Die Frage ist nur, ob das auch gute Ziele sind. Die Bücher tragen Titel wie *Setze dir größere Ziele: Die Geheimnisse erfolgreicher Persönlichkeiten* oder: *Ziele setzen und erreichen: Erreiche ALLES was du willst!*. Die amerikanischen Titel können sich auch sehen lassen: *Goals!: How to Get Everything You Want – Faster Than You Ever Thought Possible*. Oder: *Upgrade Your Life: How to Take Back Control and Achieve Your Goals*. Wenn Sie auch nur ein bisschen ticken wie ich, verspüren Sie gerade leichte Übelkeit beim Lesen dieser Worte. Zum Glück müssen Sie diese Bücher nicht lesen.

Tatsächlich gibt es auch weniger ekelerregende Arten, über Ziele zu sprechen. Ein Beispiel dafür habe ich in einem Artikel von Anthony Grant gefunden. Grant ist Coaching-Psychologe an der University of Sydney. Ich habe die Merkmale, mit denen er ein gutes Ziel charakterisiert, hier zusammengefasst, weil ich sie hilfreich finde.

1. *Ein gutes Ziel ist ein kognitives Bild eines Idealzustandes, den wir mit einem gegenwärtigen Zustand vergleichen.*
2. *Ein gutes Ziel ist eine mentale Abbildung der Zukunft, die uns in der Gegenwart zum Handeln bewegt.*
3. *Ein gutes Ziel bringt unsere eigenen Bedürfnisse und Werte zum Ausdruck. Es grenzt sich damit von den Bedürfnissen, Werten und Erwartungen anderer ab.*
4. *Ein gutes Ziel muss auf eine Weise formuliert sein, die diesen Eigenschaften gerecht wird. (Grant 2012 (7.2))*

Natürlich kann die Vorstellung einer schrecklichen Zukunft auch ein Grund sein, der uns zum Handeln bewegt. Aber Sie müssen zugeben, dass es mehr Spaß macht, auf etwas zuzulaufen als vor etwas wegzulaufen. Deswegen lade ich Sie jetzt dazu ein, einige der Geschichten, die ich oben aufgegriffen und aus einer Mangelperspektive erzählt habe, noch einmal aus einer anderen Perspektive zu lesen.

Und weil ich so höflich und bescheiden bin, fange ich mit mir selbst an. Nein, der eigentliche Grund für diesen Anfang ist, dass der erste Satz auf Marens Profilseite das Wesen von Motivation an sich auf den Punkt bringt: Es geht um die Freude an Bewegung.

Mich bewegt, was andere bewegt, etwas zu bewegen. (Maren Drewes - Beraterin, Trainerin & Moderatorin)

Der Ausdruck dieser Freude, dieser Neugier und dieser Entdeckerlust war es, der mich wiederum dazu bewegt hat, Maren überhaupt zu kontaktieren. Was für eine wunderbare Kettenreaktion da in Gang kommt! Marens Hauptantrieb war und ist ihr Wunsch, einen wirksamen Beitrag zu leisten zu guter Kommunikation zwischen Menschen innerhalb und außerhalb von Organisationen. Ihre Idee, wie sie diesen Wunsch verwirklichen könnte, hatte so eine hohe Strahlkraft für sie, dass Maren sie umsetzte und so im Laufe der letzten fünf Jahre immer wieder die Bestätigung erfahren hat, dass ihr Ansatz Menschen in Organisationen dabei hilft, ihre Vorhaben umzusetzen. Maren trägt dazu bei, dass sich die Motivation der Gestalter*innen und Führungskräfte einer Organisation für die Sache entfalten kann und nicht aufgrund von Missverständnissen, falschen Annahmen oder begrifflichen Unklarheiten nach und nach eingeht. Die Ansätze aus dem kritischen Denken hat Maren in Tools für die praktische Anwendung im Organisationsalltag und für die Strategieentwicklung umgewandelt. Die Erfahrung ihrer eigenen Wirksamkeit wiederum verstärkt Marens Motivation. Und so könnte der einleitende Satz, den sie über sich selbst geschrieben hat, treffender kaum sein.

Auch Rafael Buschs Motivation, Tangolehrer zu werden und eine Tangoschule zu gründen, lässt sich auf diese Weise erzählen: Aus seiner Erfahrung, welch verbindende Kraft der Tango zwischen zwei Tänzer*innen entwickeln kann, entwickelte er mit seiner Partnerin die Vision einer Tanzschule, die weit über das Tanzen hinausgeht und die persönliche Entwicklung der Schüler*innen im Fokus hat. Diese Vision war so stark, die Freude am Tanzen und Unterrichten so groß, dass sich daraus eine nachhaltige Motivation entwickelte.

Auch so lassen sich Marens und Rafaels Geschichten erzählen: Als eine Bewegung hin zu einer Vision, einem vorgestellten Idealzustand, eine Annäherung an eine Kongruenz mit den eigenen Werten und Bedürfnissen. Auch meine anderen Interviewpartner*innen erzählen, wie gut sie sich fühlen, wenn bestimmte Bedürfnisse in ihrer Arbeit erfüllt werden.

Besonders häufig klingt die Freude über gefundene Zugehörigkeit und über den Austausch mit anderen Menschen an. Davon gibt es vielfältige Variationen, die alle die Lust wecken, das auch zu haben. Hier vier Kostproben.

> *Die Kontakte, die ich durch die Bühne geknüpft habe in den letzten fünf Jahren – das ist unglaublich! Das sind alles ähnlich tickende Leute, mit denen ich mich gut verstehe, von denen ich Input kriege und mit denen ich rumspinnen kann. Das ist schon sehr, sehr cool und das gefällt mir sehr gut. (Alex Burkhard – Autor, Slam Poet & Moderator)*
>
> *Ich bin mit so vielen Leuten im Austausch. Das macht mir am meisten Spaß. (Angela Alliger – Sales- & Projektmanagerin)*
>
> *Obwohl ich privat eher schüchtern bin und es mir eigentlich schwer fällt, Leute anzusprechen, macht es mir total Spaß, mit Menschen zu arbeiten. Wenn ich Portraits schreibe oder über Events, komme ich mit*

> *Menschen aus unterschiedlichsten sozialen Schichten zusammen. Das finde ich wahnsinnig erfüllend. (Inga Pylypchuk - Journalistin)*
>
> *Die Leute in dem Berufsfeld IT sind mir sympathisch. Manche sind zwar ganz schön krass nerdig, aber mir gefällt, dass die Leute freundlich und zurückhaltend sind. Es gibt viel weniger dominante Alphamenschen, als ich das in der Berufswelt befürchtet hatte. Das ist eine Stimmung, in der ich mich wohlfühle. (Max Seeger – Business Intelligence Consultant)*

Weitere erfüllte Bedürfnisse werden angesprochen, wie die Freude, andere Menschen bei der Entwicklung ihrer Kreativität zu unterstützen. Das ist ein regelrechtes Feuerwerk an erfüllten Bedürfnissen:

> *Auch die Arbeit mit den Schülern finde ich sehr, sehr schön. Wenn die dann auf einmal merken, was da in ihnen steckt und was sie alles können, womit sie nicht gerechnet haben, das sind schon schöne Momente. (Alex Burkhard – Autor, Slam Poet & Moderator)*

Oder die Erfahrung von Selbstwirksamkeit, die noch stärker wird, wenn sie, wie bei Anne, bewirkt, dass ihre ehemaligen Studierenden dieselbe Erfahrung als Referendare machen können:

> *Meine Arbeit ist für mich sehr befriedigend und erfreulich, weil ich merke, dass die Körnchen, die ich da aussäe, dann irgendwann Wurzeln schlagen. (Anne Mihan – Wissenschaftliche Mitarbeiterin)*

Oliver spricht vom

> *Glück, Lernen bewirken zu können: Sowohl für das Lernen verantwortlich zu sein als auch einfach dabei zuzuschauen, als Zeuge, und zu erleben, wie Lernen sich vollzieht und Menschen Neues entdecken. (Oliver Hesselmann - Lehrer)*

Aber nicht nur das Bewirken und Beobachten von Lernen kann Glücksgefühle auslösen, sondern auch die Erfahrung, selbst Neues zu entdecken und beizutragen zu den Geschichten, mit denen wir unser Leben gestalten. Dieser Aspekt ist bei fast allen meiner Interviewpartner*innen angeklungen. Besonders deutlich sagt es Joel, der Design- und Markensemiotiker, der für große Konzerne arbeitet:

> *Was ich am meisten mag, ist, dass ich die Chance habe, mir Dinge anzusehen, die man jeden Tag sieht, ohne jedoch wirklich darüber nachzudenken – und ich versuche, ihre Bedeutung zu entschlüsseln. Ich versuche, zu zeigen, auf welche bewussten und unbewussten Weisen wir miteinander reden – all die verschiedenen Geschichten, die wir über unser Leben erzählen. Ja, und ich finde das wundervoll. Ich sehe die ganze Zeit gewöhnliche Dinge in einem neuen Licht. (Joel Du Bois)*

Sehr viel Zufriedenheit haben meine Interviewpartner*innen ausgedrückt über die Freiheit, die sie sich zugestanden haben, ihre Arbeit nach ihren eigenen Wünschen und Bedürfnissen zu gestalten. In Hannahs Beschreibung tauchen gleich mehrere erfüllte Wünsche auf: harmonische und abwechslungsreiche Zusammenarbeit, Zeit auch für andere Dinge außer der Arbeit, eine wohltuende Atmosphäre und ein guter Kontakt zu den Kund*innen.

> *Wir haben uns hier einen Raum geschaffen, in dem wir uns wohlfühlen und in dem wir auf viele nette Menschen treffen. Die Arbeit ist abwechslungsreich, sowohl wegen der Aufgaben als auch wegen der Menschen. Ich finde meine Arbeit sehr lohnenswert. Wir haben uns auch so organisiert, dass wir nicht übermäßig viel arbeiten: etwa 33 bis 35 Stunden. Für diese Freiheit und dieses angenehme Arbeiten nehme ich gern in Kauf, weniger Geld zu haben. (Hannah Wiesehöfer - Buchhändlerin)*

Letztlich läuft alles darauf hinaus, dass wir glücklich sein wollen. Das klingt banal und offensichtlich. Und doch gibt es so viele Menschen, die sich mit ihrer Arbeit unglücklich machen. Dass die Suche nach dem Glück sich aber unbedingt lohnt, zeigt Karins Geschichte.

> *Der einzige rote Faden für mich war immer: Ich will Dinge machen, die mich interessieren und ich will glücklich sein. Ich will auch beim Arbeiten glücklich sein. Ich habe einfach jahrelang gesucht, bis ich das richtige Modell für mich gefunden habe. (Karin Windt - Social-Media-Marketing- & SEO-Beraterin)*

Karins Bekenntnis zum Glücklichsein auch in der Arbeit finde ich sehr ermutigend. Es macht mir Mut, allen, die mir weismachen wollen, Arbeit sei nun einmal auch Last und Zwang, mit einem freundlichen, aber entschiedenen *I don't think so* zu begegnen und dann weiter meinen Wünschen und Bedürfnissen zu folgen. Auch ich will glücklich sein. Diesen roten Faden möchte ich nicht verlieren. Ich glaube, wenn mir das gelingt, dann werde ich auch immer wissen, warum ich tue, was ich tue.

Aber warum ist es manchmal so schwer, diesem roten Faden zu folgen? Ich könnte auf diese Frage weit ausholend aus kulturtheoretischer, pädagogischer, psychologischer und philosophischer Perspektive antworten. Stattdessen möchte ich die Frage anders stellen: Was erleichtert es uns, diesem roten Faden zu folgen?

Ich glaube, es sind zwei Dinge. Die erste Voraussetzung ist, dass wir diesen roten Faden in unserem Leben überhaupt erkennen. Wir alle haben einen solchen Faden. Die zweite Voraussetzung ist das Wissen darüber, was uns glücklich macht. Das können wir nur wissen, wenn wir unsere Bedürfnisse kennen, wenn wir sie ernst nehmen und dafür Sorge tragen, sie zu erfüllen. Es ist also alles ganz einfach. Und dann auch wieder ganz schön schwierig.

Gerade in Orientierungs- und Umbruchphasen macht uns unsere internalisierte Erwartungs- und Verurteilungshaltung ganz schön zu schaffen. Aus sehr schönen Annäherungszielen, wie einer erfüllenden Arbeit, die zu unserem Lebensglück beiträgt, werden schnell und oft, ohne dass wir es merken, Forderungen mit Zwangscharakter: Ich *muss* jetzt aber wirklich bald eine Arbeit finden. Ich *muss* genug Geld verdienen. Ich *muss* eine Arbeit finden, die gut in meinen Lebenslauf passt. Und so weiter. Druck und Zwang sind aber so ziemlich die größten Motivationsbremsen, die es gibt. Wir sind so sehr daran gewöhnt, dass uns in der Regel gar nicht auffällt, wie sehr wir unter diesem Druck leiden. Mir ist das so richtig bewusst geworden, als ich Johannes fragte, was ihm an seiner Arbeitssituation am meisten gefällt.

> *Mein erster Impuls war gerade zu sagen: An meiner Arbeitssituation gefällt mir irgendwie alles. Denn bei den Sachen, die mir nicht gefallen, habe ich die Freiheit aufzuhören. (Johannes Terwitte – Prozessbegleiter u.v.a.)*

Ganz radikal gedacht haben wir natürlich alle diese Freiheit. Wir können jederzeit aufhören, etwas zu arbeiten, das uns nicht gefällt. Wir können jederzeit aufhören ein Ziel zu verfolgen, das unserem Wohlbefinden schadet, weil es uns den Blick auf den roten Faden vernebelt. Warum also radikal? – Weil diese Freiheit nicht einfach so da ist. Wir können sie erst dann erleben, wenn wir uns von Zwängen und Erwartungen frei machen – den inneren wie den äußeren. Das ist echte Arbeit.

Wie schwierig das auch für mich immer wieder ist, merke ich jetzt, wo sich dieses Buchprojekt seinem Ende zuneigt. In letzter Zeit denke ich wieder häufiger: Jetzt *muss* ich diesen Weg weitergehen. Ich *muss* zeigen, dass ich als Trainerin und Beraterin finanziell auf eigenen Füßen stehen kann. Ich *muss* genug Geld verdienen, um für meine private Altersvorsorge aufzukommen und um meinen Kindern ein gutes Leben zu ermöglichen. Ich *sollte* meine nächsten Schritte so wählen, dass sie eine stringente und zielgerichtete Karriere ermöglichen. – Aber inzwischen merke ich schneller, wie sehr ich unter diesen Gedanken leide. Und inzwischen weiß ich auch, dass ich frei bin, anders zu denken.

Dieses andere Denken übe ich gleich mal. Ich gehe all die Gründe durch, warum ich mich für die Arbeit mit Maren und Claire und für das Schreiben dieses Buches entschieden habe.

Ich habe mit diesem Buchprojekt meine Neugier befriedigt und mein Verlangen, wichtigen Fragen auf den Grund zu gehen und mich weiterzuentwickeln.

Ich habe mit meinen Workshops etwas Neues geschaffen und die Bestätigung dafür als berauschenden Erfolg erlebt. Das Feedback meiner Workshopteilnehmer*innen deutet darauf hin, dass diese Workshops nicht nur mir etwas bringen.

Und auch ein paar Career Centers, eine Graduate School und ein Beratungsunternehmen haben Interesse an meinen Workshops. Sie bezahlen mich dafür! Es ist also nicht nur möglich, auf diese Weise Geld zu verdienen, sondern es macht mir auch Spaß.

Ich habe erfahren, wie beglückend und inspirierend die vielen Menschen waren und sind, die ich im Laufe dieser Reise schon kennengelernt habe. Die Aussicht auf viele weitere beglückende und inspirierende Begegnungen motiviert mich.

Die Selbständigkeit liegt mir. Sie kommt so vielen meiner Bedürfnisse entgegen: Gestaltungsfreiheit, die Ruhe an meinem eigenen Schreibtisch, Selbstbestimmung, Authentizität, Sinn, Selbstwirksamkeit.

Die Arbeit mit Maren und Claire erfüllt mein Bedürfnis nach Gemeinschaft, fachlichem Austausch und dem Verfolgen gemeinsamer Interessen und Projekte.

Die schwierigste Schwierigkeit von allen – das Monster aller Monster – ist, uns die Freiheit zuzugestehen, die wir brauchen, um unsere Bedürfnisse zu sehen und zu erfüllen. Alex, der Slam Poet, sagt an einer Stelle in diesem Buch, das Schwierigste für ihn sei es gewesen, sich zuzugestehen, dass er diesen Weg gehen darf. Alex und viele andere, die in diesem Buch zu Wort gekommen sind, haben sich diese Freiheit zugestanden. Sie tun es immer wieder und zeigen damit, dass es nicht nur möglich ist, sondern sogar ziemlich häufig vorkommt, dass Geisteswissenschaftler*innen einen Job finden, den sie sinnvoll finden und der trotzdem bezahlt ist. Auch, dass diese Suche oft über Umwege geht und mit großen Schwierigkeiten verbunden sein kann, haben diese Geschichten gezeigt. Die Geschichten und Übungen in diesem Buch werden, so hoffe ich, Ihnen dabei helfen, diese Schwierigkeiten zu überwinden und Ihre eigenen Monster zu zähmen.

Übung: Wandertag

Diese Übung eignet sich für alle, in denen das Manifest des Hauses Bartleby und die Geschichte von Hendrik Sodenkamp eine Saite angeschlagen hat.

So geht's: Einfach mal hingehen zum Haus Bartleby.

Übung: Aus Zwängen ausbrechen

Diese Übung eignet sich für alle, die ihre Arbeit oder ihre Karrierevorstellungen eher aus einem Gefühl des Zwangs als aus einem Gefühl der Freude heraus verfolgen. Notwendige Voraussetzung für diese Übung ist eine möglichst große Überzeugung und eine ausreichend starre Vorstellung, wie dein Arbeitsleben idealerweise sein müsste.

So geht's

Schritt 1: Mache eine Liste aus Sätzen, die deine Erwartungshaltung an deine berufliche Situation ausdrücken. Jeder Satz beginnt mit: *Ich muss…*, *Ich soll…*, oder *Ich darf nicht…*

Schritt 2: Formulieren Sie jeden dieser Sätze um, so dass Ihnen klar wird, welchem Bedürfnis Sie gerecht werden wollen. Bsp.:

Ich *muss* genug Geld verdienen, um fürs Alter vorsorgen zu können.

… wird umgewandelt in:

Ich möchte mein Bedürfnis nach Autonomie und Sicherheit befriedigen und wähle dafür die Strategie des Geldverdienens.

Schritt 3: Lesen Sie sich alle umgewandelten Sätze noch einmal durch und beobachten Sie, ob und wie Sie sich damit anders fühlen.

Übung: Schönheit der Bedürfnisse

Diese Übung eignet sich für alle, die schon eine Ahnung haben, welche Bedürfnisse bei ihnen gerade unerfüllt sind, und die neugierig darauf sind, wie es sich anfühlen könnte, wenn diese Bedürfnisse erfüllt sind. Diese Übung ist inspiriert von einem Element der gewaltfreien Kommunikation nach Marshall Rosenberg.

So geht's:

Schritt 1: Erzählen Sie einem vertrauenswürdigen Gegenüber, welche Bedürfnisse gerade besonders laut nach Aufmerksamkeit schreien. (Suchen Sie im Internet nach „GfK Bedürfnisse" und nutzen Sie eine der vielen Listen, falls Sie Anregung brauchen.)

Schritt 2: Jetzt schließen Sie die Augen und stellen sich vor, wie Sie sich fühlen, wenn diese Bedürfnisse erfüllt sind. Gehen Sie der Reihe nach vor. Beschreiben Sie Ihre Gefühle möglichst ausführlich. Bilder können dabei helfen.

Schritt 3: Verweilen Sie an diesem gedanklichen Ort und nutzen Sie ihn als Anker, der Ihnen Mut und Kraft zum Handeln gibt.

Übung: Ziele finden

Diese Übung eignet sich für alle, die Lust auf Taten haben und die die vorige Übung gemacht haben.

So geht's:

Schritt 1: Lesen Sie sich noch einmal die Merkmale eines guten Ziels durch (S.28).

Schritt 2: Machen Sie sich ein bis zwei Ihrer aktuellen Bedürfnisse bewusst.

Schritt 3: Überlegen Sie, welche berufsrelevanten Strategien und Experimente dazu beitragen können, diese Bedürfnisse zu erfüllen. Lassen Sie sich von den Übungen in diesem Buch inspirieren.

Schritt 4: Formulieren Sie ein Ziel auf dieser Grundlage.

Schritt 5: Beginnen Sie mit der Umsetzung.

Lektüre

Zugegebenermaßen ist Rosenbergs Ansatz der gewaltfreien Kommunikation normalerweise nicht unter den Klassikern der Motivationsliteratur zu finden. Ich finde, das sollte sich ändern und deswegen ist sein Grundlagenwerk auch das einzige Buch, das ich Ihnen hier als letzte Empfehlung auf den Weg geben möchte. Denn nur wenn Sie Ihre Bedürfnisse kennen, haben Sie überhaupt die Möglichkeit, stimmige und nachhaltige Lösungen und Ziele für Ihre (auch) beruflichen Hürden zu finden. Ganz davon abgesehen bin ich der Meinung, dass gewaltfreie Kommunikation das Leben schöner macht. Schon allein deshalb gehört sie in dieses Buch.

Marshall Rosenberg. *Gewaltfreie Kommunikation – Eine Sprache des Lebens*. Junfermann: 2012.

Epilog

Die Menschen, die in diesem Buch zu Wort gekommen sind, haben mir im Winter 2015/16 aus ihrem Leben erzählt. Natürlich ist ihr Leben weitergegangen. Ein Jahr später haben sowohl Maren, die Kommunikationsberaterin, als auch Hannah, die Buchhändlerin, ein Kind bekommen. Torsten arbeitet nicht länger bei Radius1, sondern hat eine neue Firma gegründet. Private und berufliche Situationen haben sich auch bei den anderen verändert, bei einigen mehr, bei anderen weniger.

Auch mein Leben ist weitergegangen. Ich habe mich entschlossen, mich zur EU-Fundraiserin und Projektmanagerin ausbilden zu lassen. Fördermittelberatung ist ein Feld, das Kommunikation und Organisationsentwicklung wunderbar ergänzt – und das gleich auf mehreren Ebenen. Einmal auf der Ebene der Organisationsentwicklung selbst: Um erfolgreiche Fördermittelanträge zu schreiben, müssen in enger Kooperation mit den Führungskräften Projekte konzipiert und begleitet werden, die sowohl die Organisation voran bringen als auch den vielfältigen Anforderungen der jeweiligen Ausschreibungen gerecht werden. Das erfordert, abgesehen vom Wissen über Förderstrukturen, Richtlinien und Budgetierung, eine hohe Kommunikationsexpertise und Spaß am Schreiben. Ich denke, ich werde voll auf meine Kosten kommen – womit bereits die nächste Ebene angesprochen ist: mein eigenes Interesse, meine Talente und Neigungen. Eine weitere Ebene ist die meiner Zusammenarbeit mit Maren und Claire. Unter dem Dach des kritischen Denkens für Organisationen in Kommunikation und Strategie, ergänzt um Fördermittelakquise, werden sich unsere Kompetenzen wunderbar ergänzen.

Nach wie vor ist es mir wichtig, mithilfe meiner Arbeit finanziell auf eigenen Füßen zu stehen. Ohne es so richtig zu merken, habe ich dieses Ziel inzwischen erreicht – zumindest insofern man das für die volatile Anfangsphase der Selbständigkeit sagen kann. Besonders froh macht mich dieser Erfolg, weil ich mein großes Ziel dabei nicht aus den Augen verloren habe: Alles, was ich in meinem Leben tue, will ich in dem Bewusstsein tun, dass ich nur dieses eine Leben habe.

Die großen Fragen des Lebens, wozu Arbeit ja gehört, werden mich auch als Coach und Trainerin für Berufssuchende weiterhin beschäftigen als zweites Standbein meiner Selbständigkeit. Und wer weiß, was sich aus diesem Buch noch alles entwickeln wird…

Berlin, 17. Februar 2017

Quellenverzeichnis

Anonym. *Haus Bartleby.* 2016. http://hausbartleby.org/ (Zugriff am 17. Februar 2017).

Graham, Paul. *Love.* 2006. http://www.paulgraham.com/love.html (Zugriff am 17. Februar 2017).

Grant, Anthony. „An integrated model of goal-focused coaching: An evidence-based framework for teaching and practice." *International Coaching Psychology Review*, September 2012 (7.2).

Hofert, Svenja. *Karriereblog.* 2014. http://karriereblog.svenja-hofert.de/2014/09/03-prozent-wie-unwahrscheinlich-einladungen-auf-vorstellungsgespraeche-wirklich-sind-und-an-welchen-schrauben-sie-drehen-koennen/ (Zugriff am 17. Februar 2017).

Höffe, Otfried. *Lexikon der Ethik.* C.H. Beck, 1992 (4).

Jacobs, Luisa. „Der Karriereverweigerer." *ZEIT Campus.* September 2016. http://www.zeit.de/campus/2016-09/kapitalismuskritik-haus-bartleby-karriere-kritik-links (Zugriff am 17. Februar 2017).

Kirsten, Nadja. „Grund zum Heulen?" *ZEIT Online.* 2009. http://www.zeit.de/campus/2009/05/geisteswissenschaften-heulen/seite-4 (Zugriff am 17. Februar 2017).

Kluge, Jürgen. „Geisteswissenschaftler in der Wirtschaft - das ist kein Widerspruch." In *Wozu Geisteswissenschaften? - Kontroverse für eine überfällige Debatte*, von Florian Keisinger et al. Campus, 2003.

Knapp, Robert. „Wholesome Design for Wicked Problems." *Public Sphere Project.* kein Datum. http://www.publicsphereproject.org/content/wholesome-design-wicked-problems (Zugriff am 17. Februar 2017).

Lotter, Wolf. „Die Inventur." *brandeins*, Januar 2016.

Mai, Christoph-Martin et al. „Selbständigkeit in Deutschland." *destatis.* 2016. https://www.destatis.de/DE/Publikationen/WirtschaftStatistik/Arbeitsmarkt/SelbststaendigkeitDeutschland_72013.pdf?__

blob=publicationFile (Zugriff am 17. Februar 2017).
Portal für Finanzen und Versicherungen. 2017. http://www.cecu.de/armutsgrenze.html.
Roth, Sebastian. *Sinn im Beruf.* 2014. http://www.sinnforschung.org/archives/2299 (Zugriff am Februar 17 2017).
Stiftung Zukunftswerk. 2016. http://www.stiftung-zukunftswerk.de/index.html.
Uhtenwoldt, Deike. „Gründen statt Grübeln." *FAZ.* Dezember 2008. http://www.faz.net/aktuell/beruf-chance/arbeitswelt/geisteswissenschaften-gruenden-statt-gruebeln-1731468-p2.html?printPagedArticle=true#pageIndex_2 (Zugriff am Februar 2017).
Ware, Bronnie. *5 Dinge, die Sterbende am meisten bereuen - Einsichten, die Ihr Leben verändern werden.* Goldmann, 2015.
Winkler, Gerhard. „Akademiker machen die größten Fehler." *Spiegel Online.* September 2012. http://www.spiegel.de/karriere/bewerbungen-akademiker-machen-die-groessten-fehler-a-855260.html (Zugriff am 17. Februar 2017).

Ebenfalls von Ulrike Schneeberg bei Marta Press erschienen:

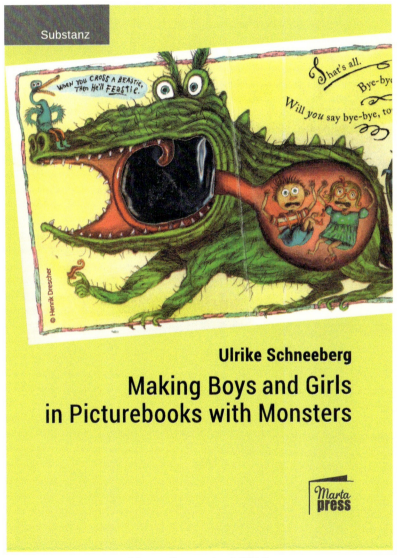

Ulrike Schneeberg

Making Boys and Girls in Picturebooks with Monsters

Marta Press, Juni 2016
Englischsprachig
372 Seiten, viele Abbildungen
ISBN: 978-3-944442-43-3
38,90 € (D), 40,00 € (AT), 43,00 CHF UVP (CH),
44,00 US$, 31,00 GBP